EL OBSERVADOR
Y SU MUNDO

© Rafael Echeverría

Inscripción Nº: 172.980

Edita y distribuye
Comunicaciones Noreste Ltda.
Santiago, Chile

Ediciones Granica SA
Lavalle 1634 3º, C1048AAN,
Buenos Aires, Argentina
Tel.: +5411-4374-1456 / 4373-0582
Fax: +5411-4373-0669
www.granica.com

Esta edición de 1.500 2017 se terminó de imprimir
en agosto de 2008 en Color Efe,
Paso 192 - Avellaneda

Dirección: Juan Carlos Sáez
Edición: Carlos Cociña
Diagramación: José Manuel Ferrer

ISBN 978-950-641-174-9

Impreso en Argentina / Printed in Argentina

Hecho el depósito que marca la ley 11.723

Echeverría, Rafael
    El observador y su mundo / Rafael Echeverría. - 1a ed.
    3a reimp. - Ciudad Autónoma de Buenos Aires : Granica,
    2017.
    v. 2, 336 p. ; 21 x 14 cm.

    ISBN 978-950-641-174-9

    1. Metafísica. I. Título.
    CDD 110

RAFAEL ECHEVERRÍA

EL OBSERVADOR Y SU MUNDO

VOLUMEN II

J·C·SÁEZ
editor

GRANICA

A Alicia, por tanto.

ÍNDICE

PREFACIO

Este es un libro que recoge diversos temas que han estado presentes desde hace ya muchos años en los programas de formación que imparte nuestra empresa, Newfield Consulting.

Nuestros alumnos, por lo tanto, están familiarizados con ellos, aunque en esta oportunidad me he permitido profundizar algo más en ciertos aspectos y abrir otros, paro lo cual no siempre dispongo del tiempo suficiente en mis presentaciones.

El eje temático articulador de los diversos tópicos abordados es nuestro Modelo OSAR (o Modelo del Observador, el Sistema, la Acción y los resultados), presentado en el primer capítulo.

Antecede a dicho capítulo una larga introducción en la que busco compartir con el lector la interpretación que hago sobre el carácter de nuestra propuesta, la ontología del lenguaje, y de su lugar en el desarrollo histórico de las ideas. Aunque se trata de una sección relativamente extensa, en rigor es una apretada síntesis de temas que muy posiblemente requerirían de un tratamiento más extenso. Con todo, creo que dicha introducción cumple con el objetivo de "situar" nuestro discurso y de mostrar la relevancia que le atribuyo en la actual coyuntura histórica.

Esta introducción se distingue del resto del texto pues posee, en consecuencia, otro carácter. Creemos importante advertirlo pues pensamos que el lector va a sentir un cambio, una curiosa transición, al pasar de ella a los capítulos subsiguientes.

Esta misma diferencia habilita a quienes no se interesen en la introducción, iniciar la lectura directamente a partir del primer capítulo. Los argumentos contenidos en ella no son necesarios para comprender lo que se desarrolla con posterioridad.

Nota sobre las notas

Algunas veces he debido pasar a nota al pié de página algunos comentarios que implicaban un cierto desvío frente a la línea argumental principal. Muchas veces, sin embargo, he fijado en esas notas algunas posiciones que considero relevantes. Ello me induce a advertirle al lector que según sea su interés en relación con el discurso global de la ontología del lenguaje, no mire con ojo frívolo lo que se dice en ellas, sin antes asomarse para determinar si no hay algo importante para él o para ella que pueda estar siendo apuntado al pié de página.

Reconocimientos

Me es importante expresar algunos reconocimientos. En primer lugar me es necesario agradecer la colaboración recibida de Luz María Edwards. Este libro es el resultado de un proyecto iniciado cuando contratara a Luz María para que me brindara asistencia en armar la obra final. Para tal efecto tuvimos largas conversaciones en las que yo le expuse lo que me proponía en las diversas secciones del libro y le especificaba los diversos temas que debían tratarse en cada una de ellas.

Para estos efectos, le entregué distintos materiales que había elaborado sobre cada uno de ellos y compartí con ella los esquemas que normalmente utilizaba en mis presentaciones. A partir de todo ello, Luz María elaboró borradores que, siguiendo un esquema general que le proporcionara, posteriormente revisé, corregí, amplié y complementé, hasta producir el correspondiente capítulo. Varios capítulos fueron hechos de esta manera, a partir de borradores preparados por Luz María. El resto fueron producidos directamente por mí. Sin embargo, para la última sección del primer capítulo –aquella que aborda el tema del aprendizaje transformacional y su relación con el concepto griego de *metanoia*– el procedimiento fue el inverso. Yo hice un primer borrador de dicha sección y Luz María lo amplió y le dio su versión final. Por todo lo indicado, me es importante expresar mi reconocimiento por el papel que a ella le ha cabido en la obra terminada.

Tal como le he señalado en múltiples otras oportunidades, mi propuesta arranca del encuentro que tuviera con Fernando Flores hace ya más de veinte años atrás. A partir de 1988 y durante dos años y medio, trabajé en dos de sus empresas en California. Mi encuentro con Flores fue determinante en mi desarrollo posterior y mucho de lo que he hecho desde entonces se nutre de los aprendizajes entonces registrados. A pesar de las múltiples y a veces profundas diferencias que mantengo con Flores, ellas no me permiten desconocer su influencia en lo que hago y pienso. En mucho de lo que sostengo es posible percibir su huella y me interesa que esa percepción no sólo sea mía, sino también del lector. De manera especial ella se reconoce en dos temas abordados en este libro: la distinción de juicios y el concepto de aprendizaje. Quienes conozcan los planteamientos de Flores a este respecto reconocerán, no sólo su impronta, sino también algunas importantes diferencias en el tratamiento que ha ambos temas se le concede en este texto.

Por último, me es importante agradecer de manera destacada las innumerables contribuciones que he recogido de mi compañera, socia y esposa, Alicia Pizarro. No hay tema en este libro que no haya sido conversado varias veces con Alicia, como no ha habido conversaciones sobre ellos en los que la mirada de Alicia no haya efectuado aportes de valor, a partir de los cuales se mejoraba mi abordaje original. Muchas veces tengo incluso la impresión que muchos de los tratamientos que despliego en este libro representan transcripciones de nuestras estimulantes conversaciones. A muchas de las conclusiones que aquí se exponen hemos arribado en conjunto. Este es un libro que, como todos aquellos escritos en los últimos doce años, es una suerte de bitácora de una travesía fantástica que hemos realizado juntos. Y aunque formalmente aparezca yo como el autor de este libro, ese "yo" no sería quién hoy es, sin la presencia de Alicia y este libro tampoco sería lo que es sin su voz, su lucidez, su particular mirada y su constante estímulo. Por todo ello y tanto más, le estoy inmensamente agradecido.

Rafael Echeverría, Ph.D.
Weston, 1 de mayo 2008

I

LA ESTRUCTURA NARRATIVA DEL MUNDO
Y DEL ALMA HUMANA

1. Realidad, Interpretación y Narrativa: Marco General

El carácter interpretativo de «nuestra» realidad

Aquello que decimos que es, ¿qué es? Digámoslo de otra manera levemente diferente: cuando decimos que algo es de tal o cual manera, aquello que decimos, ¿qué es?[1] Ésta es una pregunta que consideramos importante y volveremos a ella en una formulación más accesible. De ella emerge uno de los elementos más importantes de nuestra propuesta. Se trata, sin embargo, de una pregunta que pocas veces nos hacemos: la llamamos la pregunta ontológica. Se trata de la pregunta por el carácter de la realidad que invocamos y por la capacidad de invocarla que exhibe quien lo hace. Trataremos ahora expresarla de una manera diferente. Cuando los seres humanos procuran hablar de la realidad, ¿cómo lo hacen? En ese hablar, en esas respuestas a través de las cuales buscan dar cuenta de la realidad que les corresponde vivir, de «su» realidad, ¿cuál es el carácter que reviste ese hablar? ¿Cuándo buscan hablar de su mundo? ¿Cuándo procuran hablar de ellos mismos? ¿Cómo lo hacen? ¿Qué es aquello que hacen?

---

[1] Es muy posible que si el lector no posee una cierta inclinación filosófica, lo que acabo de decir lo asuste, cierre el libro o vaya a otra sección. Le pedimos que no lo haga. Nos inclinamos a decirle que lo que hicimos fue una broma. Estamos conscientes de que éste no es el trato que habitualmente le brindamos al lector y que, por lo general, evitamos hablarle así. Sabemos el efecto que produce esta forma de hablar. Ahuyenta a algunos y a otros, los menos, pareciera contaminarlos y los suele dejar hablando extraño.

Antes de avanzar en las respuestas, quedémonos un poco más en la pregunta. Las maneras como los seremos humanos buscamos dar cuenta de la realidad, ¿dan efectivamente cuenta de ella? Cuando dicen que las cosas son de tal o cual manera, ¿logran dar cuenta del ser de tales cosas? O dicho de otra forma, ¿lo que dicen responde a cómo las cosas efectivamente son? ¿Acceden realmente al carácter de esa realidad que buscan expresar? En su hablar, ¿logran representar el ser de lo que hablan?

Esta es una pregunta que normalmente no nos hacemos. Nos preguntamos sobre el carácter de las cosas o sobre nosotros mismos, pero muy raramente nos preguntamos por el carácter que revisten estas preguntas y, muy particularmente, por el carácter que revisten nuestras respuestas. No indagamos suficientemente sobre la relación que existe entre la realidad que buscamos comprender, y de la que intentamos hacer sentido y el sentido que le otorgamos. Sin embargo, éste es precisamente el punto de partida de la propuesta de la ontología del lenguaje. La posición que ella adopta frente a este problema, la forma como contesta esta pregunta es la premisa fundamental en la que se sustenta todo lo que posteriormente sostiene y desarrolla. Tal es la importancia de esta premisa que ella determina el propio nombre que hemos escogido para nombrarla: ontología del lenguaje.

La premisa central de la ontología del lenguaje es precisamente que los seres humanos, aunque lo procuremos, aunque lo pretendamos, aunque muchas veces creamos que lo hacemos, no podemos, no logramos acceder al ser de las cosas[2]. Que, aunque no nos es posible prescindir de preguntarnos sobre el ser de las cosas y el carácter de la realidad, las respuestas que ofrecemos no nunca logran dar en el blanco, que ellas no

---

[2] Este planteamiento fue originalmente realizado hace casi 25 siglos atrás por los sofistas, particularmente – y de manera algo diferente – por Protágoras y Gorgias.

son sino meras aproximaciones que no logran evitar que esas respuestas vayan cargadas de nosotros mismos y que estén condicionadas por el peso de nuestra mirada. Éste es el elemento central del «claro ontológico»[3]. La noción del observador surge, de manera directa, de esta premisa.

Pero si nuestras respuestas a las preguntas sobre el carácter de la realidad no dan cuenta del ser de esa realidad, ¿qué hacen? Nuestra respuesta es simple: ofrecen interpretaciones. Esto es lo que el primer principio de la ontología del lenguaje busca expresar, principio que concluye señalando, «Vivimos en mundos interpretativos». Aunque éste es un principio que reiteramos muchas veces, creemos que no le hemos desarrollado adecuadamente. No nos hemos tomado el trabajo de explorar lo que está involucrado en nuestra distinción de interpretación. No hemos desarrollado una adecuada interpretación sobre las interpretaciones. Este capítulo procura avanzar en esta dirección.

Interpretaciones y hermenéutica

La hermenéutica es aquella rama de la filosofía asociada con la comprensión de los fenómenos de interpretación.[4] Ella nace de la antigua práctica de interpretar textos. Su primera fase se inicia en la interpretación de textos sagrados, normalmente escritos en tiempos remotos y que son concebidos trayendo un mensaje que, a pesar del tiempo transcurrido desde el momento que fueron escritos, aportan un sentido importante e interpelan al individuo contemporáneo. En una segunda fase, la

---

[3] En relación con la noción de «claro ontológico» ver Rafael Echeverría, *Por la Senda del Pensar Ontológico*, J.C. Sáez Editor, Santiago, 2006, capítulo II.

[4] Los filósofos más destacados en la filosofía hermenéutica son Schleiermacher, Dilthey, Heidegger, Gadamer y Ricoeur. Para profundizar en los planteamientos de los cuatro primeros, ver Rafael Echeverría, *El búho de Minerva: Introducción a la filosofía moderna*, J.C. Sáez Editor, Santiago, 1991, capítulos XVI y XVII.

hermenéutica se extiende al arte de la adecuada interpretación de los textos jurídicos de manera de realizar una adecuada aplicación de las leyes. ¿Qué es aquello que realmente dice el texto de la ley? ¿A qué apunta? Pero todavía de manera más importante, ¿Cuál era la intención originaria del legislador? ¿De qué buscaba hacerse cargo? Ello lleva a separar, siguiendo una antigua distinción que nos proporcionara Pablo, la letra de la ley del espíritu de la ley: la interpretación literal del precepto legal, centrado en la palabra, de aquella otra interpretación que busca adecuarse a la intención que tuvo el legislador al promulgar la ley.

En la tradición religiosa que arranca del judaísmo, lo sagrado y la Ley tienden a confundirse, a fusionarse. La Ley que Dios le entregara a Moisés en el monte Sinaí es el elemento central de la religión judía. Saber interpretar el sentido de la Ley, resultaba por lo tanto un imperativo religioso fundamental. El movimiento cabalístico, corriente mística del judaísmo, postula que el nombre de Dios es el conjunto de lo expresado en la Torá, en el libro sagrado. Por lo tanto, estar en condiciones de captar el sentido del texto es la manera de acercarse a la propia persona de Dios, de unirse a él. Dios, para el judaísmo, se identifica con su palabra.

De allí que la Cábala postule la existencia de cuatro niveles de interpretación de la Torá. Estos niveles están asociados a las cuatro letras con las que se escribe en hebreo la palabra paraíso: PRDS. El hebreo es una lengua sin vocales. Cada una de esas letras está asociada con un determinado nivel de sentido, conformando una escala de menor a mayor profundidad. Pshat, alude al sentido sencillo y ordinario; Remez, a la alusión o signo; Derash, guarda relación con la explicación y, finalmente, Sod, apunta al sentido oculto, profundo y misterioso del texto.[5] Este último nivel se confunde con el propio misterio de Dios.

---

5 Al respecto véase Rafael Echeverría, *Raíces de Sentido: sobre egipcios, griegos, judíos y cristianos*, J.C. Sáez Editor, Santiago, 2006, p. 332.

Posteriormente la hermenéutica se extiende a los textos literarios. La crítica literaria contemporánea se sustenta de manera importante en los desarrollos hermenéuticos. Preguntas tales como «¿Cuáles son los criterios desde los cuales es necesario acercarse a un texto literario?» se hacen relevantes y permiten generar una mirada al texto de una riqueza y profundidad que previamente no disponíamos. Por último, una cuarta área importante de desarrollo de la hermenéutica es la filología, que guarda relación con el estudio de nuestras lenguas antiguas a través de sus textos. De la filología proviene Nietzsche, quién se especializa en el estudio de los textos de los antiguos pensadores griegos.

La hermenéutica toma su nombre del dios griego Hermes, dios de la comunicación y el lenguaje, mensajero de los dioses, asociado a Thot, el antiguo dios egipcio, inventor del lenguaje y patrón de los escribas.[6] Los romanos lo llamaban Mercurio. Y en efecto, se trata de un dios en permanente movimiento, un dios que fluye, que se escurre, como acontece tanto con el sentido y como con el elemento del mercurio. Hermes es un dios de sentidos múltiples y muchas veces de los sentidos ocultos y, en consecuencia, muy vinculado al misterio. Es un dios amigo de las misteriosas ninfas, que habitan en los bosques y juegan en las aguas. Se le asocia al carácter siempre ambiguo y multifacético de la palabra, que está presente en los procesos de seducción, en el comercio, en los engaños y en las mentiras.[7]

Hermes es el dios de los caminos, de las conexiones, de la capacidad de traspasar los límites, de las trasgresiones. Es el

---

[6] A este respecto, refiérase a Rafael Echeverría, *Raíces de Sentido: Sobre egipcios, griegos, judíos y cristianos*, J.C. Sáez Editor, Santiago, 2006, pp. 112-116.

[7] «El Mercurio miente», sostenían los estudiantes de la Universidad Católica de Chile, en agosto de 1967, refiriéndose al diario El Mercurio. Podrían haber dicho también «El dios Mercurio miente». En efecto, Mercurio, el dios Hermes, es un dios mentiroso.

dios de la mediación. Hermes se caracteriza por su capacidad de cruzar espacios muy diferentes y de penetrar en aquellos espacios que aparecen como prohibidos. Es un dios fuertemente ligado al deseo. Hermes es el padre de Eros, el dios del amor. Es también el patrón de los terapeutas, particularmente de aquellos que hacen uso del lenguaje para curar a los que se sienten mal o enfermos. En tal sentido, Hermes es el gran patrón de quienes practican el oficio del coaching[8]. Hermes es el dios de la transformación y de las transiciones[9], del ir y del venir. Hermes es uno de los dioses del devenir.

Breve mirada a la hermenéutica como disciplina

La hermenéutica es una corriente importante de pensamiento que representa uno de los afluentes que dará nacimiento a la noción del observador. F.E.D. Schleiermacher es posiblemente el primer pensador que busca el desarrollo de una hermenéutica como disciplina general. La práctica de realizar exégesis de textos para desentrañar de ellos su sentido era, sin embargo, muy antigua. El nombre de la hermenéutica es acuñado por primera vez en el siglo XVII, aunque referido a procedimientos específicos de interpretación de textos. Con Schleiermacher éste adquiere un rango diferente y se plantea como un dominio de asignación de sentido, de carácter muy diferente a aquel que hasta entonces desarrollaban las ciencias naturales.

Para éstas últimas, el proceso de conocimiento enfrentaba a un sujeto con un objeto, independiente de sí mismo. Pero cuando tratamos de desentrañar el sentido de un texto o, en general, de una obra humana, nos encontramos con un proceso

---

[8] Ver, Rafael Echeverría, *Raíces de Sentido: sobre egipcios, griegos, judíos y cristianos*, J.C. Sáez Editor, Santiago, 2006, pp. 183-184, y Rafael López-Pedraza, *Hermes y sus hijos*, Festina Lente, Caracas, 2001.

[9] Así como hemos vinculado a Hermes con el dios egipcio Thot, podemos también asociarlo con el dios hindú Ganesha, dios de las posibilidades y de los umbrales.

de conocimiento muy diferente de aquel que realizaban las ciencias naturales. Sucede, por ejemplo, que el propio objeto de conocimiento involucra un sujeto, sujeto que no yace inerte para ser examinado, sino que se expresa, que nos habla, que busca transmitirnos un sentido. Descubrimos que la obra tiene voz propia y que al relacionarnos con ella lo que hacemos tiene más que ver con «escucharla» que con «verla»[10]. Más que explicar un objeto exterior, se trata, por lo tanto, de entender, de comprender a un sujeto diferente.

Schleiermacher parte reconociendo lo anterior y planteándonos que todo acto de entendimiento implica un diálogo, en la medida que aquello que se busca entender nos habla y que nuestra capacidad de entendimiento resulta de nuestra capacidad de escucha. Una noción fundamental en todo quehacer de entendimiento es la del círculo hermenéutico, propuesta por Schleiermacher. Esta noción se irá enriqueciendo progresivamente con los desarrollos posteriores de la hermenéutica. Para Schleiermacher el círculo hermenéutico está asociado a la relación que, en un texto, las partes guardan con el todo. Y ello opera a distintos niveles. En el ámbito de una frase, el sentido de ésta está dado por sus palabras pero, simultáneamente, el sentido de las palabras remite al sentido de la frase. No es posible separar o darle prioridad a un nivel de sentido respecto del otro. Lo mismo sucede en la relación del párrafo frente con las frases, hasta llegar al nivel del texto completo. Pero incluso aquí el círculo hermenéutico sigue operando pues no es posible entender adecuadamente un texto si no lo situamos en su contexto: en la situación particular en la que fue escrito, en su tiempo y por lo tanto en sus propias condiciones históricas.

En el acto de entendimiento, nos advierte Schleiermacher, se produce una intersección de sentido. El entendimiento surge

---

[10] Como podrá apreciarse enseguida, nuestra propuesta sobre la escucha se sustenta muy fuertemente en los desarrollos propuestos por la hermenéutica.

como un fenómeno compartido, como una comunidad de sentido entre quién habla y quien escucha. Para que tal comunidad de sentido se produzca, el acto de entendimiento supone que aquello que logra entenderse, de alguna forma es conocido de antemano. Sin este pre-entendimiento no es posible entender algo nuevo. Quién es completamente ignorante de aquello que busca hacer sentido no puede acceder a su conocimiento. Este pre-entendimiento comprende, al menos dos aspectos: el dominio del lenguaje en el que tanto la obra como su intérprete deben participar (si hablan lenguajes diferentes el proceso de entendimiento se bloquea) y la propia materia de la que el texto trata. Sin tener algún conocimiento de la materia abordada por el texto, no es posible desentrañar su sentido. El texto, por lo tanto, no posee un sentido que sea plenamente independiente de quién lo interpreta. El sentido que el intérprete le asignará será una construcción a dos manos.

Wilhem Dilthey lleva la hermenéutica algunos pasos adelante. Él se preocupa por elaborar una metodología para el desarrollo de nuestro entendimiento de las obras humanas y para ello enfatiza la conexión con la vida, con las condiciones particulares de existencia desde las cuales la obra fue desarrollada y desde las cuales ahora busca ser interpretada. En Dilthey la distinción con las ciencias naturales se hace más pronunciada y separa de éstas de las que llama las ciencias del espíritu. Mientras las primeras se sustentan en conceptos tales como los de fuerza y de energía, propuestos por la física, las ciencias del espíritu se apoyan en la noción de sentido y se inscriben en la historia.

Cuatro elementos definen el núcleo de la propuesta de Dilthey. Primero, la importancia que le confiere a la temporalidad como dimensión de la experiencia humana. Para Dilthey el horizonte temporal representa un elemento ineludible de toda forma de comprensión del presente. En ella participan de manera decisiva tanto el recuerdo del pasado, como la anticipación del futuro. Al modificarse estas referencias temporales, se modifica el sentido que le conferimos en el presente. Segundo, el reconocimiento que toda obra es una expresión de la vida, una forma de objetivación de la vida y, como tal, ella es portadora de la huella de la vida interior del ser humano. Tercero, el énfasis que Dilthey coloca en la noción de comprensión. A la naturaleza, nos dice Dilthey, la explicamos; al hombre lo comprendemos. Comprender implica procurar experimentar el mundo tal como otra persona lo enfrenta en una experiencia de vida. Comprender, por lo tanto, implica el redescubrimiento de un otro. Cuarto, la importancia conferida a la historicidad. La comprensión de sentido, señala Dilthey, es siempre contextual y ella implica una fusión de horizontes no sólo por posiciones y experiencias humanas distintas, sino también por tiempos diferentes. Todo ello implica, concluye Dilthey, que así como no podemos hablar de objetos independientes, en las ciencias del espíritu tampoco podemos hablar de objetividad.

Quisiéramos, por último, mencionar algunos de los aportes que realiza Hans-Georg Gadamer. Éste fue discípulo de Heidegger y, en su propuesta, percibimos la influencia de la dimensión ontológica de su maestro. El ser del hombre, nos dice Gadamer, reside en su comprender. La acción de comprender no sólo implica conocer cosas del pasado. Ella es parte fundamental del proceso de forjarse una identidad y de participar, por lo tanto, en la creación de nosotros mismos. Un tema predilecto de Gadamer es examinar el fenómeno de la conciencia humana. Dicha conciencia, nos dice, es una conciencia expuesta a los efectos de la historia. Ella se construye en la historia, a la vez que la interpreta y define el carácter de la inserción en ella de parte del individuo.

El reconocimiento de la presencia de la historia en la conciencia, señala Gadamer, representa una disminución de su luminosidad. Ella sufre en cierto ensombrecimiento, una cierta opacidad, pues, al situarse en la historia, ella se abre a su relatividad, a su finitud, a su condicionamiento por efecto de la historia. Ello revela en el ser humano un sentido que no acaba nunca de perfeccionarse y por lo tanto plantea una distancia o brecha permanente con respecto a la aspiración humana de sentido. Frente a la historia, la conciencia reconoce lo que Gadamer denomina su pasividad esencial. La actividad de la conciencia es delegada, es entregada, a la historia como factor clave que la opera. El sentido que emerge en la conciencia le es dado, como algo ya producido. Sin embargo, no le es dado de manera total. En él podemos distinguir dos elementos. Por un lado, la tradición, que remite al pasado y que revela la reserva general de sentido que proviene de la historia; pero, por otro lado, el elemento de la transmisión de sentido, que se realiza en el presente a través de la comunicación.

Gadamer le confiere gran importancia al presente como punto de partida del acto hermenéutico. Aunque ello no implica prescindir de la historia, es en el presente en el que la historia y la tradición se manifiestan. Uno de los factores importantes que requieren ser reconocidos en el acto hermenéutico es la presencia en él de supuestos, de prejuicios, de pre-opiniones como elementos claves de todo acto de comprensión. El círculo hermenéutico, nos dice Gadamer, se rige por una distancia de sentidos, por aquella brecha de la que nos hablara Dilthey. El sentido de un texto no pertenece exclusivamente a éste, ni a quién intenta comprenderlo: les co-pertenece a ambos. Todo acto de comprensión implica, por lo tanto, saber crear puentes por sobre esa distancia.

Ello se realiza a través de proyecciones sucesivas de sentido que el intérprete lanza sobre el texto. Todo acercamiento a un texto se basa en las expectativas de sentido que el intérprete proyecta sobre él. Sin embargo, tales proyecciones suelen verse obstruidas por el propio texto, suelen fracasar por cuanto el texto muchas veces se resiste a ellas e introduce variantes de sentido que escapan a los sentidos previamente asignados por el intérprete. Éste requiere, por lo tanto, generar nuevos sentidos que proyecta sucesivamente sobre el texto. El intérprete se relaciona con el texto arrojando sobre él mantos de sentido que operan como redes de pesca que buscan la captura de su sentido[11].

El acto de la comprensión implica aceptar la alteridad del texto (o del otro) y, a la vez, generar una apertura hacia ella[12]. La alteridad se relaciona con la aceptación de la parcialidad del otro. Ambos factores, alteridad y apertura, le permiten al texto desplegar su sentido propio, contra nuestros propios prejuicios iniciales, aunque este despliegue no sea nunca completo. Y no es completo, en primer lugar, por hecho de que el sentido del texto es siempre un sentido inacabado y limitado. El sentido de todo texto nunca logra satisfacer el requisito de una completa coherencia y completitud. Pero, en segundo lugar, también por el hecho de que la apertura del intérprete es también siempre limitada, acotada y parcial. Por consiguiente, la transmisión del sentido y la comunicación que se realiza del texto al intérprete será siempre parcial y problemática. Nunca podremos decir que hemos captado cabalmente el sentido de un texto. Siempre existirá un halo de misterio alrededor de su real sentido.

Un punto importante en la propuesta de Gadamer es su postulado de la esencial prejuiciabilidad de todo comprender. Como hemos visto, el prejuicio tanto para Gadamer como, en general para el conjunto de la hermenéutica, es visto como condición y acto de partida de todo acto de comprensión y de todo conocimiento. Sin prejuicios clausuramos la posibilidad

---

[11] Éste es un aspecto fundamental en la práctica del coaching. En su interacción con el coachee, el coach se ve obligado a efectuar estas sucesivas proyecciones de sentido hasta lograr alguna que siendo nueva para el coachee sea también validada por él o por ella.

[12] La noción de apertura resulta requisito indispensable para entender el fenómeno de la escucha.

misma del conocimiento. Ello conduce a Gadamer a criticar lo que llama el prejuicio contra los prejuicios, propio del pensamiento de la Ilustración. De los prejuicios no podemos prescindir y es necesario perder la inocencia involucrada en el supuesto que tal prescindencia es posible. Los prejuicios son la expresión de la inevitable y necesaria realidad histórica del intérprete y la precondición de todo conocimiento.

Interpretaciones y narrativas

Es interesante volver al pronunciamiento de que vivimos en mundos interpretativos y explorar lo que ello significa. Cada vez que establecemos una distinción contribuimos a configurar una particular mirada. Cada vez que emitimos un juicio, ponderamos, evaluamos, calificamos y asignamos determinados valores a aquello que observamos. Distinciones y juicios son elementos importantes en el desarrollo de nuestras interpretaciones. Sin embargo, es a nivel de las narrativas donde estas interpretaciones adquieren su forma más completa y acabada. La narrativa es la forma que asumen por excelencia nuestras interpretaciones. La narrativa le confiere estructura (una particular arquitectura) a nuestras interpretaciones. Al evaluar nuestras interpretaciones articuladas en narrativas nos es posible detectar en ellas su grado de coherencia o incoherencia interna.[13]

Harlene Anderson se refiere a las narrativas de la siguiente manera:

---

[13] De allí la importancia del lenguaje escrito por cuanto éste nos permite «fijar» o «levantar» nuestras narrativas, lo que facilita la evaluación de la coherencia de nuestras interpretaciones y la detección de eventuales incoherencias. Uno de los grandes aportes de la corriente filosófica del deconstruccionismo, cuyo principal portavoz es el filósofo francés Jacques Derrida, ha sido sostener que todo sistema interpretativo es, en último término, incoherente pues descansa en premisas que, desde dentro de ese mismo sistema, no pueden ser adecuadamente fundadas.

«Narrativa es un término que se refiere a una forma discursiva a través de la cual organizamos, damos cuenta, conferimos sentido y comprendemos, esto es, otorgamos estructura y coherencia a las circunstancias y eventos de nuestras vidas, a los fragmentos de nuestras experiencias y a la identidades de nosotros mismos y de los demás, apoyados en nuestras relaciones con ellos»

«Es la manera como participamos en la generación de sentido de las cosas, incluyéndonos a nosotros mismos»

«Nuestros cuentos forman, informan y reforman nuestras fuentes de conocimiento y nuestra mirada de la realidad.»[14]

Según Jerome Bruner, las narrativas:

«median entre el mundo canónico de la cultura y aquel mundo idiosincrásico de las creencias, deseos y esperanzas.»[15]

Para Kenneth Gergen:

«las narrativas representan formas de inteligibilidad que dan cuenta de los eventos a través del tiempo. Las acciones individuales obtienen su significado por la manera como están insertas al interior de la narrativa.»[16]

Una narrativa es un tejido lingüístico que integra, en una particular secuencia, diversos componentes del lenguaje (distinciones, afirmaciones, juicios, etcétera.) con el objeto de generar sentido. Muchas veces asumimos que las cosas que observamos, o nuestras propias experiencias, poseen un determinado sentido. Así planteado, ello implica suponer que el

---

[14] Harlene Anderson, *Conversation, Language and Posibilities*, Basic Books, N.Y., 1997, p. 212.

[15] Jerome Bruner, citado por Harlene Anderson, op.cit.

[16] Kenneth J. Gergen, citado por Harlene Anderson, op.cit.

sentido está en las cosas, en las experiencias, y que nuestra tarea consiste en aprender a reconocerlo, a extraerlo de ellas. Sin embargo, esa no es la forma como generamos sentido. El sentido es algo que confiere un determinado observador. Él no reside en las cosas o en las experiencias, sino en el observador que lo adscribe a tales cosas o experiencias. Las cosas y las experiencias, por si mismas, no vienen cargadas de sentido. Es en esta dirección como interpretamos el célebre dictum de Protágoras; «el hombre es la medida de todas las cosas». Somos los seres humanos los que introducimos el sentido en el mundo. El sentido sólo existe en relación con seres humanos. Sin ellos, sin la presencia de los seres humanos, el problema mismo del sentido no tiene sentido.

Esto, sin embargo, no es algo que habitualmente aceptamos. Suponemos, por el contrario, que el sentido reside fuera de nosotros y tenemos dificultades en reconocer que somos nosotros los que lo conferimos. La ilusión de que el sentido de las cosas es independiente de nosotros se apoya, sin embargo, en algunas experiencias que no podemos negar. Al nacer, lo hacemos al interior de una comunidad que opera a partir de determinados sentidos, sentidos que nos anteceden, que están allí independientemente de nosotros en tanto individuos. Nacemos en un mundo que encontramos cargado, muchas veces saturado, de sentido. El sentido nos está esperando antes de nosotros nacer. Éste es uno de los puntos en el que nos insiste Gadamer. Pues bien, esta situación contribuye a que los individuos tengan dificultades para reconocer que el sentido es generado por ellos.

Todo ser humano nace al interior de una determinada cultura, cultura que integra múltiples tradiciones históricas de conferir sentido. Ello es parte de la condición humana. El hecho que todo ser humano habite al interior de una cultura que ha desarrollado formas particulares de conferir sentido permite que, para el individuo, el problema del sentido no sea normalmente percibido como algo que remite a sí mismo. En efecto, el propio individuo no es el factor más importante de los propios sentidos que él asigna. La cultura, sin embargo, es el resultado de una dinámica social de conferir sentido que acontece en la historia y, como tal, es el resultado del accionar en el tiempo de individuos en sus afanes de hacer sentido de lo que viven, de lo que les pasa y del mundo en el que se encuentran súbitamente arrojados.

Narrativa y discurso

La distinción entre individuo y cultura nos conduce a introducir una diferencia al interior del dominio general de las narrativas. Ello implica que trabajaremos con dos distinciones diferentes de narrativas. En la primera nos referiremos al dominio global hasta ahora descrito. El término narrativa hace referencia a un tejido de sentido construido a través del lenguaje articulado en una particular secuencia. Sin embargo, al interior de este dominio global, podemos distinguir dos fenómenos diferentes.

Aunque toda narrativa es generada por determinados individuos o resultan de una dinámica entre individuos, algunas de ellas trascienden a los individuos directamente involucrados y terminan plasmando la comunidad de la que forman parte e integrándose a su cultura. Ello les permite un nivel de autonomía frente a los miembros individuales que las generaron, que otras narrativas no logran alcanzar. La relación narrativa-individuo se diluye, aunque en algunos casos pueda hacerse alguna alusión a ellos.

Un ejemplo, al respecto, es el marxismo que identifica una particular narrativa o modo de interpretar la realidad, con el nombre de quien originalmente la desarrolló. En otros casos, como sucede con el cristianismo, el nombre de la narrativa no remite a quién explícitamente la desarrollara, sino a Jesús en cuyo mensaje y testimonio de vida esta narrativa se inspira. No disponemos de un texto elaborado por Cristo pero si de un conjunto de escritos sobre él. En múltiples otros casos, aunque sabemos que una determinada narrativa remite a un individuo, ello no está presente en el nombre que ella asume. Es lo que sucede con el psicoanálisis, aunque sabemos que ella fue desarrollada originalmente por Sigmund Freud. Existen también amplios cauces en los que se integran aportes narrativos de muy diversos individuos en los que la referencia a ellos cumple un papel secundario o en algunos casos, incluso desaparece y se ha perdido en el tiempo. Es lo que sucede, por ejemplo, con las distintas disciplinas científicas o con las narrativas propias de la mitología.

En todos estos casos, estas narrativas logran un status particular en el nivel de la cultura y del sistema social al que pertenecen, y pasan a cumplir una importante función de regulación social en la manera de conferir sentido y de comportarse de sus miembros, rasgo que termina siendo más relevante que la referencia a los individuos que participaron en su gestación. Estas narrativas terminan por alcanzar un grado de autonomía frente a quienes contribuyeron a producirlas, autonomía que otras no poseen. Cuando se trate de este tipo de narrativa nos rcfcrircmos a ella con el término de «discurso» y hablaremos muchas veces de «discurso social» o «discurso histórico».

Un discurso, en consecuencia, representará para nosotros una narrativa en la cual el sistema social se ha convertido en su referente más significativo, por sobre los individuos directamente involucrados en su gestación. Ello no le resta el carácter de narrativa, ni desconoce su referencia a los individuos que participaron en gestarla, pero marca una distinción con aquellas otras todavía fuertemente ancladas a los individuos que las

---

[17] Se nos habrá escuchado con frecuencia hablar del desafío que nos hemos planteado en lo que hemos llamado «el lanzamiento de un nuevo discurso

desarrollan (sus autores)[17], aunque ello remita a las influencias históricas que tales individuos recibieran. En relación con estas narrativas, en las que el individuo sigue siendo el referente más importante, seguiremos hablando simplemente de narrativas. Por lo tanto, el término de «narrativa» tendrá para nosotros dos sentidos diferentes: un sentido amplio, que engloba a los discursos, y un sentido más restringido, en el que se enfatiza que su referente sigue siendo uno o varios observadores individuales (sus autores), más que la comunidad o el sistema social.

Toda comunidad humana posee, por lo tanto, un determinado dominio discursivo que forma parte de su cultura. Existe toda una topografía discursiva conformada por sistemas discursivos diversos que participan en la regulación de la convivencia y en las múltiples modalidades a las que los miembros de esa comunidad, hombres y mujeres, acuden para conferir sentido. No sólo existen a este nivel discursos éticos, estéticos, políticos, religiosos, científicos, etcétera, sino que también existen discursos que regulan los propios discursos. Toda comunidad suele establecer límites a su propio dominio discursivo y ello lo hace a través de los mismos discursos. Así surgen, por ejemplo, los criterios que sancionan entre discursos aceptables y discursos no aceptables. La noción de discursos heréticos, de los cuales se deducen sanciones sociales que pueden llegar a aplicar la pena de muerte a quienes los profesan, son expresión de estos discursos reguladores de discursos. La noción de lo que hoy se denomina lo «políticamente correcto o incorrecto» determina lo que muchas comunidades definirán como posiciones aceptables o inaceptables, apropiadas o inapropiadas.

---

sobre el fenómeno humano». Ello apunta precisamente al esfuerzo por hacer de la propuesta de la ontología del lenguaje una narrativa que alcance autonomía de nosotros como individuos gestores y que adquiera capacidad para situarse autónomamente en una órbita propia al interior de la cultura de nuestra sociedad.

Las narrativas como moradas

Refiriéndose a la particular forma de ser que caracteriza a los seres humanos, Martin Heidegger señaló que «el lenguaje es la morada del ser». Los seres humanos, nos dice Heidegger, vivimos y nos constituimos en el lenguaje y lo hacemos de distintas maneras. Una de esas maneras apunta a lo que llamamos «narrativas». Ellas incluyen los relatos, las historias, los cuentos, las explicaciones, etcétera, que generamos los seres humanos. Las narrativas juegan un papel tan importante en nosotros que no es de extrañar que el propio Heidegger reitere en relación a ellas algo muy similar a lo que nos había planteado con respecto al lenguaje. Nuestras historias, nos dice Heidegger, son «edificios que cobijan al hombre»: El ser humano no es sólo el productor de sus historias, sino también, el producto de ellas.

La idea que el lenguaje «cobija» al ser humana ha sido retomada por Paul Ricoeur, quién nos advierte que:

> *«la experiencia no adquiere realmente sentido hasta que ella se cobija en el lenguaje, a la vez que, sin una experiencia que lo habite, el lenguaje es un envoltorio vacío y sin vida.»*[18]

Nietzsche había hablado en términos algo más fríos. Nos hablaba de «prisión». Todos ellos son términos interesantes. Nietzsche enfatizaba el hecho que no nos es posible colocarnos fuera del lenguaje o liberarnos de él. Uno de sus temas predilectos será el mostrarnos las diferentes trampas que el lenguaje tiende a los seres humanos y nos muestra cómo nos es imposible zafarnos del todo de sus garras. Éste había sido un tema desarrollado antiguamente por los sofistas y de manera muy especial por Gorgias. Cualquier intento de sustraernos del dominio que el lenguaje ejerce sobre nosotros, requiere realizarse

---

[18] Citado por Harlene Anderson, op.cit. p. 205.

desde el propio lenguaje. Nietzsche subraya el hecho que estamos atrapados o cautivos en el lenguaje. Pero Heidegger enfatiza otro aspecto no menos importante. El hecho que en el lenguaje nos sentimos «en casa», que el lenguaje «nos arropa» y nos permite estar en la vida desde la «calidez» y el «confort» de sentirse en lo de uno.

Los seres humanos no podemos vivir en la intemperie del «sin sentido». Requerimos hacer la experiencia de la existencia algo nuestro, de alguna forma requerimos apropiarnos del mundo que habitamos y ello nos obliga a conferirle sentido. Las narrativas representan nuestro refugio. Esta propiedad de las narrativas da cuenta de una dimensión fundamental de nuestra forma de ser. La existencia humana está marcada por un profundo sesgo problematizador, por un sesgo que algunos pueden calificar como trágico o incluso angustiante. No podemos vivir nuestra existencia como algo simplemente dado, como posiblemente la viven los animales. Para poder vivir los seres humanos requerimos del sentido. Quien pierde el sentido en su vida la compromete y se enfrenta a la experiencia de sentir que acerca a un precipicio, a un abismo, a la posibilidad de la desintegración, en último término, al suicidio, tal como nos lo planteara Albert Camus.

Mirado por el lado opuesto, ello implica reconocer que para los seres humanos la vida se nos presenta como enigma, como misterio, como un problema que estamos obligados a «resolver» de manera de asegurar la propia vida. Nuestra vida se sustenta en este profundo desgarramiento existencial, en esta profunda inquietud, en este tremendo desasosiego que nos genera esta repulsión frente al sin sentido. En el fondo, arrastramos una sensación de vacío que nos compele a que lo llenemos, lo tapemos, lo ocultemos. Que nos impulsa a arrancar de él y buscar refugio.

Nuestra vida, por lo tanto, se nos presenta como un desafío que nos exige hacernos cargo de ella y de nosotros mismos. El hinduismo suele sostener que la experiencia del nacer es la experiencia más traumática de toda nuestra existencia. Ese desgarramiento, que se expresa en el grito del recién nacido, posiblemente no se repetirá frente a ninguna otra experiencia posterior. Ello contrasta, sin embargo, con la emoción de quienes reciben a quién acaba de nacer, con sus sonrisas, con sus alegrías y expectativas. Se trataría, según esta interpretación, de un desencuentro entre quien nace y quienes lo reciben, de un profundo malentendido.

Todo ello define nuestra condición existencial originaria, lo que algunos posiblemente vinculan con la idea un supuesto «pecado original», de algo que marca este desgarramiento asociado con la experiencia de la vida desde el momento mismo del nacimiento. Si tal desgarramiento existe, suponen, algo debemos haber hecho para merecerlo. La vida se nos presenta, por lo tanto, como una enfermedad que requiere ser permanentemente «curada», «sanada», recuperada del vértigo del sin sentido.[19] Anaximandro nos plantea que todo acto de creación es un acto de trasgresión, un acto de ruptura de un orden originario y, como tal requiere de un acto posterior, que haga

---

[19] En mi libro *Raíces de Sentido: sobre egipcios, griegos, judíos y cristianos*, (J.C. Sáez Editor, Santiago, 2006) pp. 261-263, hice referencia al hecho de que Sócrates, enfrentado a la muerte, le habría dicho a uno de sus discípulos «Critón, le debemos un gallo a Asclepio. No te olvides de pagar esa deuda». Asclepio era el dios griego de la medicina y se acostumbraba a sacrificarle un gallo que cuando alguien sanaba de una enfermedad. Se ha especulado mucho sobre lo Sócrates podría haber tenido en mente al decir esa frase y se han ofrecido diversas interpretaciones. Algunas de ellas las menciono en mi libro. Sin embargo, a partir de lo que hemos señalado, nos atrevemos a ofrecer nuestra propia interpretación: bien puede considerarse que Sócrates concibiera la vida como un estado de enfermedad que, mientras dura, requiere de un tratamiento y curación permanentes y de la que sólo sanamos con la muerte. El principal remedio al que acudimos los seres humanos consiste en conferirle sentido a la vida, sentido del que ella misma carece.

justicia y repare el atrevimiento y falta de respeto que conlleva toda creación y todo nacimiento. Todo lo que nace debe morir. La muerte tiene un carácter de sanción. Es el castigo que recae en la osadía de la creación. Tal como nos dice aquel extraordinario fragmento de Anaximandro: las cosas que nacen

> *«deben morir de acuerdo a la necesidad; pues con ello hacen justicia y debida reparación mutua por el acto de injusticia involucrado, en acuerdo con la ordenanza del tiempo.»*[20]

La tradición judeocristiana vincula la existencia humana al castigo y a la culpa. Vivimos como una forma de expiar el pecado original. Puede pensarse que la idea del pecado original es el antecedente de una concepción particular sobre la vida. Pero es más probable que la relación sea inversa. Que el antecedente sea nuestra propia condición existencial y que la idea del pecado original surgiera como una forma de hacer sentido del sustrato de sinsentido que nos impone la existencia humana. Dado el desgarramiento de la existencia humana, dado el reconocimiento reiterado de nuestras miserias, dado el carácter errante que asume nuestra vida y la vivencia de exilio que en ella generamos, producimos, por contraste, la idea de un posible paraíso y el relato que nos explica cómo pudo suceder que lo perdiéramos o fuéramos expulsados de él.

Situados en esta perspectiva, entendemos las palabras del sabio Sileno. Nietzsche nos cuenta que el rey Midas:

> *«le pregunta qué es lo mejor y preferible para el hombre. Rígido e inmóvil calla el demón; hasta que forzado por el rey, acaba prorrumpiendo en estas palabras, en medio de una risa estridente: 'Estirpe miserable de un día, hijos del azar y de la fatiga, ¿por qué me fuerzas a decir lo que para ti sería*

---

[20] *The First Philosophers*, traducción al inglés de Robin Waterfield, Oxford University Press, Oxford, 200, p.14.

muy ventajoso no oír?' Lo mejor de todo es totalmente inal-
canzable para ti: no haber nacido, no ser, ser nada. Y lo me-
jor en segundo lugar es para ti morir pronto.»[21]

A partir del momento que estamos en la vida y que optamos por no morir, sólo nos cabe hacernos cargo del desafío de
generarle sentido.

Una idea similar encontramos en Goethe en las palabras
de Mefistófeles a Fausto:

«... porque todo lo que nace
es tal que perece,
por lo que mejor sería que nada naciese.»[22]

El lenguaje se encuentra en ambas puntas de esta situación constitutiva de los seres humanos. El problema del sentido se nos presenta por cuanto disponemos de la capacidad del
lenguaje y por lo tanto de la capacidad para interrogarnos y
preguntarnos por el sentido de nuestra existencia, a la vez que
es el mismo lenguaje el que nos habilita a generar los sentidos
y desarrollar las narrativas que en último término nos permiten vivirla. El lenguaje es, en consecuencia, tanto condición
del problema como parte de su solución. Sólo un ser dotado
de capacidad de lenguaje puede constituir un tipo de existencia de este tipo. Desde esta perspectiva, las narrativas responden, en último término, a esa sed de sentido que los seres humanos nos vemos obligados a saciar. Ellas nos permiten vivir nuestra existencia «cobijados». El lenguaje nos permite construirnos
una «morada» en el vacío, en el gélido espacio de la nada, conscientes de que una vida sin sentido no permite ser vivida.

---

[21] Friedrich Nietzsche, *El nacimiento de la tragedia*, Alianza, México, 1989, p.52.
[22] Goethe, *Fausto*, I.

Los sentidos que generamos como parte del desafío de nuestra existencia suelen ser inestables. Lo que nos hizo sentido a una cierta edad deja de tener sentido al entrar en otra. Muchas veces, sin embargo, la experiencia recurrente de encontrarnos con un «déficit de sentido» no tiene relación con nuestros propios cambios, sino con aquellos que acompañan al entorno social en el que nos desenvolvemos. En la medida que el cambio de las condiciones socio-históricas se acelera, como acontece en la actualidad, se suelen acelerar simultáneamente las experiencias de falta de sentido. Ello implica que el propio dinamismo de la búsqueda de sentido es, a la vez, dinámico y, por lo tanto, cambiable.

Evolución y circulación de las narrativas

Más allá del cambio de las narrativas en el eje de la temporalidad, al pasar de una edad a otra o de una época histórica a otra, es también importante reconocer su circulación en el espacio que resulta de las influencias que ellas ejercen en lugares sociales en los que previamente no habían penetrado. Un ejemplo ilustrativo a este respecto lo encontramos con el desarrollo en el mundo occidental de las narrativas del amor romántico. Antes de referirnos a ello, es importante reconocer que para dar cuenta de este fenómeno de circulación de narrativas, nos vemos obligados a recurrir a una narrativa que busque darle sentido.

Diversos historiadores nos plantean que una de las fuentes de la actual narrativa romántica occidental resultó de desarrollos que se registraron en el sur de España, durante la ocupación musulmana. Fueron éstos, los musulmanes, quienes le dieran un especial ímpetu a la música, a la poesía y, en general, a la trova romántica. Ella se desarrolla en los períodos de prosperidad de la civilización árabe, en torno a la vida cortesana. Poco a poco emergen poetas y trovadores que cantarán historias de amor romántico, confiriéndole un particular carácter a las relaciones entre los hombres y las mujeres. Esa tradición, se señala, se propaga progresivamente a reinos no muy lejanos y logran una importante influencia en Aquitania, en el sur de Francia. La corte de Aquitania se caracterizará por la proliferación de poetas y trovadores románticos.

Cuando Luis VII, rey de Francia, se casa con Leonor de Aquitania, ésta traslada consigo a las cortes del reino francés a esos poetas y trovadores de su propia corte. Como sabemos, el matrimonio de Leonor con Luis termina por romperse y ésta se casa posteriormente con Enrique II, rey de Inglaterra, conformando la célebre dinastía de los Plantagenets, de la que forman parte Ricardo Corazón de León y Juan Sin Tierra, hijos de Enrique y Leonor. En su traslado a Inglaterra, Leonor vuelva a llevarse consigo a sus poetas y trovadores.

Pues bien, éstos desarrollarán en Inglaterra una corriente de narrativas de amor romántico que más adelante, confluyendo con otras corrientes provenientes de Renacimiento del mundo clásico, permitirán la emergencia de William Shakespeare, quién es considerado por muchos como el escritor romántico más importante del mundo occidental. Desde entonces, los hombres y mujeres occidentales viven, en sus relaciones, experiencias de amor romántico fundadas en la sensibilidad desarrollada por esta tradición de narrativas, experiencias que durante muchos siglos serán muy diferentes de aquellas que rigieron las relaciones entre hombres y mujeres en el Oriente. ¿Sucedió realmente así? En rigor, no lo sabemos. Pero ésta es una narrativa posible.

Muchos siglos pasaron desde las influencias iniciales de los moros, la llegada de la sensibilidad romántica a Inglaterra y la aparición en escena de Shakespeare. Bajo las condiciones actuales de globalización, el impacto de una determinada narrativa, nacida en una determinada región del mundo, sobre otras regiones, ha devenido casi instantáneo. Con el impacto de medios de comunicación que operan globalmente y la propia diversificación de estos medios de comunicación, prácticamente no existe una región del mundo que logre evitar la influencia de nuevas narrativas y sensibilidades. La Internet permite un acceso prácticamente instantáneo.

Sobre tradiciones históricamente muy diferentes, se impone una influencia homogenizante de narrativas y sensibilidades surgidas en cualquier parte del mundo y, de manera muy especial, de aquellas que son desarrolladas en los centros de poder más destacados. Es lo que observamos en el cine, en la música y en múltiples otras dimensiones culturales. La cultura hoy tiende a hacerse una sola: aquella de un mundo globalizado. A ello es necesario sumar el efecto de los procesos de integración regional que se han realizado en diversas partes del mundo. Todo ello produce una elevada uniformidad de los valores, pasando por encima de las fronteras nacionales, fronteras que antes operaban como fronteras culturales.

El dominio narrativo

Nuestra experiencia de la vida, nuestras relaciones con el mundo, con los demás y con nosotros mismos, están todas mediadas por narrativas. Generamos narrativas sobre el conjunto de la experiencia humana. Y la manera como nos comportamos, las acciones que tomamos, remiten a las narrativas y, a través de ellas, a las interpretaciones que desarrollamos y de aquellas que simplemente adoptamos del acervo cultural de nuestra comunidad y del mundo globalizado.

El dominio de nuestras narrativas, por lo tanto, se caracteriza por su inmensa multiplicidad. Tenemos narrativas sobre todo. Sobre el mundo; sobre cada uno de los individuos con los que nos relacionamos, sobre nosotros mismos, sobre los objetos que pueblan nuestro mundo, sobre las diferentes clases de individuos que distinguimos (según género, nacionalidad, etnia, profesión, etcétera). Tenemos narrativas sobre el pasado, el presente y el futuro; sobre la comunidad a la que pertenecemos y sobre aquellas comunidades a las que no pertenecemos; sobre el carácter mismo de la vida.

Muchas narrativas mantienen relaciones entre si. Algunas se complementan. Otras participan de presupuestos comunes y, por lo tanto, remiten a narrativas más comprensivas. Tenemos narrativas «encubadas» o «en-nidadas» en otras narrativas[23]. Pero también tenemos narrativas que se contradicen, que desarrollan tensiones entre sí. Y estas relaciones contradictorias no son sólo expresión de las diferencias individuales que se producen al interior de una comunidad o de sistemas sociales más amplios. Encontramos estas mismas relaciones de tensión y contradicción entre las diferentes narrativas que sustenta un mismo individuo. Aunque todo individuo en su forma de ser, tiende a una determinada estructura de coherencia, ello no impide que convivan en él o en ella narrativas –y por ende interpretaciones– muy distintas y muchas veces contradictorias. No existe el individuo total y plenamente coherente.

Las narrativas son dinámicas. Ellas se mueven, se desarrollan, se articulan entre sí de manera diversa. El dominio de las narrativas esta marcado por su constante transformación, por un fluir permanente. En estos cambios intervienen muy diversos factores. Muchos provienen de la propia experiencia de la vida que nos llevan a alterar lo que previamente pensábamos y decíamos. Algunas de estas experiencias tienen lugar al interior del propio dominio narrativo y hay transformaciones que se producen por encuentro o choques entre narrativas diferentes. Muchas personas cambian su manera de articular sentido al encontrarse con una narrativa con la que antes no se habían encontrado.

---

[23] En inglés podemos referirlas como embedded o nested.

Así como reconocemos que las narrativas son dinámicas y, por consiguiente, cambiantes y cambiables, ello nos advierte que ninguna narrativa que propongamos puede esperar vigencia indefinida. Toda narrativa es inevitablemente provisoria, incluso aquella que así lo señala y que concibe de una determinada manera su propia provisionalidad. Ninguna narrativa, como, por ejemplo, ninguna explicación que demos para conferir sentido a determinados fenómenos, puede sobrevivir las pruebas del tiempo y aspirar a una resolución permanente del problema de sentido que ha procurado resolver. Ello podrá parecernos auto-contradictorio. Sostener que ninguna narrativa tiene asegurada una vigencia permanente pareciera invalidarse por sí misma, pues ello es parte de una narrativa que así lo sostiene y que de ser válida se niega a si misma. Pero no olvidemos que la noción misma de contradicción no es tampoco ajena a nuestra capacidad de conferir sentido y al carácter histórico y dinámico que ella misma posee.

Es interesante preguntarse por los factores que suelen incidir en estas transformaciones. Son muy diversos. Muchas veces pesa el poder que le atribuimos a determinadas narrativas y la capacidad que ellas ofrecen para iluminar nuevos espacios de posibilidades y para habilitar nuevas acciones. Otras veces nos es posible detectar que aquello que se halla detrás del acto de adopción de una nueva narrativa está relacionado con nuestras fragilidades, temores e incertidumbres. Ciertas narrativas nos ofrecen protección.

Este constante fluir narrativo está también relacionado con el carácter de nuestra capacidad biológica de memoria. Las últimas investigaciones en neurobiología están modificando nuestra comprensión de los fenómenos de memoria. Hasta hace poco, se creía que la memoria lograba traer a la conciencia el evento original que era recordado. Se pensaba que nos acordábamos de aquello que entonces sucedió. Hoy este supuesto ha comenzado a ser cuestionado. Al parecer, lo que recodamos no es el evento original sino el último recuerdo que tuvimos de aquello que recordamos. Hay veces que recordamos cosas que previamente parecíamos haber olvidado.

Con todo, hoy tiende a considerarse que cuando recordamos, no es un recuerdo del evento lo que nos trae la memoria, sino de los recuerdos previos que tuvimos de ello. En la medida que cada recuerdo se distancia e introduce distorsiones con respecto a los eventos originarios, con el pasar del tiempo nuestros recuerdos se alejan progresivamente de ellos. Nuestra memoria es mucho menos confiable de lo que suponíamos. Y en la medida que cada vez que recordamos solemos interpretar el recuerdo, se producen sucesivos desplazamientos en nuestras interpretaciones del pasado y en las correspondientes narrativas que construimos sobre él.

Nuestras narrativas son selectivas y, por consiguiente, incompletas. Su carácter selectivo no resulta tan sólo del carácter selectivo de nuestra memoria. Su raíz es muy anterior. Nuestras percepciones son de por sí selectivas. No vemos todo lo que está frente a nuestros ojos. Sólo prestamos atención a algunos de los elementos de nuestro entorno y lo hacemos, primero, de acuerdo a nuestras inevitables restricciones biológicas y, segundo, de acuerdo a las inquietudes, deseos y a las propias narrativas que nos constituyen. Nuestra percepción ordena el mundo de acuerdo a nosotros mismos. Toda percepción construye una particular gestalt y ella conlleva un marcado componente interpretativo.

El mismo entorno es configurado por un observador diferente de manera muy distinta, aunque ambos puedan reconocer elementos comunes en sus respectivas percepciones. Todo ello implica que toda percepción ilumina el entorno de una manera particular y permite ver en él lo que otros observadores posiblemente no perciben. A la inversa, el mundo que observamos oscurece determinados aspectos que para otros pudieran estar iluminados. Todo ello se expresa en nuestras narrativas. En ellas podemos descubrir nuestras luces y nuestras sombras, nuestras visiones y nuestras cegueras.[24] Tales percepciones son uno de los elementos que luego utilizaremos para la construcción de nuevas narrativas.

Nuestras narrativas aunque pudieran tener los mismos elementos, lo que nunca es así, también difieren por cuanto ponderan de manera diferente aquellos elementos que pudieran compartir. No les conceden el mismo valor, el mismo peso, la misma importancia, el mismo sentido. Nuestras narrativas son, en consecuencia, polivalentes. Difieren en la evaluación que hacen de los propios elementos que las constituyen. Ello se expresa en los juicios y emociones con los que cargan a sus elementos constitutivos, al punto que ellos pueden aparece con ponderaciones diferentes, ponderaciones que definen gradientes de valor, en una escala ordinal de menos a más. En muchos casos, el mismo elemento, el mismo hecho, la misma experiencia aparece valorado positivamente en una determinada narrativa y ponderado negativamente en otra.

Así como las narrativas cambian, nos es posible participar en el cambio de nuestras propias narrativas. Nos es posible evaluarlas, reconocer el impacto que ellas tienen en nuestra vida y buscar acercarnos a narrativas que nos ayuden a desarrollar el tipo de vida, el tipo de relaciones, a las que aspiramos. Para ganar capacidad de diseño de nuestra propia vida,

---

[24] La metáfora de la ceguera, sin embargo, no es la más afortunada. Ella puede llevarnos a comparar lo que vemos o no vemos con lo que «está allí» y crearnos la ilusión de que podemos identificar eso que «está allí». Puede llevarnos incluso más lejos y hacernos considerar como estándar nuestras propias percepciones para evaluar las cegueras de los demás y desvalorizar sus propias percepciones. Ello contradice lo central de nuestra postura. Nuestro planteamiento descarta tal opción. Nunca podremos saber qué es lo que «realmente» está allí. Vivimos en un mundo en el que todos, de una u otra forma, somos ciegos.

para conquistar mayores espacios de autonomía y una mayor capacidad de auto-agencia, es importante comenzar por reconocer el papel fundamental que las narrativas juegan en nuestra forma de ser, de actuar y, en definitiva, en el carácter de nuestra vida.

Un universo y múltiples mundos

Reiteremos lo dicho previamente: el sentido del mundo no le pertenece al mundo sino al observador que carga al mundo de sentido a través de la capacidad que nos provee el lenguaje para generar interpretaciones y expresarlas en narrativas. Hacemos una distinción entre el universo, término con el que designamos nuestra realidad exterior en su sentido más amplio, y el mundo. Aunque sabemos que no nos es posible dar cuenta del universo tal como éste es realmente, muy pronto descubrimos que ello no implica necesariamente que podamos negar su existencia. La vida misma se encarga de demostrarnos que no podemos negar la existencia de una realidad fuera del lenguaje. En el momento que lo hacemos, la vida se encarga de corregirnos.

Para los seres humanos, el universo se transmuta en mundo. El mundo como tal da cuenta de la manera como el universo se nos presenta. Como tal, representa una porción de ese universo cargada con el sentido que el observador le confiere. El mundo siempre posee una suerte de «energía» particular que proviene del sentido del que es portador. En tal sentido los mundos de observadores diferentes, construidos sobre el mismo universo, expresan diferenciales de posibilidades, luminosidades distintas. Aunque vivimos en el mismo universo, habitamos mundos diferentes.

Hemos sostenido que lo que define al mundo es su carácter interpretativo. Pero hemos dicho más. Hemos señalado que no estamos en condiciones de saber y de afirmar la «realidad» de nuestros mundos. Al insistir en su dimensión interpretativa estamos simultáneamente oponiéndonos a una eventual presunción de verdad, en el sentido de poder dar cuenta de cómo las cosas son realmente. Los seres humanos no podemos ir más allá del terreno de las interpretaciones. Y en este dominio no es posible, por ejemplo, separar entre interpretaciones verdaderas e interpretaciones falsas. Como hemos argumentado previamente, ello no implica, sin embargo, el que no podamos discernir entre interpretaciones diferentes. Pero el criterio de discernimiento no será el criterio de verdad.

No es posible, por ejemplo, como lo hace el marxismo, y sostener que las interpretaciones que poseen algunos son expresivas de una «falsa conciencia», mientras que las interpretaciones que poseen otros permiten ser consideradas como «conciencia verdadera». La teoría de la ideología, postulada por el marxismo, se sustenta en una distinción que, desde nuestra perspectiva, está clausurada. De la misma forma, no es posible presumir que determinadas interpretaciones logran dar cuenta de las supuestas «condiciones objetivas» de la realidad, mientras que otras las distorsionan y mistifican. Desde nuestra perspectiva no existe la posibilidad de construir un observador que tenga el privilegio de reivindicar el carácter «verdadero» de sus interpretaciones y, desde allí, descalificar las interpretaciones de los demás.[25]

---

[25] Lo anterior permite mirar con ojos muy diferentes los así llamados procesos de concientización o de «toma de conciencia», frecuentes en determinadas propuestas. El marxismo y el psicoanálisis son dos casos en los que dichos procesos resultan centrales. Dos teorías fundadas en el supuesto de conciencias distorsionadas, aunque los factores de distorsión sean diferentes en cada caso. El marxismo, por ejemplo, busca transformar la conciencia campesina de servicio y sumisión, en conciencia de explotación y resentimiento para luego transformar la conciencia de explotado en conciencia revolucionaria desde la cual se forja el compromiso con las luchas por el cambio global del sistema social. Se trata de tres mundos de sentido radicalmente distintos en los que

Con el tránsito de una forma de conciencia a otra, lo que está en juego, en rigor, no es sino un cambio de narrativas diferentes, cada una conformando un mundo diferente y cada una redefiniendo la manera como el sujeto se concibe a sí mismo. No objetamos, de inicio, ninguna de ellas. Pero creemos importante que sea cada uno, cada individuo, quién escoja la narrativa que considera que le ofrece las mejores posibilidades

no sólo los mundos constituidos son diferentes, sino que también lo son los sujetos que los han constituido así y que habitan en ellos.

El proceso en su conjunto es concebido como un proceso global de toma creciente de conciencia, de un nivel inferior y altamente distorsionado a un nivel superior al que se le confiere el status de conciencia verdadera. Más allá de disputar los supuestos desde los cuales se construye esta noción de conciencia verdadera, uno de los problemas que ella reviste es que separa la conciencia empírica y concreta de los campesinos de la conciencia verdadera que teóricamente se presume que debieran tener. La conciencia campesina «verdadera» deja de ser la conciencia que desarrollan los propios campesinos y se convierte en aquella que determinados intelectuales le asignan e imponen. Aquellos con una conciencia distinta de la que el intelectual les asigna son vistos, en consecuencia, como con una conciencia carente de valor, una conciencia mistificada. Seguir un camino hacia condiciones de creciente dignidad del campesino implica ahora seguir el camino que el intelectual les ha prediseñado y no camino que ellos mismos escojan. Ello termina por negarles a los campesinos la capacidad de definir autónomamente sus propios procesos de transformación.

Lo mismo acontece a partir del marxismo con de los ciudadanos una vez que el socialismo ha triunfado. No importa lo que ellos efectivamente quieran, no importa lo que ellos piensen. Hay quienes lo hacen por ellos y lo hacen mejor que ellos. Pedirles su opinión y organizar la sociedad en función de ella, resulta por lo tanto innecesario. Los cuadros del partido saben mejor que ellos mismos lo que les hace falta. Correspondientemente, la dirección del partido sabe mejor que los cuadros del partido lo que es también mejor para ellos. La democracia es, por lo tanto, irrelevante. Se trata de una pérdida de tiempo con el riesgo de que las conciencias reales de los ciudadanos, por lo general distorsionadas en relación a la conciencia ideal que se les asigna, podrían eventualmente conducirnos a caminos que nos alejan del «camino correcto», determinado por aquellos iluminados por una suerte de gracia divina (una suerte de encarnación del «Espíritu Santo»), que son los que realmente saben.

para conducir su existencia y el mejor camino de transformación personal y social. Creemos que ese es el sentido de una opción genuinamente democrática, fundada en el respeto mutuo y en la capacidad de cada persona de definir su propio destino y participar en diseñar el destino de su comunidad.

La indiferencia de los hechos: mundos imaginarios y mundos interiores

Lo desarrollado anteriormente nos conduce a sostener, por lo tanto, que el elemento primordial de un mundo es su sentido y que este sentido se expresa, de manera muy fundamental, en la capacidad de generar narrativas que poseen los seres humanos. Podemos ir más lejos y sostener que, en la configuración de un mundo, el buscar mecanismos de soporte de una realidad externa, en los hechos (siempre penetrados por nuestra capacidad interpretativa), pudiendo muchas veces ser importantes, no son un elemento indispensable. Jerome Bruner nos insiste que las narrativas son fácticamente indiferentes. Los hechos son indiferentes en nuestra capacidad de construcción de narrativas. Ellas no tienen necesidad de los hechos concretos de la experiencia.[26] Es más, los hechos, de existir al interior de una narrativa, son también indiferentes al sentido que ésta (y el observador que la produce) les asigna.

De ello podemos deducir que es posible crear mundos apoyándonos por completo en el componente de sentido y prescindiendo de los hechos de la experiencia. Cuando lo hacemos constituimos aquello que llamamos mundos imaginarios. Estos mundos imaginarios se manifiestan de muy distintas maneras y representa una de las capas discursivas más importante de nuestras culturas.

---

[26] Dos son las obras principales de Jerome Bruner a este respecto: *Actual Minds, Posible Worlds,* Harvard Universitry Press, 1986 y *Acts of Meaning*, Harvard University Press, 1990.

Un ejemplo notable de estos mundos imaginario lo representa la literatura. Ella posee la gran ventaja, en relación al tema que abordamos, de estar sustentada en la capacidad de generar narrativas de los seres humanos. En la literatura se manifiesta el despliegue de nuestra capacidad de crear mundos muy diversos a partir simplemente de imaginar sucesos e hilvanar historias. Cada autor literario nos invita a un mundo imaginario que es el resultado de su creación. El hecho que los sucesos que nos relata puedan o no estar inspirados en hechos reales es completamente irrelevante. Lo que realmente importa es el mundo que hace aparecer, como por arte de magia.

Al penetrar el lector en esos mundos, vive experiencias muchas veces casi indistinguibles de aquellas que se le presentan en su mundo real. A veces se trata incluso de experiencias de una riqueza que difícilmente éste podría encontrar en el mundo concreto de su cotidianidad. Muchas de nuestras emociones más profundas las hemos encontrado en esos mundos imaginarios. Son muchos los que, al recordar el pasado, destacaríamos a veces las experiencias obtenidas al leer determinados libros, antes que muchas otras experiencias reales. Tales experiencias no sólo enriquecen nuestra vida, sino que suelen ser muchas veces grandes oportunidades de aprendizaje.

Así como la lógica de nuestro razonamiento nos condujo a hablar de mundos imaginarios, ella nos lleva ahora a reconocer un fenómeno equivalente y a introducir la distinción de mundos interiores. La distinción de mundo es mucho más amplia que la referencia al entorno físico y social que nos rodea. Todo observador no sólo se desenvuelve en un mundo exterior, que carga de sentido. También, apoyado en su capacidad de conferir sentido, desarrolla un mundo interior de magnitudes variables. Habrá quienes tengan un mundo interior muy pequeño, escasamente desarrollado. Otros se dedican a cultivar un mundo interior mucho más extenso, variado y rico.

Estos mundos interiores son precisamente el resultado de una labor de cultivo, de una acción sostenida por desarrollarlos y enriquecerlos. Ellos representan una de las dimensiones más destacadas de los que llamamos el cultivo del alma, al que todo ser humano está en principio convocado. Aprender a vivir comprende no sólo saber incidir en nuestros mundos exteriores, es simultáneamente una invitación a desarrollar y hacer florecer nuestros mundos interiores.

En nuestros mundos interiores no todo es literatura. Se trata de generar en ellos un espacio de sensibilidad que nos permita precisamente enriquecer la experiencia de la vida, llevándonos no sólo a generar sentidos, sino también permitiéndonos sentir y vibrar con experiencias muy diversas, generándole a nuestra alma «conmociones» distintas. La riqueza y plenitud de nuestra existencia se manifiestas más que en ningún otro dominio, en el terreno emocional. Podemos, por lo tanto, enriquecer nuestros mundos interiores con experiencias que incluyen, entre múltiples otras, a las artes plásticas, a la música, a la danza, etcétera, por referirnos a algunas expresiones explícitamente no literarias.

Es interesante, sin embargo, seguir preguntándonos sobre la importancia de estos dos mundos, el imaginario y el interior. ¿Qué papel cumplen en la vida los seres humanos? ¿Cuál es su aporte? ¿Qué importancia poseen? No pretendemos agotar las respuestas. Ellas son innumerables y, quizás, cada individuo tenga una propia. Pero hay una que nos gusta y que vincula estos dos mundos a la noción de déficit de sentido que esbozáramos previamente. A esa avidez de sentido que suele caracterizar la existencia humana. El cultivo del arte suele ser para muchos precisamente una estrategia para incrementar el sentido del vivir. Frecuentemente, nos recluimos en nuestros mundos imaginarios e interiores para mejor soportar las rutinas de nuestra cotidianidad. Para volver diferentes a lo de siempre. Se trata de una manera de enriquecer la vida y alejarnos del abismo del sinsentido.

Carácter y estructura de una narrativa

Según Kenneth Gergen, una narrativa bien constituida cumple por lo general con ciertos criterios. En su opinión estos son: 1) tiene un objetivo de valor establecido, 2) los eventos aludidos son relevantes y conducen a dicho objetivo, 3) dichos eventos siguen una secuencia temporal, 4) sus personajes poseen una identidad continua y coherente en el tiempo, los eventos están conectados causalmente y sirven de explicación del final, 5) tiene un principio y un fin.[27]

Nos parece importante destacar el primero de los criterios apuntados por Gergen, a decir, «un objetivo de valor establecido». Ello permite evaluar una narrativa por su capacidad de agregación o no agregación de valor y, por lo tanto, cabe preguntarse: ¿Qué aporta? ¿Para qué sirve? ¿Qué diferencia hace? ¿Qué consecuencias resultan de ella? ¿Qué ilumina? ¿Qué oscurece? ¿Qué permite? ¿Qué impide?, ¿Qué diferencia existe entre el valor que aporta una determinada narrativa y el valor que aportaría una narrativa alternativa?, etcétera.

Toda narrativa es en último término un mapa lingüístico que posiciona en un determinado orden los elementos supuestamente relevantes de una situación, mapa que utilizamos para desplazarnos al interior de la situación tal como la narrativa la constituye. Pero, como dijera en su oportunidad Alfred Korzybski y luego nos reiterara Gregory Bateson, «el mapa no es el territorio» y la narrativa que utilizamos no es la única posible para desenvolvernos en la situación que ella procura dar cuenta. Existe siempre la posibilidad de dar cuenta de la misma situación con narrativas muy diferentes.

---

[27] Kenneth J. Gergen, *Realidades y Relaciones*, Paidos, Barcelona, 1997. Ver también, *The Saturated Self: Dilemmas of identity in contemporary life*, Basic Books, N.Y., 1991 y *Psychological Discourse in Historical Perspective*, Cambridge University Press, N.Y., 1996.

Creemos, sin embargo, que en su descripción de elementos de toda narrativa, Gergen le confiere al factor temporal una importancia que éste no siempre tiene.[28] Es efectivo que toda narrativa es siempre secuencial. En efecto, tiene un principio y un fin, comienza por un lado y termina en otro. Entre ambos puntos hay un proceso que se despliega en el tiempo. Toma tiempo ir del principio al fin. Pero se trata del tiempo que utiliza la propia narrativa para desplegarse a sí misma. Sin embargo, una cosa es el tiempo propio de la narrativa y algo diferente es el tiempo de la situación que la narrativa busca dar cuenta. Ella puede tener tiempo, como puede que no lo tenga.

En la distinción entre el camino de la historia y el camino de la estructura que realizamos previamente, nos encontramos que si estamos en el camino de la historia, la narrativa debe someterse y conferirle sentido, como lo plantea Gergen, a una secuencia temporal. Además de la secuencia de la propia narrativa, existe un proceso temporal que busca ser entendido. Pero cuando tomamos el camino de la estructura, no es un proceso el que buscamos describir, sino un estado en el que el tiempo ha sido arbitrariamente congelado.

Si alguien me pregunta «¿Cómo eres?» la narrativa que entregue como respuesta tendrá una relación con el tiempo muy diferente que si me han pedido que cuente cómo fue mi vida. En el primer caso la secuencia narrativa es mucho menos importante que en el segundo caso, caso en el que debemos adecuarnos al proceso temporal de nuestra vida, del proceso de la vida que buscamos interpretar. En el segundo caso es muy posible que en diversos momentos de nuestra narrativa

---

[28] El relacionar la noción de narrativa con un relato asociado a la temporalidad es algo frecuente. En Wikipedia, por ejemplo, ella es concebida como «una construcción en un medio adecuado (oral, escrito, en imágenes) que describe una secuencia de hechos reales o irreales». Es precisamente la necesidad de que ella exprese «secuencias de hechos» lo que ponemos en cuestión.

debamos establecer una correlación entre la secuencia narrativa y la secuencia de nuestra propia vida. Como veremos, la relación entre la narrativa y el factor tiempo será uno de los aspectos más interesantes a examinar. Todo ello nos conduce a introducir una distinción entre dos tipos de narrativas. En primer lugar, las narrativas de procesos que requieren dar cuenta de fenómenos que se sitúan en el transcurrir del tiempo. En segundo lugar, las narrativas de estado, que prescinden de esta secuencia temporal asociada al estado que busca ser interpretado. Nuestra frecuente distinción entre el camino explicativo de la historia y el camino explicativo de la estructura se relaciona directamente con estos dos tipos diferentes de narrativas.

Tres tipos de narrativas

Nuestras historias suelen muchas veces –no siempre– responder a preguntas y muchas veces a distintos tipos de preguntas. Examinaremos tres tipos diferentes de narrativas. Dos de ellas se definen en función de determinadas preguntas. Estas no son todas las narrativas posibles. Muchas veces, hay también algunas narrativas que combinan aspectos de las tres que mencionaremos.

a. El reporte de acontecimientos

Al referirnos a los acontecimientos –señalando qué sucedió, cómo, cuándo, dónde, a quién– estamos haciendo una reseña de sucesos que puede tomar la forma de recuento histórico, biografía, crónica. En general, este tipo de narrativa responde a preguntas concretas y combina afirmaciones con juicios. La reseña del hecho en sí (que es verificable), constituye una afirmación, que suele ir acompañada de una interpretación estimativa por parte de quien elabora el reporte, la que se sustenta en juicios. Esta característica resulta evidente cuando se comparan las crónicas de prensa.

Hace ya algunos años me correspondió vivir en Francia y recuerdo que me informaba del acontecer mundial a través de la lectura de dos periódicos: The Herald Tribune, periódico en inglés editado en París, de marcado estilo norteamericano, y Le Monde, prestigiado diario francés. De alguna forma ambos periódicos se complementaban. En The Herald Tribune me informaba sobre los hechos que habían tenido lugar y lo hacía con rigurosidad y precisión. Sabía cuántos votos habían sacado los diferentes candidatos en una determinada elección y cuáles habían sido sus palabras al enterarse cada uno de ellos del resultado. Le Monde me proporcionaba otra cosa. En el detalle de los hechos el diario era particularmente escueto. Sin embargo, su fuerte resultaban los análisis que ofrecía sobre los acontecimientos: cómo los vinculaba con el pasado, cómo los proyectaba hacia futuros probables. El gran aporte de The Herald Tribune estaba en el dominio de las afirmaciones. En cambio, Le Monde destacaba por la agudeza de sus juicios y de sus interpretaciones. Yo, por mi parte, obtenía y combinaba lo mejor de sus dos mundos.

b. La ficción literaria

El mundo imaginario integra personajes, acontecimientos, tiempos y espacios, en historias en que se desdobla la experiencia y en que emergen mundos exteriores y también interiores. Tal como lo hemos señalado previamente, este tipo de narrativa tiene gran influencia en nuestras vidas. Constituye un conjunto de campos de sentido que han modelado nuestros comportamientos a través de diferentes géneros y manifestaciones: la épica, el teatro, la novela, la poesía. Estas narrativas condicionan nuestra manera de vivir, como podemos advertirlo al observar la forma en que influyen, por ejemplo, en la amistad, el amor, el compromiso, el patriotismo.

Los personajes literarios son personas ficticias que creamos gracias al poder generativo del lenguaje. Las personas que aparecen en la literatura moderna, por ejemplo, a diferencia de las que encontramos en la literatura clásica, son seres comunes que no tienen experiencias demasiado extraordinarias. Sin embargo, en ambos tipos de literatura, el diseño de esos personajes nos ilumina en el conocimiento de otras personas. Empezamos a reconocer en ellas características y rasgos de aquellos personajes ficticios. Esos personajes llegan a formar parte de nuestro «círculo de conocidos», entregándonos profundas revelaciones acerca de las modalidades de comportamiento de los seres humanos. Basta recordar, por ejemplo, las creaciones de García Lorca, como Bernarda Alba; de Dostoiewsky, como Iván Karamazov, como el Avaro de Molière. Cada uno de ellos es un retrato en profundidad de los diferentes rasgos que puede adoptar el alma humana.

c. Las explicaciones

Así como el reporte de acontecimientos respondía a la pregunta por hechos y situaciones concretas, la explicación responde a la pregunta del «por qué». Lo que pasa, tal como pasa, no explicita el por qué de su acontecer. Sólo acontece. En las explicaciones, el observador busca precisamente conferirle sentido a determinadas situaciones, a ciertos fenómenos. Al hacerlos los interpreta buscando dar con sus orígenes y sus causas. Por cuanto constituyen interpretaciones y respuestas posibles, entre muchas otras respuestas posibles, las explicaciones siempre remitirán y, por lo tanto, pertenecen al observador y no al fenómeno explicado.

Es muy importante saber separar, por lo tanto, el fenómeno de su explicación o, dicho en otras palabras, la experiencia de la interpretación que hacemos de ella. Muchos de los problemas que enfrentamos en la vida y mucho del sufrimiento que nos generan determinados acontecimientos, podrían ser mitigados si estuviéramos en condiciones de separar un dominio del otro. Lo decimos una y otra vez: los acontecimientos son neutrales, las cosas que pasan lo hacen desde la completa inocencia. La manera como ellos nos afectan, remiten al sentido que les conferimos como observadores. Y una de las formas frecuentes de conferir sentido remite al tipo de explicaciones que generamos.

Uno de los supuestos del planteamiento metafísico es la creencia que todo problema tiene una sola explicación y que todas las explicaciones unidas conforman un todo armónico, compatible y coherente. Y, por consiguiente, que toda respuesta explicativa considerada verdadera invalida a las demás que la contradicen. Pero, según Isaiah Berlin, es necesario enfrentar el hecho que existen respuestas múltiples y muchas veces contradictorias para los problemas, por lo que propone reemplazar los dogmas de la metafísica por las siguientes proposiciones: Para toda pregunta existen infinitas respuestas posibles. Nunca estamos en condiciones de asegurar cuál es la verdadera. Hay infinitas maneras de responder a la pregunta del por qué.

Cada observador genera diferentes posibilidades de acción a través de sus explicaciones: toda explicación abre o clausura posibilidades. En ese sentido, podemos decir que hay explicaciones más poderosas que otras. Cada explicación, en consecuencia, tiene un poder relativo, y éste remite a su capacidad efectiva de generar o de clausurar acciones.

Tipos de explicaciones

La pregunta por el 'por qué' ha acompañado a los seres humanos a lo largo de la historia. Y sus respuestas —los tipos de explicaciones— se han ido modificando con el correr del tiempo. Esto no significa, sin embargo, que el surgir de una modalidad nueva de explicación haya invalidado en forma absoluta la modalidad precedente. Puede haber observadores que utilicen cualquiera de los tres tipos que mencionaremos a continuación, y que incluso utilicen diferentes tipos según sea la pregunta de que se trate.

a. Explicaciones mitológicas

En las narrativas mitológicas el acontecer se explica frecuentemente dotando a los elementos de la naturaleza de atributos animistas, de una suerte de alma con capacidad de voluntad que se expresa en su comportamiento. Otras veces se explica tal o cual comportamiento haciéndose referencia a la voluntad de otras fuerzas vivas o a la voluntad de los dioses. Si uno de aquellos griegos que esperaban en las costas de Aulis para zarpar a Troya, hubiese preguntado: «¿Por qué no sopla el viento?», la respuesta era necesariamente: «Porque es la voluntad de la diosa Artemisa, ofendida por Agamenón». En razón de que la diosa así lo quiso, los griegos no podrían partir a buscar a Helena, a menos que fuera sacrificada Ifigenia, la hija del rey. Esa explicación era suficiente. Nadie buscó otra, ni menos torcer la voluntad de Artemisa.

De ninguna forma queremos despreciar el inmenso valor simbólico del pensamiento mitológico y su importancia en la construcción de nuestros mundos imaginarios. Nosotros acudimos múltiples veces a él por su gran fuerza evocativa y la capacidad que nos ofrece en la generación del sentido de vida. Sin embargo, es importante advertir que desde el punto de vista del avance de nuestro conocimiento, éste representa una opción que nos hace retroceder en términos de las tres opciones que nos plantea lo que hemos denominado la encrucijada ontológica.

b. Explicaciones metafísicas

Las explicaciones metafísicas del acontecer hacen referencia al ser de las cosas o de las personas; es la naturaleza de las cosas la que las hace actuar o comportarse como lo hacen. Este tipo de explicaciones remite al «ser» del fenómeno o de la persona que actúa: «porque así soy yo»; «porque así es ella»; «porque aquello es así», «porque ello corresponde a su naturaleza».

Esta es una forma de dar cuenta de los acontecimientos que frecuentemente los paraliza, los congela en una situación estática que no corresponde a la dinámica del devenir. De una manera circular, se entrega como explicación aquello que precisamente requiere ser explicado. Si algo se comporta de una cierta manera es porque tal comportamiento corresponde a como es. En rigor, no se ha explicado nada. Sólo disponemos ahora de una apariencia de explicación. Se trata de una explicación que nos autoengaña, que nos hace creer que hemos explicado algo que sigue siendo tan misterioso como antes. Sólo hemos desplazado el misterio del dominio de la acción al dominio del ser. Hemos caído en una de las tantas trampas de la metafísica.

c. Explicaciones científicas

En este tipo de respuestas a la pregunta del «por qué», el comportamiento de los fenómenos se explica por referencia al comportamiento de otros fenómenos. Esta es la característica fundamental de las explicaciones científicas. Durkheim, por ejemplo, uno de los fundadores de la sociología, como disciplina científica, decía «lo social se explica por lo social». Es interesante observar que una de las fortalezas del pensamiento científico es que, desde sus comienzos, se liberó del supuesto de que las explicaciones debían remitir a la existencia de una voluntad personal que generaba los fenómenos naturales.

Se cuenta que algún tiempo después de publicar su obra maestra acerca de la estructura del universo, el astrónomo francés, Laplace, se encontró con Napoleón. La anécdota señala que después de felicitarlo por su obra, el emperador preguntó: «Sr. Laplace, ¿cómo pudo usted escribir esta obra tan extensa sin mencionar ni siquiera una vez al Creador del Universo?» A lo que Laplace contestó: «Sire, je n'ai pas eu besoin de cette hypothèse» (Majestad, no tuve necesidad de tal hipótesis). La respuesta de Laplace da cuenta de lo que es propio del carácter de las explicaciones científicas.

2. Hacia una Hermenéutica del Alma Humana

Las narrativas del 'Yo'

Un tema que, desde nuestra perspectiva es insoslayable, guarda relación con lo que llamamos las narrativas del «Yo».[29] En inglés nuestro término «Yo» suele ser traducido como self. El tema del 'Yo' como narrativa nos abre a una mirada del alma humana, de aquella forma de ser de cada individuo, que nos vuelve a conectar con la hermenéutica y que nos parece de gran poder.

La textualidad como textura del alma humana

En la medida que se desarrolla una mirada al ser humano sustentada en la distinción de narrativa, emerge un tipo de hermenéutica especial que llamamos una hermenéutica del alma humana[30], del alma que se expresa en narrativas, de un alma que observamos en su textualidad y que se nos presenta como un texto que podemos aprender a leer. Se trata, sin embargo, de una lectura muy particular. El alma humana tiene la virtud de presentársenos de muy distintas maneras.

Como ya lo vimos, una de las formas quizás más destacadas de manifestación del alma, es en el dominio del comportamiento.

---

[29] Referidas también como narrativas de auto-identidad, narrativas de sí mismo, narrativa de la primera persona o narrativas del sujeto.

[30] Michel Foucault habla de una hermenéutica del sujeto. Ver Michel Foucault, *Hermenéutica del Sujeto*, Editorial Altamira, La Plata, Argentina, s/f.

60

Pero el comportamiento de por sí permite siempre múltiples interpretaciones, múltiples lecturas. Las mismas acciones permiten la asignación de sentidos muy diversos. Dicho de otra forma, la acción por sí misma en rigor no tiene sentido. El sentido de toda acción humana proviene de las interpretaciones que hacemos de ella y estas interpretaciones permiten, por lo general, articularse en narrativas. El camino para una adecuada lectura del alma humana es por consiguiente el camino de la lectura de las narrativas que buscan dar cuenta de tales acciones, de tales comportamientos,

El tema de la textualidad del alma se convierte desde entonces en un tema apasionante y éste es apropiado por completo por el discurso de la ontología del lenguaje, el que busca en la textualidad del alma la mejor manifestación de su particular textura.

La gramática como punto de arranque de las narrativas del 'Yo'

Así como las narrativas expresan la forma que asumen nuestras interpretaciones del mundo, de la misma manera nos sirven para dar cuenta de las interpretaciones de nosotros mismos. La capacidad reflexiva del lenguaje nos permite no sólo hablar de lo que vemos, nos permite también hablar de nosotros que estamos viendo e interviniendo en el mundo que observamos. Nos permite hablar del sujeto que está hablando. Dicho así, sin embargo, estamos cometiendo un error. Estamos presuponiendo la existencia de tal sujeto y sugiriendo que el lenguaje nos permite hablar sobre él (o sobre ella). El papel que le cabe al lenguaje es mucho mayor. El sujeto del que el lenguaje comenzará a hablar ha sido constituido por el propio lenguaje, por cuanto el sujeto emerge como una distinción gramatical y surge del acto mismo de hablar. Antes del lenguaje tal sujeto, en tanto sujeto, no existe.

Muy diversos autores han insistido en esta idea. Roland Barthes nos señala que «el 'Yo' no es otra cosa que la instancia que dice 'Yo'». En la misma línea insiste el lingüista Emile Benveniste al sostener que el 'Yo' es construido y entendido en el lenguaje.[31] Desarrollando lo planteado por Benveniste, Madison[32] señala que:

> «el 'Yo' existe en y por medio de decir 'Yo'; el yo no es un sujeto... una sustancia preexistente que habla; en cuanto sujeto es el sujeto hablante.»

Como tal se constituye en el uso del pronombre que le confiere carácter de sujeto en la oración. Fuera del lenguaje el Yo no existe. Él es creado y conservado en el lenguaje. La misma idea ha sido también planteada por el filósofo alemán Hans-Georg Gadamer.

Una vez que el lenguaje constituye al sujeto en tanto sujeto, es posible dar cuenta de él. Ello implica que el sujeto se convierte ahora en objeto de interpretación y por lo tanto en objeto de narrativa. De sujeto se convierte ahora en predicado. Ello implica que nos abrimos a la posibilidad de describirlo, de hablar de sus características y propiedades. Es interesante preguntarse sobre cómo sucede este proceso de describir el 'Yo', de atribuirle ciertos rasgos y convertirlo en objeto de análisis.

El carácter social y relacional de las narrativas del 'Yo'

Lo primero que llama la atención, tal como nos insiste Jerome Bruner, es el carácter eminentemente social, el carácter relacional, del proceso de gestación de la narrativa a través de la cual constituimos nuestro auto-identidad. Ello se manifiesta de diversa forma. En primer lugar, el «Yo» en cuanto objeto de interpretación se configura progresivamente a partir de conversaciones. De conversaciones primero con los demás y luego

---

[31] Emile Benveniste, *Subjetividad en el lenguaje*, 1971.

[32] G.B. Madison, *The Hermeneutics of Postmodernity*, 1988.

de conversaciones también con uno mismo. Lo que escuchamos que los demás dicen de nosotros resultará un elemento importante de nuestras propias interpretaciones sobre nosotros mismos. Con el tiempo, posiblemente evaluaremos algunas de las cosas que los demás dicen y posiblemente corregiremos esas narrativas de acuerdo a nuestra propia versión. Pero, con todo, es importante reconocer que las primeras capas interpretativas sobre cómo somos, suelen estar tomadas de las narrativas que escuchamos de los demás y muy particularmente de aquellos a quienes les otorgamos autoridad en las fases más tempranas de nuestro desarrollo.

En la medida que tomamos mucho de lo que los demás dicen de nosotros y comenzamos a evaluarlo, iniciamos conversaciones con nosotros mismos y ello juega también un papel significativo. ¿Qué elementos disponemos para separarnos de las evaluaciones de los demás y generar interpretaciones distintas? Las reflexiones que desarrollamos de nuestras propias experiencias. Vale decir, del sentido que le conferimos a nuestras acciones, de los resultados que generamos a partir de ellas, de lo que sentimos al hacer lo que hacemos y, en general de la amplia gama de emociones que nos acompañan en el vivir. Todo ello nos entrega puntos de apoyo para el desarrollo de una narrativa propia sobre nosotros mismos que comienza progresivamente a distanciarse de aquellas que los demás desarrollan.

Con todo, nuestra autonomía para el desarrollo de nuestras propias narrativas es relativa.

Ellas son desarrolladas en constante referencia a los demás y a partir de los estándares que encontramos en nuestro entorno social. Todos los juicios que damos sobre nosotros mismos se sustentan en la manera como percibimos a los demás y en estándares que suelen no ser nuestros, y que rigen el comportamiento de los miembros de nuestras comunidades y de los sistemas sociales específicos en los que participamos (familia, escuela, grupo de pares, etc.). Si nos describimos como competentes o incompetentes, como bellos o feos, como abiertos o cerrados, etcétera, todo ello se realiza a partir de un determinado contexto social. Al cambiar esos estándares, los juicios que conforman tanto nuestra identidad pública como nuestra identidad privada, puede cambiar y con ello se modifica la manera con nos concebimos y como concebimos a los demás.

Pero este proceso tiene algunas complejidades adicionales. El proceso de constitución de las narrativas del 'Yo' es paralelo y complementario al proceso de constitución tanto de las narrativas del 'Tú', como de los procesos de constitución de narrativas de constitución de otros 'Yo'. John Shotter nos señala que en la medida que el 'Yo' se constituye en simultaneidad con el 'Tú', es importante examinar el proceso simultaneo de constitución del 'Tú'. Shotter insiste en el carácter formativo del 'Tú' en las comunicaciones con los demás, que literalmente in-forma (da forma) a la modalidad de ser de cada uno y nos conduce a ser de esta o de esta otra forma[33].

El mismo Benveniste insiste en esta misma dirección:

«Uso el término 'Yo' cuando le estoy hablando a alguien que se constituye en un 'Tú' en mi hablar. El diálogo es la condición constitutiva de la persona en la medida que implica una reciprocidad: el 'Yo' deviene un 'Tú' en el hablar del otro que se designa a sí misma también como un 'Yo'.»[34]

Ejemplos interesantes los encontramos en las relaciones padres-hijos, en las relaciones entre hermanos, en las relaciones de pareja, etcétera. Las narrativas que desarrollamos en relación con el otro, sobre él o ella, son parte del proceso de

---

[33] John Shotter, *Conversational Realities: Constructing Life through Language*, Sage Publications, London, 1993.

[34] Citado por Harlene Anderson, op.cit., p.219

constitución tanto de su propia identidad como de la propia. De acuerdo con cómo concebimos la identidad de los demás, vamos simultáneamente definiendo los espacios que seleccionamos para definir la nuestra. Esta última, nuestra propia identidad, es la manera como nos definimos como somos pero, a la vez, la manera como nos diferenciamos de los otros. El proceso de construcción de nuestra identidad es a la vez un proceso de diferenciación de nosotros en relación con los demás.

El planteamiento de Benveniste tiene algunos elementos en común con aquel que hiciera el célebre psicoanalista francés, Jacques Lacan. Lacan había recibido una influencia significativa del fundador de la lingüística moderna, el suizo Ferdinand de Saussure, y de la filosofía existencial de Martin Heidegger. Ello le permite reformular la propuesta original de Freud, colocando un especial énfasis en el lenguaje en su articulación del psicoanálisis. El inconsciente para Lacan está estructurado como un lenguaje y se constituye a partir de la imposibilidad que éste exhibe para representar adecuadamente los objetos reales.

Sin embargo, uno de los planteamientos más interesantes de Lacan guarda relación con su teoría del estadio del esp8ejo[35] a través de la cual da cuenta del proceso de constitución del 'Yo' que tiene lugar en el desarrollo del infante, entre los 6 y los 18 meses. En su explicación podemos apreciar el papel destacado que juega el reconocimiento del carácter reflexivo del lenguaje. Para Lacan el 'Yo' se constituye mediante el reconocimiento que logra el infante en torno a la imagen del otro o percibiendo su propia imagen en el espejo. Lo interesante de su planteamiento consiste el sostener que el 'Yo' no emerge como resultado de un proceso interno en el niño, sino a partir de una experiencia externa. El 'Yo' emerge en el campo del

---

[35] Jacques Lacan, *El estadio del espejo como formador de función del yo*, 1936.

otro y, en consecuencia, todo 'Yo' se forma inicialmente como una modalidad del otro. La primera percepción del 'Yo' surge al descubrirse como el destinatario de aquellas acciones del otro hacia uno. Es el otro quién le confiere al infante la primera imagen de sí mismo, como en un espejo. Es en el comportamiento del otro, que uno logra descubrirse a sí mismo.

Un papel muy importante, según Lacan, juega en este proceso la figura de la madre. Es en la relación con la madre y a partir de la recepción de caricias y de múltiples expresiones verbales de su parte, que el infante configura primero su propia imagen corporal (ímago corporal). Al producirse el estadio del espejo, el infante ya deja de angustiarse ante la ausencia de la madre, pudiendo disfrutar por sí mismo al percibirse dotado ahora de una unidad corporal. Ello lo conduce a reconocer su propio cuerpo, al que identifica ahora con su 'Yo'. A partir de ese momento, comienza a sentir placer en su cuerpo sin requerir la acción directa de la madre. Sin embargo, para que el estadio del espejo se conserve y se eviten regresiones peligrosas, nos advierte Lacan, se requiere de la figura paterna. Gracias a la figura del padre, se realiza el desarrollo psíquico posterior del niño a partir de la percepción inicial de unidad corporal. La propuesta de Lacan reitera el carácter relacional del 'Yo'.

Al destacar el carácter social del «Yo» es importante volver a insistir no sólo en los aspectos relacionados con las dimensiones interactivas en las que el individuo que se constituye en un «Yo» está involucrado, sino también en los aspectos históricos que están presentes en el espacio social en el que tales acciones tienen lugar. Todo «Yo» se constituye al interior de las tradiciones culturales de su entorno social, en los discursos y valores de su comunidad e incluso en las prácticas sociales que en ella predominan. Existe, por lo tanto, una tradición que da soporte a los procesos de formación de identidad de todos los miembros de una comunidad, la que se expresa en corrientes de sentido que penetran las distintas formas como los individuos se autoconfieren sentido. El destacar la importancia de la tradición y en general de la historia ha sido una de las contribuciones más importantes de la hermenéutica.

El carácter polifónico de la narrativa del 'Yo'

El reconocimiento del carácter social y relacional de la narrativa del 'Yo' nos permite reconocer que ella, en consecuencia, no es el resultado de una sola voz, de un solo autor, sino que en ella intervienen voces muy diversas. Una primera dimensión de esta diversidad emerge al comprender el papel que le cabe a los demás en la construcción de mi narrativa con respecto a mi 'Yo'. Dicho de otra forma, mi narrativa sobre mi mismo recoge y reproduce voces ajenas. Ella hace de caja de resonancia de las voces de otros. En mi propia voz resuenan los ecos de muchas otras personas. Muchas veces en el desarrollo de la vida el carácter ajeno de algunas de estas voces puede hacerse manifiesto y comienzo a preguntarme si esa voz, que hasta la fecha he considerado propia, realmente me pertenece. Comienzo a preguntarme si realmente fue generada por mí o si fue recogida de alguien, en algún recodo del camino.

Pero una segunda dimensión de la polifonía de mi narrativa del 'Yo' no resulta de la presencia de voces ajenas, de voces de terceros, sino del hecho que el propio 'Yo' habla con voces distintas. No somos uno, somos múltiples. Contenemos una inmensidad de voces diferentes, voces que emergen bajo distintas circunstancias, voces que cambian según el tipo de relación en la que me encuentre, voces que cambian no sólo con el tiempo, sino que aparecen según el entorno.

Ello no desconoce el hecho que, en circunstancias diversas, muchas veces hablamos con una misma voz. Evidentemente lo hacemos. Es más, ello es lo que habitualmente suponemos que hacemos. Insistir en ello, por lo tanto, no nos aporta una comprensión diferente de la que habitualmente tenemos. Lo que no siempre reconocemos es el fenómeno opuesto. El que estamos constituidos por voces muy dispares, disparidad que no sólo expresa la presencia en nosotros de voces ajenas, sino también de voces que han surgido muy espontáneamente de nosotros mismos. Ello no desconoce que en tales voces se expresen muy variados condicionamientos, que sin duda existen. Pero tales voces siguen siendo voces que hemos generado desde nosotros.

La buena literatura suele sustentarse en esta polifonía que forma parte de nosotros. Un gran novelista suele construir muchos de sus personajes no sólo observando a otros, sino escuchando algunas de sus propias voces. Mientras más claridad posea de la multiplicidad de voces que lo poseen, el autor estará mejor equipado para construir personajes de una mayor riqueza psicológica. El pensamiento del lingüista y crítico literario Mijaíl Bakhtin recoge la influencia de Dostoyevski para sostener precisamente que cada 'Yo' es la expresión de una pluralidad de voces independientes en un diálogo polifónico.[36] Ello, según Bakhtin, le permite a un individuo vivir en múltiples mundos, aunque tales mundos puedan tener entre sí algunas conexiones. Dostoyevski construye sus personajes, todos ellos muy diferentes y que suelen entrar en relaciones altamente conflictivas, al identificar voces distintas que resuenan desde su interior.

Fernando Pessoa, el gran poeta portugués, va incluso más lejos. No sólo se apoya en sus distintas voces para construir personajes diversos. Pessoa se apoya en ellas para crear autores distintos, autores que muchas veces discrepan muy profundamente entre sí. Con ello inaugura una modalidad literaria conocida como la heteronimia. Un mismo autor genera autores muy distintos, que poseen distintos nombres y que ofrecen

---

[36] Mijaíl Bakhtin, *Problemas de la poética de Dostoievski*, Fondo de Cultura Económica, México D.F., 1986.

miradas que en ciertos casos son incluso antagónicas. Algunas de las obras de Pessoa son firmadas con su mismo nombre. Sin embargo, otras son firmadas con los nombres que él le coloca a otras de sus voces: Ricardo Reis, Alberto Caeiro, Álvaro de Campos y Bernardo Soares.

El 'Yo' visto como construcción literaria

Hemos visto como las narrativas del 'Yo' nos acercan a la comprensión de construcción literaria. Sigamos ahora el camino opuesto y exploremos como la construcción literaria nos permite una mejor comprensión de las narrativas del 'Yo' y, por ende, de nosotros mismos. Una vez que entramos en el terreno de las narrativas, se nos impone casi automáticamente desarrollar una mirada a la vida usando la metáfora de la obra literaria. No deja de ser interesante a este respecto el título que escoge Alexander Nehamas para su excelente libro sobre el pensamiento de Nietzsche: Nietzsche, Life as Literature[37]. En efecto, a partir de la filosofía de Nietzsche así es como se nos presenta la vida.

Paul Ricoeur insistirá múltiples veces en la analogía literaria. He aquí algunos ejemplos:

> *«El 'Yo' es la manera como relatamos, damos cuenta y hablamos sobre nuestra acción. El 'Yo' es la unidad de una narrativa en desarrollo, una narrativa que dura mil y una noches y más, hasta, como podría decir Proust, llega una noche que no tiene amanecer.»*

> *«El 'Yo' es una autobiografía en desarrollo o, para ser más precisos, es una biografía multifacética de uno con los demás que revisamos y reeditamos constantemente. El 'Yo' es una siempre cambiante expresión de nuestras narrativas, un ser en devenir a través del lenguaje y nuestra capacidad de*

---

[37] Alexander Nehamas, *Nietzsche, Life as Literature*, Harvard University Press, Cambridge, Mass., 1985.

Ricoeur sugiere que el sujeto se nos presenta tanto como un personaje, como un lector y como un escritor de su propia vida, tal como Marcel Proust lo concebía. No somos sino el personaje principal de la historia que nos contamos sobre nosotros mismos. En algunos casos, ese personaje es presentado como héroe, en otros puede ser presentado como víctima. El 'Yo' cumple múltiples roles. Simultáneamente se nos presenta como narrador y como personaje narrado. Es un cuento sobre el propio autor de la narrativa. Quien cuenta el cuento se cuenta a sí mismo. El objeto de la narrativa es el sujeto del lenguaje: el sujeto hablante. Como cuento, sin embargo, su desenlace está abierto. El escuchar la narrativa del 'Yo' descubrimos que estamos en la mitad de una trama cuyo fin todavía no conocemos.[38]

Narrativas del 'Yo' y autobiografías

Todos desarrollamos una narrativa del 'Yo' y ella puede estar más o menos articulada. La autobiografía es el género literario en el que tal narrativa adquiere su más acabada expresión articulada. La autobiografía hace de la narrativa del 'Yo' un texto y, al hacerlo, alcanza el objetivo de expresar el alma en su cabal textualidad. Normalmente resulta muy interesante recurrir a ejercicios autobiográficos como modalidad de auto-conocimiento. Diversas metodologías se han desarrollado a este respecto.[39] La autobiografía articula nuestros distintos relatos sobre nosotros mismos y «levanta» nuestras narrativas del 'Yo', permitiéndonos descubrir en ella rasgos de nosotros mismos que posiblemente no serían fáciles de captar de otra forma.

---

[38] Donald E. Polkinghorne, *Narrative Knowing and the Human Sciences*, State University of New York Press, 1988.

[39] Ver, por ejemplo, Ira Progoff, At a Journal Workshop: *Writing to Access the Power of the Unconcious and Evoke Creative Ability*, Tarcher/Putnam, N.Y., 1975.

70

Pero quienes han escrito autobiografías saben que hay en ellas un elemento distorsionador que es también un rasgo característico de toda narrativa del 'Yo'. En la medida que escribimos distintas biografía en el tiempo, descubrimos que los mismos sucesos del pasado son descritos y adquieren significados diferentes. ¿Por qué se producen estar distorsiones? Posiblemente intervienen muy diversos factores. Los efectos propios de nuestra memoria es sin duda uno de ellos. Sin embargo, hay un elemento adicional que es muy importante destacar pues es propio de todas las narrativas del 'Yo'. La autobiografía involucra un doble recorrido, dos secuencias diferentes en la temporalidad. Ya nos hemos referido a la diferencia que existe sobre la temporalidad de los hechos y experiencias, y a la propia temporalidad del relato narrativo. En este caso, sin embargo, nos interesa contrastar la primera secuencia, aquella propia de los hechos y experiencias relatadas, con una secuencia diferente: la secuencia del proceso de significación.

Habitualmente los hechos y experiencias de la vida son relatados desde un pasado remoto, avanzando progresivamente hacia el presente. El proceso de significación sigue la dirección opuesta. Trata a los hechos del pasado en un esfuerzo por dar significación y, en consecuencia, comprender un presente desde el cual se construye la interpretación de ese particular pasado. El autor al mirar hacia atrás mira su pasado desde un presente que clama por sentido y que escoge y significa los hechos y experiencia del pasado desde su propia perspectiva. El núcleo que confiere sentido al pasado reside en el presente. En la medida que el presente cambia, se altera la significación de los hechos del pasado. Lo que antes pudo haber pasado desapercibido, ahora alcanza un realce que en su momento quizás no tuvo, y que desde otros presentes de nuestra vida posiblemente tampoco alcanzó.

Ello implica que, más allá de los estrictos efectos propios de la biología de la memoria, ésta no sólo recupera el pasado.

Por sobretodo lo re-significa, lo altera. Ello sucede cada vez que la memoria retorna al pasado. Ella despliega un proceso de sustitución sucesiva del pasado. De una forma diferente a la que describimos previamente, volvemos a comprobar que recordar no es tan sólo recuperar, es también distorsionar aquello que recordamos, y cada vez que lo hacemos. Se trata de un proceso que busca conferirle sentido a un final que en su momento no lo tenía, final que representa el punto de partida y su mayor afán de explicación de parte del autor autobiográfico.[40]

Las narrativas del 'Yo' no son arbitrarias: el criterio de coherencia

De lo dicho podría deducirse que existe un componente de alta arbitrariedad en la construcción de nuestras narrativas de identidad. Tal conclusión, sin embargo, sería equivocada. El relato que desarrollamos de nosotros mismos no dice cualquier cosa. La construcción de la narrativa de 'Yo' debe someterse a ciertas restricciones que le garantizan un nivel significativo de coherencia.

¿Cuáles son los criterios de coherencia a los que nuestras narrativas están obligadas a someterse? Podemos mencionar varios. En primer lugar, cabe mencionar la coherencia con los hechos de la existencia, con los acontecimientos que hemos debido encarar y con las acciones que hemos emprendido. Todo ello se sitúa en ámbito de las afirmaciones a las que nuestra narrativa debe dar sentido. Las narrativas de identidad se construyen para dar sentido, para interpretar hechos, acontecimientos y acciones, que representan los datos primarios que requieren ser recogidos por ellas. Sin embargo, toda narrativa es necesariamente selectiva y ello determina que algunos hechos no serán incorporados. El que ellos sean o no sean incorporados dependerá del tipo de hechos de que se trate. Algunos pueden quedar

---

[40] Ver a este respecto Mark Freeman, *Rewriting the Self: History, Memory, Narrative, Routledge*, Londres, 1993.

fuera por cuanto los consideramos poco significativos. Otros, quizás, por cuanto tenemos dificultades para aceptarlos y procesarlos. En tal caso, quizás optemos por reprimirlos y no hacerlos participar en la narrativa sobre la persona que somos. En tal caso, ellos quedan en el espacio que llamamos (ver más adelante), siguiendo a Nietzsche, nuestra sombra.

El segundo criterio de coherencia guarda relación no tanto con los hechos que han configurado mi vida, sino con las vivencias que los han acompañado. Ellas son un material importante de nuestras narrativas de identidad. Estas vivencias están conformadas por lo que sentimos al vivir nuestras distintas experiencias y, por consiguiente, por las emociones que las acompañaron y por los juicios que en el momento de vivirlas emitimos. Los hechos, aunque sean en sí mismos neutrales, no lo son para nosotros. Ellos nos afectan de diferente manera; nos importan de distinta forma. A ello nos referimos cuando hablamos de la vivencia que acompaña a una determinada experiencia. Y ella remite a la emocionalidad y a los juicios que en su momento hicimos y que posiblemente seguimos haciendo en relación con determinadas experiencias. El que ciertas experiencias hayan sido vividas, por ejemplo, desde la rabia, la alegría o la tristeza determinará narrativas distintas. A la inversa, si queremos evaluar nuestras narrativas, será muy importante referirlas a vivencias (emociones y juicios) que estuvieron presentes en las experiencias a las que tales narrativas buscan conferirles sentido.

También forman parte de nuestras vivencias las intenciones que tuvimos al entonces hacer lo que hicimos, vale decir, las propias narrativas que desarrollamos para caracterizar las situaciones que enfrentábamos y para definir nuestros correspondientes cursos de acción. ¿Qué queríamos alcanzar cuando actuamos de tal o cual manera? ¿Qué nos proponíamos? Pero no sólo nosotros. ¿Qué pensábamos que los demás querían cuando hicieron lo que hicieron? A diferencia del punto anterior, ahora estamos confrontados con el mundo de nuestras subjetividades. Ellas tienen la capacidad de conferirle un sello particular a nuestras experiencias y, por lo tanto, ofrecen un primer proceso conducente a significar los hechos de nuestra vida.

En tercer lugar, no podemos dejar de nombrar las evaluaciones que, luego de acontecidos determinados hechos o sucesos en nuestra vida, realizamos a partir de lo que con posterioridad sucediera a partir de ellos. Los juicios que tenemos al momento de actuar no siempre son los mismos que hacemos luego de constatar lo que pasó a partir de tales acciones. Lo mismo acontece con las acciones de los demás: solemos cambiar los juicios que originalmente teníamos sobre ellas. Ello implica que la manera como vivimos una determinada experiencia (la vivencia) no siempre se mantiene en el tiempo. Una vez vivida una experiencia, observamos resultados, consecuencias, que muy posiblemente no percibíamos en el momento de vivirla.

Muchas veces hacemos determinadas cosas desde la total inocencia, para luego reconocer que ello generó resultados lamentables. Tal reconocimiento posterior nos conduce a modificar, a veces muy radicalmente, las narrativas originales que tuvimos sobre ciertas experiencias. Un caso frecuente guarda relación con las narrativas que desarrollan los padres en relación con la crianza de sus hijos. En un primer momento, tienen el juicio que están haciendo las cosas muy bien, pero luego, al observar cómo sus hijos crecen, terminan por considerar que hicieron las cosas terriblemente mal y se sienten culpables de esas acciones inocentes del pasado. ¿Son inocentes o culpables? De lo que no cabe duda es que son responsables. Sin embargo, para determinar si son inocentes o culpables debemos remitirlos a un determinado observador. Para el observador del pasado, eran inocentes. Para el del presente, aparentemente culpables. Pero el observador del presente no era (ni podía ser) aquel que actuaba en el pasado. No podemos culpar al ciego por no ver lo que no ve. Sólo podemos pedirle que se haga responsable del reconocimiento, si lo tiene, que es ciego y que procure hacerse cargo de su condición.

Por último, es indispensable que logremos identificarnos y hacer nuestras determinadas narrativas para que podamos asumirlas como narrativas de identidad sobre nosotros mismos. Esto no es trivial. A partir de los mismos antecedentes no se deduce una sola narrativa. Ellos permiten la construcción de múltiples narrativas y, es más, muchas veces nosotros mismos disponemos variantes narrativas diferentes sobre los mismos hechos. Pero aunque sean varias y no una sola, aquellas que operan como narrativas de primera persona requieren ir «firmadas» y deben contar con el «sello de aprobación» de la propia persona que la erige como una adecuada narrativa de sí misma. Una narrativa del 'Yo' es siempre una narrativa que establece una relación de posesión por la persona que la construye y sobre quién habla en esa narrativa. Tiene que producirse una fusión entre el autor de la narrativa y su personaje central, de manera de reconocerse como la misma persona. Ambos tienen que poder mirarse y decirse «somos el mismo».

Esta relación de posesión entre la narrativa y su autor/personaje permite plantear una pregunta importante: ¿quién posee a quién? ¿Es el autor/personaje quién posee su narrativa? O bien, ¿es la narrativa la que en rigor posee al autor/personaje? A un nivel general es imposible determinarlo. De alguna manera, la relación efectiva suele darse en las dos direcciones. Pero es a nivel de la vivencia, de cómo se vive la relación, donde muchas veces descubrimos que se producen transiciones interesantes. Muchas veces descubrimos que, habiendo previamente considerado que éramos los dueños de nuestras narrativas sobre nosotros mismos, ahora sentimos que, en rigor, acontecía lo contrario. Ahora observamos que estábamos presos en ciertas narrativas que no sólo limitaban nuestra vida, sino que nos impedían ser plenamente como hubiésemos deseado. Son estas experiencias las que exploraremos a continuación.

Las crisis personales como crisis de las narrativas del 'Yo'

Muchas de nuestras crisis personales, pueden ser observadas como una crisis de las narrativas en las que hasta entonces nos cobijábamos. Dicho de otra forma, ellas pueden ser vistas como la crisis de un determinado observador, constituido a partir de ciertas narrativas. Las voces que en el pasado nos aportaban el sentido que requeríamos para vivir, esas voces que en ese momento sentíamos como nuestras propias voces, hoy las escuchamos como ajenas. Ellas no logran reconfortarnos, no logran ofrecernos el refugio que buscamos, no logran apaciguarnos y sustraernos del vértigo del sin sentido. Cuando ello sucede el tratamiento que requerimos asume la forma de un trabajo con las narrativas que previamente nos constituían.[41]

Al iniciar un trabajo con sus narrativas, quien padece la crisis suele iniciar un proceso de búsqueda de voces propias, muchas veces ayudado por un coach o un terapeuta, de voces

---

[41] Este planteamiento ha dado lugar a un interesante desarrollo dentro de la psicología conocido como «terapia de narrativa» (narrative therapy). Al respecto ver, por ejemplo:

Michael White & David Epson, *Medios Narrativos para Fines Terapéuticos*, Paidós Terapia Familiar, Barcelona, 1993;

Jeffrey L. Zimmerman & Victoria C. Dickerson, *If Problems Talked: Narrative Therapy in Action*, Guilford, N.Y., 1996;

Catrina Brown & Tod Augusta-Scott, *Narrative Therapy: Making Maening, Making Lives*, Sage Publications, Thousand Oaks, CA, 2007;

Jill Freeman & Gene Combs, Narrative Therapy: *The Social Construction of Preferred Realities*, Norton, N.Y., 1996;

Gerald Monk, John Winslade, Kathie Crocket, David Epson (Eds.), *Narrative Theory in Practice: The Archaeology of Hope,* Jossey-Bass, San Francisco, 1997;

Michael White, *Maps of Narrative Practice*, W.W. Norton, N.Y., 2007.

que posiblemente hasta ahora no ha escuchado pero, una vez que ellas se hacen oír, son reconocidas como aquellas que se buscaban, como voces que nos interpretan, como voces efectivamente propias. Esa nueva voz es escuchada por quien enfrenta la crisis como expresión de una mayor autenticidad en relación a sí mismo. Es muy posible que voces que en el pasado desechamos, puedan jugar este papel sanatorio y liberador de nuestras angustias. Voces previamente ajenas devienen propias y voces que antes sentíamos propias dejan de interpretarnos y las sentimos ajenas.

Detengámonos por un momento en la experiencia misma de la crisis. Las voces que antes nos cobijaban ahora sentimos que nos mantienen «en cautiverio». Lo mismo que antes nos complacía, ahora sentimos que nos oprime. Percibimos con claridad de carácter dinámico y cambiante de nuestras narrativas. El poder que ellas expresaban en el pasado pareciera haberse esfumado. Curiosamente, muchas veces sucede que la crisis y el sinsentido que sentimos en el presente tendemos a proyectarla al pasado y al constar que determinadas narrativas ya no nos sirven, pensamos que no nos ha servido nunca. Ello sin embargo, suele ser una distorsión. La crisis sólo es válida desde el momento que la propia narrativa entra en crisis y no desde el momento en que ella fue asumida por nosotros. Lo que hoy vivo como cautiverio, posiblemente no fue tal en el pasado. Lo que antes observaba con inocencia, sólo ahora comienza a ser observado como enajenación, como alienación, como extrañamiento.

Todo cautiverio perfila la posibilidad y el sueño de la liberación. En estos momentos re-creamos la historia judeo-cristiana del relato arquetípico del Éxodo. Nuestro cautiverio nos conduce a vivir el estado del alma de la esclavitud y genera la añoranza de la Tierra Prometida. Pero no se trata de una búsqueda de nuevos territorios físicos (aunque hay quienes arrancan de sus crisis mudándose a otros lugares para descubrir frecuentemente que la condición del cautiverio la han llevado consigo); se trata de una búsqueda de nuevos territorios narrativos. No se trata tampoco de un desplazamiento lineal, al alcance de nuestra mirada. Para llegar al territorio que aspiramos es preciso sortear importantes obstáculos, es necesario cruzar un Mar Rojo que muchas veces se nos interpone como barrera infranqueable.

Ello involucra, también, un desplazamiento que nadie puede realizar por nosotros. Esto no niega la posibilidad que seamos ayudados o acompañados en el proceso y que no podamos invocar la figura de un Moisés, capaz de conducirnos a la ribera en la que creemos percibir una abundancia de nuevas posibilidades. Sin embargo, sólo será nuestro propio caminar el que puede disipar de manera efectiva aquellos obstáculos que en el presente nos aprisionan.

Durante la crisis, el autor de la narrativa de auto-identidad se rebela frente a su propia historia. Se rebela frente a la narrativa que él mismo ha construido de sí mismo. Con ello entramos en un nuevo escenario. Un curioso desdoblamiento pareciera apoderarse de nosotros. El cautiverio se presenta como desgarramiento. No nos sentimos siendo realmente nosotros. Devenimos dos. Nuestra alma se divide en dos partes, por un lado, quienes estamos siendo y sufriendo siendo como somos y, por otro lado, quienes sufrimos al vernos sufriendo. Es muy importante distinguir estas dos facetas. Es la presencia de ambas lo que abre la posibilidad de superar el estado de cautiverio. No basta el sufrimiento para ayudarme a salir de él. El sufrir sólo conlleva la posibilidad de superación si a la vez se nos hace inaceptable, si simultáneamente sufrimos por el hecho de sufrir.

La dialéctica del alma humana

Lo anterior es lo que hemos descrito como el fenómeno de la dialéctica del alma humana, que se hace presente en el momento en que enfrentamos un problema sin que logremos vislumbrar como resolverlo, y procedemos a pedir ayuda, muchas veces a pedir coaching. Es lo que llamamos el momento de la declaración de un quiebre. El quiebre, como tal, es expresivo de esta escisión del alma. El problema que está asociado a él es expresivo del tipo de ser, del tipo de persona, del tipo de observador que hemos sido hasta ahora. Si hubiese sido diferente muy posiblemente ni hubiésemos tenido ese problema. Pero la declaración de quiebre implica algo más. Ella declara que el problema que nos afecta es por sí mismo un problema que nos conduce a pedir ayuda.

Dicho de otra forma, los problemas son dos: un problema de primer orden y el problema que manifestamos por el hecho de tener el primer problema. Una vez que lo vemos así, descubrimos que en la declaración de quiebre se insinúan dos estructuras de coherencia, dos modalidades de ser diferentes. Por un lado, el ser que por ser como es, tiene el problema que lo afecta y, por otro lado, el ser que al observarse con ese problema, busca superarlo y, por lo tanto, manifiesta su deseo acceder a una modalidad de ser distinta de la que hasta ahora ha sido.

De allí que reiteremos una y otra vez que el camino del coaching ontológico, práctica asociada al discurso de la ontología del lenguaje, no es equiparable a una mera metodología de resolución de problemas. Para el coach ontológico el objetivo de su intervención no es hacerse cargo sólo del problema que el coachee inicialmente le declara. El coach ontológico sabe que el verdadero problema no es el problema declarado sino el propio coachee que lo declara. Allí es donde busca intervenir.

Es interesante examinar lo que piensa y siente la persona que ha participado en un proceso exitoso de coaching ontológico, o de otras modalidades de aprendizaje transformacional. Sus palabras son curiosas, diríamos incluso misteriosas. Desde el punto de vista de la lógica tradicional parecieran no tener sentido. Suele decir: «Quien yo era no era yo». Esto es lo que esa persona cree descubrir luego de que ha cruzado las aguas y se ha instalado en un territorio narrativo distinto, territorio que ahora identifica de mayor autenticidad. Desde allí, desde una modalidad de ser distinta, reconoce que su modalidad de ser anterior era restrictiva, de menor plenitud y autenticidad en relación con aquella modalidad que ahora ha encontrado.

Para la lógica tradicional esa frase no hace sentido pues ella supone la inmutabilidad del ser. Pero para quién acepta la posibilidad de la transformación del ser, no hay problema en reconocer que desde una modalidad de ser diferente, la modalidad de ser anterior se manifiesta restrictiva. La proposición anterior hace aparecer dos 'Yos' diferentes. En primer lugar, aparece el 'Yo' del pasado, el 'Yo' que «yo era», pero luego aparece un segundo 'Yo', uno constituido con posterioridad, que observa al 'Yo' del pasado y comparándolo consigo mismo dice «ese no era yo». Yo no era quién yo hoy soy y en aquel 'Yo' no me sentí habitando en mi morada.

Desde el nuevo lugar en el que ahora se encuentra, esa persona señala: «Estaba perdido». Tiene la vivencia de haberse re-encontrado a sí mismo. La autenticidad, por lo tanto, no es expresión de algo que está en nosotros y que en un determinado momento logramos identificar. La autenticidad se construye en un proceso de generación de voces que previamente no estaban presentes. La autenticidad requiere ser construida y re-construida en el eje de la temporalidad. Se trata de un fenómeno fundamentalmente dinámico.

Persona y sombra

En este encuentro de voces distintas y muchas veces contradictorias, unas vienen de aquel espacio que constituye nuestra persona, el centro de gobierno del alma humana. Otras, sin embargo, nos sorprenden pues no sabemos de donde provienen. Son voces que muchas veces no habíamos escuchado antes y, sin embargo, allí están y se expresan con nuestra propia voz. No es descartable que esas voces surjan en el propio devenir de nuestra existencia. La vida va incorporando progresivamente nuevas voces, voces cuyas huellas posiblemente no encontremos en el pasado. Voces, por lo tanto, sin huellas.

Pero hay otras voces que nacen de los espacios más profundos de nosotros mismos, de aquel espacio que Nietzsche define como nuestra sombra y que Carl Gustav Jung, inspirado en Nietzsche, explora y desarrolla con mayor profundidad. Se trata de voces que el proceso de constitución de la persona que somos (lo que Jung denomina proceso de individuación), en su objetivo por establecer en el individuo un determinado orden, orden que requerimos como condición de nuestra existencia, la persona en la que nos constituimos se obligó a excluir, a reprimir, a someter.

Uno de los desafíos que nos plantea el arte de saber vivir es aprender a escuchar, en la medida que transitamos por el proceso de la vida, a esas voces nuevas con las que en un determinado momento nos encontramos, y a aquellas otras voces que nacen de los espacios más profundos y escondidos de nosotros mismos y que remiten a nuestra sombra, a aquel pedazo de nuestra alma que mantenemos oculto (oculto a veces incluso de nuestros propios ojos).

Procesos de aprendizaje transformacional y narrativas

Estas crisis personales, como hemos visto, se traducen en crisis de las narrativas que hemos construido sobre nosotros y a partir de las cuales encaramos la vida y determinamos nuestros comportamientos. Sin embargo, no siempre nos damos cuenta de que la resolución de tales crisis exige una revisión de esas narrativas. Frecuentemente nos cuesta separar la persona que somos de la narrativa que la constituye y, cuando ello acontece es posible que nos veamos inclinado a recurrir a algún profesional para que nos ayude. Los hay de diversos tipos, desde el psicólogo familiarizado con las orientaciones de terapia de narrativa, a la que nos hemos referido previamente, a un coach ontológico, capaz de reconocer la relación que mantiene el tipo de persona que somos con el dominio del lenguaje.

En ambos casos, la ayuda se manifiesta a través de un proceso conversacional dirigida, primero a «levantar» la narrativa del 'Yo' de la persona afectada para luego trabajar con ella. Sería muy largo detallar en esta oportunidad las características fundamentales de este proceso. Sin embargo, es importante apuntar a algunos de sus rasgos.

El primero de estos rasgos que nos parece oportuno mencionar guarda relación con un acto de «lectura» que el profesional debe realizar en relación de la narrativa de identidad de la persona que requiere ayuda. En otro lugar, hemos profundizado en lo que para nosotros significa el proceso de lectura.[42] Todo lo dicho entonces resulta pertinente para esta fase. Sin embargo, hay dos elementos adicionales a los que creemos importante apuntar. El primero de ellos alude al hecho que la narrativa que el otro posee sobre sí mismo está inserta en un «mundo» muy diferente de quién la está escuchando, asentada en inquietudes que resultan también muy distintas. Sin negar el desafío de «lectura» que ello plantea, nos parece interesante recoger un énfasis particular que George Steiner le confiere a este particular acto de lectura.[43] Steiner nos habla más que de lectura, de «traducción» y pensamos que al tomarlo como él lo indica se ponen de manifiesto algunas de las dificultades que se asocian a las lecturas mutuas de los agentes del proceso. «Entender es traducir», nos dice Steiner.

---

[42] Ver Rafael Echeverría, *Por la Senda del Pensar Ontológico*, J.C. Sáez Editor, Santiago 2007, capítulo V.

[43] Ver George Steiner, *Después de Babel: Aspectos del lenguaje y la traducción*, Fondo de Cultura Económica, México, 1980.

Lo importante de la noción de «traducción» consiste en que nos plantea la necesidad de trascender la comprensión parcial de lo que el otro nos dice y avanzar hacia una comprensión global, hacia una estructura de sentido que arropa el conjunto de la persona cuya narrativa estamos conociendo. Parte importante del desafío de abrirse a una narrativa de identidad que nos es ajena, es el comprender que esta se suele sustentar en supuestos que pueden ser muy diferentes de los nuestros y que no siempre son adecuadamente explicitados. En muchas oportunidades el profesional debe desarrollar algunas acciones para encontrarlos.

En esta misma perspectiva, si el profesional es un coach ontológico, es muy probable que en su conversación con la persona que ha pedido ayuda descubra que parte importante del problema que se le presenta, guarda relación con la presencia de algunos residuos metafísicos que mantienen al otro atrapado en una narrativa que le dificulta su capacidad de fluir y de resolver por su cuenta los problemas que enfrenta. Ellos pueden asumir muy distintas modalidades, desde un apego a la noción de un ser inmutable a rasgos algo más tenues que se expresan en generalizaciones o absolutizaciones indebidas en relación con situaciones específica de su vida y/o a las personas con las que convive. Cuando ello acontece se requiere algo más que una «traducción» adecuada de la narrativa del 'Yo' con la que tenemos que trabajar. O dicho en otras palabras, se requiere de un tipo de traducción mucho más profunda. Es lo que hemos llamado «un proceso de reconstrucción ontológica».[44] Ello implica el colocar la narrativa en cuestión en un sustrato ontológico diferente del que la tiene colocada la persona que estamos ayudando.

---

[44] Al respecto, ver Rafael Echeverría, *Por la Senda del Pensar Ontológico,* Capítulo VI.

Cuando entramos en este terreno, el profesional deja de ser un mero lector o traductor de la narrativa de identidad del otro. Se ha convertido ahora en una suerte de «editor crítico» que busca ayudar a otro a alterar, corregir o mejorar la narrativa previamente levantada. Su trabajo no es de orden muy diferente al que realiza un buen editor. En algunos momentos sugerirá formas diferentes de narrar ciertas experiencias. En otros, la eliminación (disolución) de ciertas secciones y quizás el sustituirlas por otras. Las intervenciones pueden asumir muy distintas formas. Lo que interesa destacar es el hecho que el trabajo del profesional se orienta a una intervención en el texto en el cual aparece reflejada el alma de la persona a la que está ayudando.

En esta fase, lo que el profesional hace es apoyarse en la capacidad reflexiva del lenguaje, capacidad que le permite al lenguaje volcarse sobre sí mismo, y así ayudar, en una labor de reflexión conjunta, a quién le ha pedido asistencia. Esta reflexión opera sobre las narrativas que constituyen a dicha persona y a partir de las cuales ella interpreta aquellas situaciones que aparecen tenerlo atrapado y sin salida. Este es el trabajo central del coach ontológico. Éste sabe que los problemas que le presenta el coachee se constituyen al nivel de las narrativas que él o ella ha desarrollado, nivel en el que él debe ayudarlo a producir transformaciones para encontrar los caminos de solución que el coachee afanosamente busca. De allí su papel de editor crítico de las narrativas del coachee.

Dos puntos merecen ser destacados a estas alturas. El primero se dirige a reconocer que en estos casos percibimos con claridad que el autor/personaje con el que estamos trabajando no está necesariamente en una relación de privilegio con respecto al profesional al que ha acudido. El que él (o ella) sea el autor/a y que sea a la vez el personaje central de su relato, no le confiere necesariamente una autoridad sobre aquella que ejerza el profesional para sugerirle modificaciones en su narrativa, las que pueden llegar a serle de gran utilidad. En el momento en el que alguien pide ayuda a un profesional para ayudarlo a revisar aquello que siente que lo conduce a restringir sus posibilidades en la vida o a generarle sufrimiento, los derechos de autor quedan provisoriamente suspendidos.

El profesional, sea éste un terapeuta o un coach, está precisamente allí para desarrollar con quién le ha solicitado ayuda un proceso conjunto de evaluación de sus narrativas. Todo cambio en las narrativas requiere ser un cambio que le haga sentido a la persona que solicitó ayuda y requiere contar, en último término, con su aprobación. Pero para que ello suceda, esa misma persona tiene que confiar en la posibilidad que el profesional observe aspectos que él o ella no logra observar y ello implica conferirle autoridad para que el profesional ponga en cuestión de sus interpretaciones. Si esta autoridad y esta confianza no están presentes, es prácticamente imposible que el profesional pueda servirle. Sin embargo, ellas no pueden ser exigidas. La autoridad y la confianza se ganan, se conquistan, así como también se pierden. Es responsabilidad del profesional el generarlas y preservarlas. Su propio desempeño será determinante en ello.

Para que el trabajo del profesional genere los resultados que espera la persona que pidió su ayuda, lo que aquel haga debe someterse a algunas condiciones. La solución ofrecida será válida, como solución posible, en la medida que ella responda a algunos criterios. Mencionemos los que consideramos más importantes:

a. En primer lugar, los cambios en la narrativa de quien ha solicitado ayuda deben preservar la concordancia con los hechos y experiencias de su vida.
b. En segundo lugar, tales cambios deben generar una narrativa que sea internamente coherente.

c. En tercer lugar, tal como lo acabamos de señalar, la narrativa resultante debe ser plenamente avalada por la persona a la que se la ofrece y por lo tanto requiere ser creíble y plenamente aceptada por ella.

d. Por último, los cambios narrativos sugeridos debe expresar un diferencial de valor con las narrativas que ahora se están desechando.

Este diferencial de valor se expresa en el hecho que la nueva narrativa se manifiesta con una «mayor potencia» que la narrativa previa. El diferencial de valor es, por lo tanto, un diferencial de poder. Desde la nueva narrativa se expanden tanto el umbral de posibilidades como asimismo el ámbito de acción (por lo demás estrechamente conectados) de la persona a la que se está ayudando. Desde la nueva narrativa, ella logra observar lo que antes no veía y percibe cursos de acción para hacerse cargo de aquello que aparecía previamente bloqueado. El cambio en la narrativa se traduce en un cambio del observador y el cambio del observador se expresa en un incremento de la capacidad de acción. Todo ello manifiesta la expansión del ser de esa persona. A partir de ese instante, la persona que inicialmente consultó, siente que le es posible entrar en un espacio de mayor plenitud de su ser. Todo ello se ve acompañado por la emergencia de las pasiones alegres de las que nos hablaba Spinoza, pues se entra en un espacio emocional marcado por el signo de la positividad. Muchas de las emociones negativas acompañaban a la persona al momento de consultar, ahora se disuelven.

Los terapeutas de narrativa suelen referirse a este cuadro final indicando que él expresa un incremento en la capacidad de «auto-agencia» (self-agency) de la persona. Harlene Anderson, por ejemplo, entiende por auto-agencia una percepción personal a través de la cual nos reconocemos con competencia para actuar y para transformar el mundo o transformarnos nosotros mismos. A partir de ella, nos reconocemos ahora con capacidad de acción para hacernos cargo de nuestras inquietudes y de avanzar en la satisfacción de nuestros deseos.

La capacidad de agencia no sólo se expresa en la capacidad de acción directa, ni en la capacidad de elegir o de tomar decisiones entre caminos alternativos diversos. Se expresa también en la capacidad de expandir el umbral de lo posible y, por lo tanto, en el proceso de creación de posibilidades. Agencia, según Anderson, está asociada a un fuerte sentido de libertad (de romper las ataduras del destino, de sortear el peso del pasado, presente y futuro) y de esperanza (por un futuro mejor). De allí que esté asociada también a liviandad, alegría y positividad y, en general, a las pasiones alegres de las nos hablara Spinoza. Ella implica, de manera muy especial, capacidad para soltar y disposición a la transformación personal. El énfasis en la acción, en nuestra capacidad transformadora, implica una simultánea disposición para la auto-transformación. A través de la intervención que hemos facilitamos, generamos seres no sólo más autónomos, sino también más auténticos.

Tal como nos dice el gran poeta inglés T.S. Eliot:

«We shall not cease from exploration
And the end of all our exploring
Will be to arrive where we started
And know the place for the first time.»[45]

Ello nos retorna a la idea anteriormente esbozada sobre la importancia de enriquecer el presente con nuevos sentidos.

---

[45] «No cejaremos de explorar
Y el final de todas nuestras exploraciones
Será arribar donde comenzamos
Y conocer el lugar por vez primera.»

T.S. Eliot, «Little Gidding» (1942), en *Four Quartets*, Harcourt, Brale and Company, N.Y., 1943.

De volver a lo mismo diferentes y por lo tanto de hacer diferente lo mismo. Diferente no porque el presente haya cambiado, sino por cuando su horizonte se ha transformado. El presente ha devenido umbral de otras posibilidades. Todo ello nos conecta con el carácter cíclico de la vida que nos conduce a los mismos lugares con nuevas miradas y donde descubrimos dimensiones que antes no lográbamos percibir.

El gran desafío: hacerse cargo y asumir responsabilidad sobre nuestras narrativas de identidad

La noción de narrativa nos permite una mirada y forma de hacernos cargo de nuestra vida que nos parece atractiva. Reiteramos muchas veces uno de los mensajes más importantes de Nietzsche: el llamado a concebir nuestra vida como una obra de arte y, en rigor, como la obra de arte más importante que estamos invitados a realizar. Cualquier otra cosa que realicemos se inscribirá obligadamente en el marco de esa obra mayor que es nuestra vida. La distinción de narrativa nos ofrece un camino para responder a este desafío. Cada individuo es el autor de la historia sobre sí mismo. Es el protagonista de un relato que se confunde con su propia vida.

Hemos señalado previamente que muchas veces nos encontramos poseídos por las narrativas de auto-identidad que generamos sobre nosotros mismos. Somos el personaje de una historia que nos impone un destino trágico, dramático o cómico y nos limitamos a cantar esa tragedia, ese drama o esa comedia. No siempre somos capaces de percibir que ese mismo personaje no es alguien que está allí, independientemente de nuestro canto, sino que se constituye en el canto mismo. Una vez que entendemos que nuestra historia de nosotros mismos nos constituye y condiciona nuestra existencia, descubrimos que tenemos la opción de ser autores de historias muy diversas. Podemos ahora no sólo vernos como el protagonista de esa historia, sino también como el productor de esa historia, como quién escribe el libreto de lo que es nuestra vida.

A partir de ese momento, se nos abre la posibilidad de dejar de estar simplemente poseídos por nuestras narrativas y, por lo tanto, de modificar el libreto, de asumir responsabilidad en el diseño de la historia que nos constituye. Dejamos de ser el protagonista de una historia de una autor desconocido y descubrimos que, aunque no nos percatáramos, éramos nosotros mismos el autor del libreto que nos convertía en tal protagonista. La historia de nuestra vida estaba escrita con nuestro puño y letra.

Nuestra historia, el relato de nosotros mismos, no es inocente. Ella se convierte en capacidad de intervención en el mundo, en auto-agencia, y determina los horizontes de posibilidad que encontramos en la vida. Esa historia no sólo «da cuenta» de lo que nos sucede, es simultáneamente un espacio de diseño que condiciona lo que nos acontecerá. Sabernos el autor de la narrativa que somos nos ofrece una perspectiva sobre nosotros mismos que nos otorga un poder que antes no poseíamos.

Desde ese momento, dejamos de ser un protagonista de una historia en la que reaccionamos ciegamente a los acontecimientos de su vida. Ahora, como el autor que somos, tenemos en nuestras manos la posibilidad de hace que nuestro personaje enfrente esos acontecimientos de una determinada manera. Es cierto que no escogemos muchos de los acontecimientos de deberemos sortear, pero si escogemos el tipo de respuestas que damos frente a ellos. Es cierto que no podremos anticipar muchos de los desafíos que nuestro personaje deberá enfrentar, pero si nos cabe determinar cómo éste los encarará. Disponemos ahora de capacidad de anticipación para evaluar nuestras respuestas pues sabemos que, de acuerdo al carácter de tales respuestas, se escribirá el siguiente párrafo de nuestra historia, la siguiente sección, el siguiente capítulo.

Pero hay más. La narrativa que somos no se escribe sólo a partir de las acciones que tomamos, por muy importantes que tales acciones sean. Y sin duda son muy importantes. Esa narrativa también estás conformada por la manera que concebimos las acciones en las que participamos y por el sentido que le otorgamos a los acontecimientos que se presentan. Esas acciones y acontecimientos sin lugar a dudas acotan los sentidos posibles. No permiten cualquier interpretación y por lo tanto tienen un efecto restrictivo que no es posible negar. Pero dentro de ese espacio restringido cabe no sólo una interpretación posible, sino múltiples. Ello implica que debemos ganar responsabilidad en el tipo de interpretaciones que suscribiremos. No podemos tampoco reaccionar pasivamente y tomar cualquiera que se nos venga a la cabeza. Esas interpretaciones nos pertenecen y es importante saber reconocernos como sus autores. Y si en un determinado momento nos vemos atrapados por una determinada interpretación, nos cabe también la posibilidad de tomarla en nuestras manos, evaluarla y eventualmente modificarla. Este acto de asumir responsabilidad sobre nuestras interpretaciones no es irrelevante. Nuestro actuar futuro, y por lo tanto la manera como encararemos el porvenir, dependerá no sólo de los hechos del pasado, de las acciones y acontecimientos que nos correspondió vivir, sino también de las interpretaciones que hacemos de ellos.

Pero hay incluso más. Hasta ahora hemos destacado, por un lado, la importancia de las acciones con las que respondemos a los acontecimientos de la vida y, por otro lado, las interpretaciones que podemos hacer de ellas. Lo más importante que caracteriza a los seres humanos es que además de esos dos componentes de nuestra existencia, tenemos capacidad de comportarnos, de diseñar a partir de ellos, acciones propias ya sea para hacernos cargo de un resultado que no fuimos capaces de evitar y que ahora buscamos revertir o compensar, ya sea también para generar en el mundo y en nosotros mismos nuevas condiciones, nuevos arreglos que no son los que espontáneamente se nos ofrecen. Disponemos de capacidad de auto-agencia. Podemos intervenir. La vida no nos impone una actitud de aceptación pasiva del acontecer. Somos agentes de ese mismo acontecer. Está en nuestras manos el hacer que determinadas cosas pasen. Podemos hacer, podemos hablar. En dos palabras, podemos actuar.

Las narrativas son elementos constitutivos de nuestra particular forma de ser. Estamos poseídos, estamos programados de acuerdo a las narrativas que hemos hecho nuestras. Sin embargo, el reconocerlo nos permite desplazarnos y modificar la relación entre nuestras narrativas y nuestra forma de ser. Podemos ahora desplazarnos de un estado en el que somos la expresión pasiva de una posesión de determinadas narrativas sobre nosotros, a un estado diferente en el que comenzamos evaluar el impacto que ellas juegan en nosotros y a soltar ciertas narrativas y escoger otras. Podemos aspirar a devenir seres humanos con una mayor capacidad de posesión sobre las narrativas que los constituyen.

Hemos reiterado muchas veces que los seres humanos participamos con los dioses en el acto sagrado de nuestra propia creación y eso lo hacemos al reconocernos como los guionistas de los libretos de nuestra vida y de nosotros mismos.

Un alcance final: toda narrativa se disuelve en el vacío

El mundo que se constituye a partir de la propuesta de la ontología del lenguaje se nos presenta muchas veces como un mundo fantasmagórico. Hay en él un cierto sentido de irrealidad. Lo que desde otras perspectivas aparece como sólido, desde esta mirada pareciera perder buena parte de su solidez y sentimos en ciertos momentos que aquello que nuestra mirada construye entra muchas veces en ciertos espacios en que tales construcciones se evaporan o disuelven. Éste es uno de los efectos que resulta del prescindir de los supuestos metafísicos de verdad y de objetividad.

Hay algo de extraño, por lo tanto, en los mundos que se constituyen desde el «claro» ontológico. Creemos, sin embargo, que tal extrañeza no es algo que resulte, ni de los propios mundos que aparecen conformados, ni de las miradas que los generan. Esa extrañeza pertenece, por sobretodo, al hecho de entrar en un territorio nuevo, un territorio al que no estábamos acostumbrados. Ello es parte del sesgo de un observador que se encuentra en transición entre mundos construidos desde bases de muy diferentes. Si este supuesto fuera válido –y sólo el futuro podría comprobarlo– ello implica que en la medida que nos vayamos habituando a estos nuevos mundos, esa sensación de extrañeza debería ir progresivamente desapareciendo.

Uno de los elementos posiblemente más extraño que enfrentamos guarda relación con aceptar que nuestras construcciones interpretativas no tienen ni van a encontrar un fundamento sólido en el cual sostenerse. Toda narrativa descansa en supuestos, supuestos que muchas veces podemos procurar explicitar. Pero enseguida descubrimos que tales supuestos descansan a su vez en otros supuestos, en un espiral que no tiene fin. En otras palabras, toda interpretación se sustenta en interpretaciones, que se sustentan en interpretaciones y así, al infinito.

Para algunos el problema es todavía más serio. No sólo toda interpretación descansa en supuestos que, en último término son indemostrables, sino que muchas veces esos supuestos terminan por contradecir aquellos supuestos iniciales de los que habíamos partido. Las construcciones narrativas no sólo no son armónicas, sino que sus cimientos están plagados de grietas en las que, unas vez descubiertas, los sentidos iniciales parecieran escurrirse. La existencia humana, cuando logra ser vista desde esta perspectiva, resulta tan inarmónica, tan contradictoria, como suelen serlo nuestros sueños. Nuestros sueños no se rigen por la lógica aristotélica. Y a pesar de ser sueños, no dejan de ser reales en el sentido que los vivimos. La realidad de la existencia humana muchas veces pareciera tener más que ver la realidad de nuestros sueños que con la de nuestra vigilia.

Sin embargo, a pesar de todo estamos obligados a distinguir entre sueños y vigilia y entre realidad e irrealidad. No tenemos otra opción. A pesar del carácter fantasmagórico de nuestras interpretaciones y, por ende de nuestras narrativas, no podemos sino conferirles la autoridad necesaria para ayudarnos a vivir con el sentido que requerimos. Nos vemos obligados a tomarlas en serio, si deseamos evitar caer en la locura. Con todo, la línea demarcatoria entre la realidad y la locura pareciera ser bastante más tenue de lo que muchas veces imaginamos.

Morrocoy (Venezuela), diciembre de 2007

II

LOS EJES DEL OBSERVADOR

Hemos visto que las diferencias entre observadores pueden explicarse siguiendo los caminos de la historia y de la estructura. Al seguir el camino de la estructura, examinamos cómo aquellos espacios que hemos llamado los dominios primarios configuraban maneras diferentes de observar. Continuando con la búsqueda de una definición de nuestras diferencias como observadores, indagaremos ahora en el otro componente del camino de la estructura, constituido por lo que hemos llamado los «Ejes del Observador». Entre ellos hemos escogido diez. Ellos son:

* El mundo
* El tiempo
* La díada inquietud/deseo
* La línea posibilidad/facticidad
* Los problemas y las soluciones
* Los desgarramientos existenciales
* Las expectativas
* La habitualidad interpretativa del observador
* Los límites del alma humana
* El misterio

Haremos una breve referencia sobre cada uno ellos.

1. Mundo: ser-en-el-mundo

A partir de la noción de observador, hemos podido establecer que no hay un solo mundo, sino tantos mundos como observadores. Hemos visto, siguiendo los caminos de nuestra historia y de los dominios primarios, que somos observadores diferentes. Si lo que observamos está condicionado por nuestra estructura y si aceptamos que ningún observador puede reivindicar para sí la capacidad de acceder a la realidad exterior tal cual ella es, la idea que existe un solo mundo pierde sentido.

Desde la noción de observador estamos en condiciones de reconocer que lo observado requiere ser referido al tipo de observador que observa y no a una realidad exterior a él a la que, por sí misma, no tiene acceso. El mundo de objetos que observamos los seres humanos está fuertemente teñido por el tipo de relación que establecemos con ellos. En un mundo sin observadores, no existirían mesas, ni casas, ni obras de arte, ni caminos. No existen caminos por sí mismos, sólo existen caminos para un observador que es capaz de observarlos como tales, para un observador que a partir de una determinada configuración de la tierra, distingue «un camino».

Pensemos que viajamos en un autobús. Nos encontramos de pronto en compañía de muchas personas en un reducido espacio. Estamos allí reunidos sin premeditación, y ni siquiera nos anima el propósito de estar allí juntos. Podemos observar que algunos miran por la ventana, que otros leen. Algunos conversan con alguien. Otros dormitan. Para cada uno y cada una, el mundo está constituido, en ese trayecto de autobús, por su mirada, su atención, sus omisiones, sus recuerdos, sus asociaciones, su emocionalidad. En un mismo y reducido espacio, múltiples mundos.

En tanto los mundos de diferentes observadores no ocupan espacio, podemos decir que un mismo universo está poblado por tantos mundos como observadores estén contenidos en él. Una de las grandes contribuciones de Heidegger ha sido el postular que no podemos separar el ser que somos, del mundo dentro del cual somos. El fenómeno primario de la existencia humana es «ser-en-el-mundo» o, como lo llama Heidegger,

Dasein. Es sólo a partir de este reconocimiento que podemos proceder a examinar cada uno de los términos (ser y mundo) de esta unidad primaria. No hay un ser que no esté en el mundo ni un mundo que no lo sea para un ser. Ambos se constituyen en simultaneidad, uno con referencia al otro.

Cada ser humano comparte espacios y tiempos con otros seres humanos. Sin embargo, sus mundos son diferentes. Los factores que contribuyen a establecer esas diferencias se hacen manifiestos, como hemos visto, en nuestra historia y en nuestros dominios primarios: la corporalidad, la emocionalidad y el lenguaje. Vimos, por ejemplo, cómo mediante los juicios que emite, todo observador toma posiciones frente a los hechos, frente a las personas y frente a su propia vida.

Lo que cada uno de nosotros llama «mundo» es producto de su mirada de observador. Hemos dicho que en un pequeño espacio pueden coexistir múltiples mundos. Las diferencias entre ellos no son casuales ni arbitrarias. Tienen su asiento en nuestra historia y en nuestra estructura. Pero estos mundos no son cualquier mundo. Son mundos interpretativos. Nuestro mundo es siempre una narrativa acerca de las cosas que nos rodean y acerca de nosotros mismos.

El mundo de cada uno no es ilimitado, sin embargo. Los observadores tienen límites, y ellos se reflejan en los mundos que hacen suyos. Nuestros mundos resultan de las distinciones que poseemos y de las afirmaciones que somos capaces de hacer. Yo no poseo sino escasas distinciones en el campo de la gastronomía. Mi mundo será limitado en ese ámbito, así como el de mi amigo es limitado en el campo de la música, si no posee, por ejemplo, la distinción de sinfonía.

Tenemos también otros límites, que son los que impone aquello que consideramos aceptable o inaceptable. Ello constituye el marco ético de nuestro mundo, y establece límites a nuestro comportamiento desde lo que entendemos por bien y mal, por correcto e incorrecto. Ellos resultan de determinados juicios que hacemos sobre el acontecer, juicios que juegan el papel determinante en nuestras vidas.

Todo mundo remite a un observador que lo genera, y todo observador, como dijimos, trae un mundo a la mano. El eje que hemos denominado «mundo» o ser-en-el-mundo, da claramente cuenta de las diferencias que existen entre observadores. Esto no significa, sin embargo, que no haya espacios de distinciones compartidas y de rasgos genéricos que permiten la relación y contacto entre los diferentes seres humanos. Pero toda relación no sólo vincula individuos, también acopla sus respectivos mundos. En consecuencia, estos espacios de vinculación entre unos y otros no coinciden del todo. Cuando constituimos una pareja, por ejemplo, no sólo establecemos compromisos como personas aisladas, sino que también acoplamos nuestros mundos.

2. Tiempo: ser-en-el-tiempo

Un concepto básico en la filosofía de la modernidad ha sido el de tiempo lineal, continuo y homogéneo. Desde la cosmovisión mecánica de Newton, el tiempo físico fue considerado como absoluto y autónomo. El fluir del tiempo fue entonces concebido como una secuencia lineal y continua de unidades equivalentes. A esta concepción se agrega un factor complementario: la invención del reloj mecánico en el siglo XIV. Desde entonces el tiempo humano es puesto en referencia al tiempo mecánico del reloj. Un minuto es un minuto para todos. Es el comportamiento mecánico del segundero el que define el concepto de tiempo que rige al comportamiento humano.

Einstein, posteriormente, va a cuestionar el concepto de tiempo absoluto newtoniano, a pesar de lo cual seguimos apegados a un concepto mecánico del tiempo. Para los seres humanos, sin embargo, el tiempo no es homogéneo. La densidad de vida que un determinado minuto puede contener para una persona, no es igual a la que ese mismo minuto contiene para otra. Lo que puede acontecer en un minuto no es igual a lo que puede pasar en cualquier otro.

El fluir del tiempo humano es una sucesión de ocasiones discontinuas, muy diferentes las unas de las otras y muchas veces muy distintas para los diferentes individuos involucrados. La densidad del tiempo humano es heterogénea, por cuanto una misma unidad física de tiempo puede contener muy distintas posibilidades. Algo que por años no podía realizarse, puede abrirse como posibilidad en el lapso de un minuto, para cerrarse inmediatamente después. Ese minuto es muy diferente al que le antecedió y al que le sucederá. El tiempo humano, medido mecánicamente, simplemente no es el mismo.

Estructura de la temporalidad

Nos preguntamos, entonces, si no es posible hablar de un tiempo absoluto, idéntico para todos los seres humanos, ¿cuál es la estructura de la temporalidad? Cuando pensamos o nos interrogamos sobre el tiempo, de inmediato aparecen a nuestra vista las nociones de presente, pasado y futuro. No podemos negar que vivimos en el presente. Y, sin embargo, podemos decir que este presente está cargado de un pasado, teñido por ese pasado con sus frustraciones, esperanzas, culpas, éxitos, orgullos, satisfacciones o resentimientos. Y, por otra parte, aquello que se experimenta como satisfactorio en el presente, pocas veces es una expresión de realización completa en ese momento. En general, un presente satisfactorio lo es debido a que visualizamos muchas posibilidades en el futuro. Vemos, pues, cómo el pasado y el futuro constituyen, en nuestro transcurrir, dimensiones del presente. Aquello que vivimos instante a instante viene cargado de lo que ya hemos vivido, y se visualiza en una proyección –cuya emocionalidad está condicionada en gran parte por ese pasado– hacia el futuro que ve como posible. Es hoy que recordamos lo que fue ayer. Es hoy que proyectamos lo que deseamos que sea mañana.

Hay que señalar que no sólo somos lo que somos en el momento presente. Somos también aquello que aspiramos a ser, y no fuimos. Aquel que pudimos ser y al que renunciamos algún día, tiene su presencia en nuestro ser de hoy. De la misma manera podemos decir que somos lo que deseamos llegar a ser más tarde. El ser que ambicionamos habita nuestro presente como un referente que influye en nuestras opciones y alimenta nuestra acción.

La gravitación de las dimensiones del tiempo es diferente en cada observador. Hay quienes viven el presente añorando el pasado, volcados hacia los acontecimientos que quedaron atrás. Hay otros que viven la actualidad de su presente y otros, aún, que se viven lanzados a lo que serán, a lo que sucederá mañana. La presencia de los tiempos es diferente en cada uno. De la misma manera que decimos: a cada observador, su mundo, podemos decir también: el tiempo pertenece al observador.

Vida y tiempo

Así como somos seres en el mundo, y así como cada mundo lo es para un ser, de manera igualmente constitutiva y recíproca somos seres en el tiempo. Los seres humanos, como hemos visto, no tienen una esencia fija. Lo que es esencial en ellos (en el sentido de rasgo genérico) es el estar siempre constituyéndose, estar siempre en un proceso de devenir. El tiempo es, por ello, un factor primordial en la existencia humana.

Ser humano es estar en un proceso continuo de devenir. El devenir, el llegar a ser, es un acontecimiento que tiene lugar en el tiempo. ¿Qué es este «tiempo» en el que sucede mi devenir?

Si prescindimos por un momento de la noción de «tiempo del reloj», y nos detenemos en la experiencia del tiempo, en la emocionalidad del tiempo, que todo observador puede experimentar, advertimos que en el sentido que hablamos, el tiempo pertenece al observador. El tiempo está en mí, es en mí. Como el mundo. Y así como no hay mundo que no lo sea para un ser, tampoco hay tiempo que no lo sea para un ser. El tiempo es parte constitutiva de mi existencia, de mi posibilidad de transformación y de mi transformación propiamente tal. Ese tiempo es mío. No es de nadie más. Y su medida no es objetiva. Existe, desde luego, una relación con el tiempo «de afuera»: la medida del transcurrir que todos acordamos convencionalmente establecer. Pero sabemos que la vida, nuestra propia vida, se desenvuelve en un transcurrir paralelo a ése, que a veces se adelanta, a veces se queda atrás.

Dos modalidades del tiempo: Cronos y Kairós

Los griegos anteriores a Platón y Aristóteles, habían reconocido el carácter heterogéneo del tiempo humano, señalando que no todo tiempo es igual. A veces se actúa demasiado temprano, a veces, demasiado tarde. Pero también a veces se actúa en el tiempo justo o correcto, en el momento preciso. Éste era el instante propicio al que los griegos llamaban kairós: la ocasión favorable, el momento oportuno. Kairós era un término que utilizaban los atletas y corredores de carros de caballos para señalar aquel momento en que se les daba la oportunidad de realizar una acción determinada: adelantar a su contrincante en la carrera, por ejemplo.

A diferencia de Cronos, la divinidad rectora del Tiempo de los astros, de las estaciones y de la historia, Kairós señalaba una manera diferente de ser del tiempo: la ocasión propicia que se manifiesta en la temporalidad para después desaparecer en el fluir del transcurso. Kairós es tiempo, pero un tiempo que está fuera de la duración cíclica o continua: corresponde al instante fugitivo pero esencial, sometido al azar, aquello que los romanos denominaron occasio.

Pero, observemos bien, el que una situación sea propicia no es algo universal. El mismo momento que permitió al auriga dirigir su carro y sus caballos hacia el triunfo en la carrera, significó la derrota para su contendor. Tanto el tiempo de Cronos como el tiempo de Kairós se hacen propios del observador. Cada observador vive el tiempo a su medida.

3. La díada inquietud/deseo

Toda acción remite siempre a la díada de la inquietud o del deseo. Sostenemos que actuamos para hacernos cargo de algo que nos inquieta o porque buscamos la realización de un deseo. La inquietud[46] y el deseo son espacios interpretativos que contribuyen a conferirle sentido a nuestro actuar.

Hemos sostenido que vivimos en mundos interpretativos. En función de nuestra relación indisoluble con un mundo, todo lo que acontece en él nos concierne. Una dimensión ontológica básica de la existencia humana es la inquietud permanente por lo que acontece en el mundo y por aquello que lo modifica. Como observadores que somos, podemos observar nuestras inquietudes y deseos y también aquellos de los demás. Podemos decir: «Pedro se puso la chaqueta y cerró la ventana.» y, al observar la acción, podemos identificar alguna inquietud o deseo de Pedro. Es el observador el que hace que la acción tenga sentido, porque lleva a cabo su observación desde sus propias inquietudes y deseos. Según las inquietudes o deseos

---

[46] Usamos la distinción inquietud como traducción del término inglés «concern». En español tenemos el verbo concernir, pero no un sustantivo correspondiente. Usamos el término inquietud aludiendo a aquello que nos concierne y que nos incita a la acción. Se trata, en consecuencia, de una situación primaria de insatisfacción o de desasosiego, desde la cual actuamos.

desde las cuales hacemos nuestras observaciones, adjudicaremos distintas inquietudes o deseos a los demás.

A nivel estructural, la inquietud y el deseo comprenden diversos juicios y emociones que dan cuenta de que aquello que sucede nos importa, nos atañe de determinadas maneras. La inquietud y el deseo apuntan primero al juicio que algo falta. Si nada falta, no es necesario actuar. Basta con quedarnos donde estamos. Ello guarda relación también con juicios sobre lo que consideramos posible en el fluir de la vida y, por tanto, con el horizonte de expectativas ante el cual nos desenvolvemos. Si nuestro juicio es que aquello que falta va a suceder sin necesidad de que intervengamos, como resultado del curso normal de los eventos, tampoco actuaríamos.

Para Spinoza, el deseo, que corresponde a las pasiones primarias, como vimos, es el esfuerzo consciente por perseverar en el ser, que está buscando su propia preservación y desarrollo. En este sentido, el deseo siempre será expresión afirmativa de la vida perseverante, en tanto al alma repugna imaginar lo que disminuye su potencia vital, lo que restringe sus posibilidades de expansión. Nos dice Spinoza:

> *«Consta, pues, por todo esto, que no nos esforzamos por nada, ni lo queremos o deseamos porque juzguemos que es bueno, sino que, por el contrario, juzgamos que algo es bueno porque nos esforzamos por ello, lo queremos, apetecemos y deseamos.»*[47]

La teoría del observador nos conduce a una nueva comprensión de la acción humana en la medida en que nos remite a aquel espacio «desde donde» actuamos, diferente en cada observador. Cada vez que nos preguntamos desde donde

---

[47] B. Spinoza, *Ética*, III, 9, esc.

alguien actúa, estamos remitiendo la acción al tipo de observador que la realiza.

4. La línea posibilidad/facticidad

A partir de nuestra capacidad de emitir juicios, podemos hacer una distinción fundamental entre dos áreas diferentes. Por una parte está el área que juzgamos no abierta al cambio. Actuemos como actuemos, hagamos lo que hagamos, las cosas van a seguir tal como están. A este ámbito llamaremos el dominio de facticidad.

Por otra parte, existe el área que a nuestro juicio puede ser cambiada. Si actuamos en forma adecuada, todo lo que pertenece a esta área podría ser diferente en el futuro. Este es un espacio que nos ofrece caminos abiertos a la acción: el dominio de posibilidad.

Lo que llamamos facticidad histórica no puede ser tomado como un hecho, como algo dado. Es un juicio y, como tal, lo que alguien puede considerar como facticidad histórica puede no serlo para otra persona. Los líderes son personas que generalmente declaran como posibles cosas que el resto de la gente considera imposibles. Esto es precisamente lo que los convierte en líderes. Lo que es históricamente posible está condicionado por nuestra capacidad de innovar, sobre la base de declaraciones y de juicios fundados. Lo que decimos que es posible es siempre un juicio sobre la capacidad de nuestras acciones para cambiar lo que está dado. Un buen ejemplo de esto son las innovaciones de importancia en la ciencia y en los negocios.

La facticidad histórica corresponde a lo que hoy no puede hacerse: está limitada por los alcances del conocimiento y la tecnología y por la normativa legal que rige a los grupos humanos. Por ejemplo, hoy no es posible que el Papa sea mujer. Es una norma fáctica. Pero como no corresponde a una facticidad ontológica, no es imposible pensar que podría cambiarse.

Hay, sin embargo, una facticidad de orden diferente. La llamamos facticidad genérica y se diferencia de la facticidad histórica por cuanto no logramos discernir bajo qué condiciones ellos podría cambiar. No importa lo que pase, tenemos la impresión que eso se mantendrá inevitablemente así. Demos algunos ejemplos. Se nos ocurren tres. Primero, el carácter inevitable de la muerte para los seres humanos. Podemos hacer algunas cosas con la esperanza de adelantar o de atrasar nuestra muerte. Pero, tarde o temprano, estaremos condenados a morir. Somos seres mortales y ello es uno de los rasgos fundamentales que nos diferencia de los dioses. Segundo, tal como ya lo hemos planteado, no podemos modificar los hechos del pasado. Podremos cambiar nuestras interpretaciones sobre los hechos ocurridos, pero el que tal o cual cosa sucedió, es algo no nos es posible alterar. Esta es una limitación que compartimos con los mismos dioses. Tercero y último ejemplo: los seres humanos no podemos estar físicamente más que en un punto de encuentro de los vectores del tiempo y del espacio. En un determinado momento, sólo podemos estar físicamente en un sólo lugar. No disponemos, como los dioses, del don de la ubicuidad, que nos permita estar físicamente en más de un determinado lugar al mismo tiempo. Todos éstos son ejemplos de facticidad genérica. Con todo, no olvidemos que cada una de las situaciones descrita implica un juicio y, dado que los juicios son discrepables, incluso de la facticidad genérica no podemos estar seguros. En consecuencia, no es teóricamente descartable que el futuro no sorprenda con cambios inesperados.

5. Los problemas y las soluciones

Cuando hablamos de problemas, normalmente suponemos que ellos existen por sí mismos, independientemente del observador. Hay múltiples enfoques basados en modelos de «resolución de problemas». Para estos enfoques, dado que el problema existe «fuera» del observador, el único curso de acción que a éste le queda es el de hacerse cargo de resolverlos. Por lo tanto presta escasa atención a las condiciones que «definen» un problema como tal.

Pero, si examinamos bien el fenómeno, podemos advertir que lo que llamamos problema es un juicio. En efecto, los diferentes observadores ven problemas en distintas partes, en dimensiones disímiles y en aspectos diferentes. Muchas veces lo que es juzgado como problemático para uno, resulta ser una posibilidad para otro. Así, cuando enfrentamos lo que llamamos «problema», podemos advertir las diferencias entre observadores. Sucede también que, ya declarado un problema, su formulación es diferente según el observador que lo formule. Y lo mismo advertimos cuando se trata de definir una solución. Nos encontramos, pues, en el ámbito de los juicios.

En múltiples oportunidades, entonces, más importante que resolver un problema resulta examinar su proceso de definición. Muchos problemas no requieren ser resueltos, sino más bien disueltos. A veces se declara un problema que no existe, que es ficticio, que se funda en un malentendido. Tal como lo mencionáramos anteriormente, según Gaston Bachelard, «un problema sin solución suele ser un problema mal formulado». La clave, nos está diciendo Bachelard, está en el observador.

Todo problema es siempre función de la interpretación que lo sustenta y desde la cual se le califica como problema. Esta interpretación no siempre debe ser dada por sentada y cabe considerar discutirla. Al hacerlo, y al modificarse la interpretación que lo sustenta, lo que antes aparecía como problema, puede ahora aparecer como una gran oportunidad.

Desde la perspectiva centrada en el observador, resulta claro que los problemas, las posibilidades y las soluciones que enfrentan los seres humanos no pertenecen a las condiciones externas o supuestamente objetivas que éstos encaran, sino al tipo de observador que ellos son. Los problemas, las posibilidades y la soluciones no son factores externos al observador, ni se encuentran «allí afuera» para ser vistos por cualquiera. Las posibilidades, los problemas, las soluciones, forman parte del mundo del observador: son lo que son, para el observador y en el observador. De acuerdo al tipo de observador que somos, definimos el tipo de problemas, de posibilidades y de soluciones que regirán nuestro actuar y, por ende, nuestra vida.

Vimos que la oportunidad —kairós, occasio— era el momento del tiempo oportuno, en que la posibilidad se manifiesta en la temporalidad para luego desaparecer en ella. Así, para los problemas establecidos como tales por el observador, uno de los elementos que hay que tomar en cuanta para buscar la solución —o disolución— de aquello que lo constituye en problema, es la oportunidad: el factor temporal que interviene en los cursos de acción que lleven a posibilidades nuevas.

6. Los desgarramientos existenciales

Los seres humanos no sólo enfrentamos una inmensidad de problemas durante nuestra existencia. Algunos de ellos llegan a constituirse en elementos centrales alrededor de los cuales configuramos nuestra forma de ser y configuramos nuestra personalidad y carácter. A estos les damos el nombre de desgarramientos existenciales. Ellos especifican la manera como nos relacionamos con los demás, cómo nos concebimos a nosotros mismos y, muchas veces, tienen el poder de condicionar de manera muy importante el sentido que le asignamos a la vida. Por ello, los erigimos en uno de los ejes del tipo de observador que somos.

Un desgarramiento suele remitirnos a experiencias del pasado que logran ejercer una influencia determinante en nuestro presente. Muchas veces ellos se expresan en cuestiones que entonces no pudimos o no supimos resolver y que todavía arrastramos con nosotros. Se trata, por así decirlo, de heridas que han quedado abiertas y que el alma lleva consigo. De experiencias que todavía nos inflingen sufrimiento. Otras veces, se trata de heridas profundas del pasado que con el tiempo parecieran haber cicatrizado, pero que han dejado una huella manifiesta en la piel del presente, huella que podemos percibir en la manera como conferimos sentido –en el tipo de observador que somos– y, por ende, en la manera como nos comportamos. A partir de esas experiencias, generamos y preservamos determinados mecanismos de defensa que se manifiestas en patrones interpretativos y de comportamiento. De una u otra forma, estos desgarramientos afectan la textura del alma y viven en ella como nudos que no hemos sido capaces de deshacer.

Tales experiencias nos confrontaron con la inmensa vulnerabilidad a la que todo ser humano se sabe expuesto. Al vivirlas nos vimos expuestos a nuestra profunda precariedad y sentimos la gran fragilidad de nuestro ser. Supimos entonces que ese tipo de experiencias son posibles y que es preciso resguardarnos frente a la posibilidad de nuevas ocurrencias. Muchas veces, sin embargo, no se trata de experiencias que se remontan a un pasado más o menos lejano. Se trata de situaciones que, aunque se hayan iniciado algún tiempo atrás, se mantienen plenamente vigentes hoy en día y tienen la capacidad de asomarse y afectar nuestra cotidianidad. Se trata, por así decirlo, de aquellas cosas que tienen el poder de acecharnos por la noche, quitándonos el sueño o haciéndonos despertar angustiados. No se trata, sin embargo, de cuestiones puntuales. Lo que define el desgarramiento es su recurrencia, su elevada permanencia en el tiempo, su capacidad de afectar el conjunto de nuestra existencia.

La importancia de poder distinguir e identificar de manera específica estos desgarramientos es múltiple. En primer lugar, por cuanto ellos definen formas de existencia y modalidades de ser. Ellos comprometen la manera como interpretamos el acontecer, como asimismo, la manera como intervenimos en él. En tal sentido, estos desgarramientos representan una clave de la mayor importancia para conocer como somos, para entender por qué actuamos como actuamos y para dilucidar por qué nos pasa lo que nos pasa. Hay en ellos, por lo tanto, un elemento de la mayor importancia para comprender el fenómeno humano, tanto a un nivel genérico, como a un nivel individual y concreto. Pero, en segundo lugar, estos desgarramientos nos ofrecen también la posibilidad de diseñar intervenciones sobre nosotros mismos, intervenciones que se caracterizan por un elevado poder transformador.

El alma humana no es homogénea. No todos los elementos que la componen tienen la misma valencia, el mismo peso. Hay algunos cuyo impacto en el conjunto del alma es marginal. Si ellos cambian, no son muchas las cosas que cambian. Pero hay otros que parecieran ejercer al interior del alma humana un peso mucho mayor y que logran hacer gravitar en torno suyo a múltiples otros elementos. Los desgarramientos existenciales a los que nos hemos referido pertenecen a esta segunda clase. Si intervenimos en ellos, el efecto de tal intervención se expresa en un ajuste del conjunto de la estructura del alma humana. Muchos otros aspectos asociados a nuestra forma de ser se readecuan a los cambios registrados en estos desgarramientos. Ello, por lo tanto, son un blanco muy importante en e 01 tipo de aprendizaje que hemos llamado transformacional.

Quedémonos un tiempo más en el dominio de intervención que nos abre la distinción de los desgarramientos existenciales. Su importancia no se limita sólo al reconocimiento que ellos están asociados a «nodos» de elevado poder transformativo. De poco nos sirve saber que ellos revisten este poder, si no sabemos como acceder a él, si no percibimos el tipo de intervención que sería necesario llevar a cabo para generarlo. Uno de los elementos importantes de estos desgarramientos existenciales es el hecho que en torno a ellos, muchas veces podemos identificar áreas claves de incompetencias genéricas. Estos desgarramientos no sólo se asocian a experiencias que no hemos sabido resolver, ellos ponen simultáneamente de manifiesto las incompetencias que tuvimos para no resolver adecuadamente tal o cual situación. Incompetencias que se expresaron posiblemente no sólo en el momento de encarar tal situación, sino que es altamente probable que todavía se manifiesten.

Saber deshacer el nudo que se expresan en estos desgarramientos, implica, primero, identificar esas incompetencias, pero, enseguida, aprender las competencias que entonces y posiblemente todavía, no tuvimos. Al hacerlo, muchas veces observamos un conjunto de efectos en cadena de alto poder de transformación. Con las nuevas competencias, no sólo logramos deshacer el nudo propio del desgarramiento, sino que el efecto que un múltiples otras experiencias tuvo las incompetencias que hasta ahora registrábamos.

Demos un ejemplo. Es posible que descubramos que un importante desgarramiento estuvo asociado a nuestra dificultad para fijarles límites a los demás. Hasta ahora hemos permitido que los demás se arroguen derechos sobre nosotros y se permitan comportamientos invasivos, que nos han hecho mucho daño. Al identificar que ello es una de las causas de nuestro desgarramiento y al aprender a establecer límites, no sólo logramos disolver el nudo que corresponde a nuestro desgarramiento, sino muchos otros que han resultado de la misma incompetencia. Con todo, esta intervención es todavía superficial. Una vez que detectamos la incompetencia para establecer límites es importante preguntarse cuáles fueron los juicios o las emocionalidades que subyacían detrás de esta incompetencia. Es muy posible que no logremos ser efectivos en aprender a establecer límites, si previamente no nos hemos hecho cargo de tales juicios y emocionalidades. Por mucho que procuremos enseñar esa competencia, ella no será asimilada de no modificarse aquello que estaba obstruyéndola. Sin embargo, de modificarse los juicios y emocionalidades que estaban en su raíz, el efecto en el conjunto del alma puede ser torrencial. Una pequeña intervención logra producir un gran desplazamiento. Ello pone de manifiesto el carácter no lineal del trabajo con el alma humana. Para producir profundos desplazamientos no siempre es necesario hacer esfuerzos gigantescos. Sólo basta saber dónde es preciso intervenir.

Una primera forma de familiarizarnos con la distinción de desgarramiento existencial es a través de un proceso de auto-indagación. No siempre es fácil distinguir desgarramientos en otros, si antes no hemos hecho el esfuerzo de identificarlos en nosotros mismos. Quién rehuya explorar en sus propios desgarramientos, le será difícil verlos en otros. Es importante, en consecuencia, iniciar un trabajo de indagación en uno mismo, un trabajo de auto-exploración. Toda alma lleva consigo ciertas heridas, tiene lados más sensibles, más vulnerables, que otros. Tiene «nudos» que ponen de manifiesto grados de sensibilidad muy diversos. Es importante, en consecuencia, preguntarse: ¿Cuáles son mis heridas?, ¿Cuáles son mis mayores temores?, ¿Mis peores pesadillas?, ¿Cuáles son las cosas que tienen el poder de quitarme el sueño en las noches?, ¿Cuáles son las razones de mis desvelos?, ¿Cuáles son los fantasmas del pasado que todavía me acechan?, ¿Cuáles son mis mayores vulnerabilidades?

Otra forma de acercarse a la distinción de desgarramiento es a través de la lectura de la buena literatura. Uno de los rasgos de la buena literatura es la riqueza y profundidad de alma a través de la cual el autor ha construido sus personajes. Ello nos proporciona por lo tanto una excelente oportunidad para preguntarnos por los desgarramientos que les están asociados.

El autor muy a menudo estructura sus personajes en torno a estos desgarramientos y el carácter que asumen sus personajes remite precisamente al desgarramiento correspondiente. Las tragedias de Shakespeare son un muy buen ejemplo. No tenemos mayor dificultad para identificar el desgarramiento que define la personalidad de un rey Lear, de un Hamlet o de un Otelo. Lo mismo podemos señalar con respecto a Don Quijote o a Ema Bovary. Las obras de Tolstoy o Dostoyevski son de una gran riqueza en la construcción de sus personajes y cumplen con ofrecernos una excelente oportunidad para ejercitar nuestra capacidad de lectura del alma humana.

7. Las expectativas

Todo observador posee expectativas frente al acontecer. Se espera que ciertos sucesos tengan lugar, así como se espera que otros no ocurran. Esperamos determinados comportamientos de parte de las demás personas y alimentamos la esperanza de alcanzar ciertos objetivos y cumplir una serie de logros en nuestra vida. Las expectativas nos acompañan permanentemente y son una de las fuentes más importantes de nuestros sufrimientos y alegrías.

¿Qué es lo que produce una perturbación, un sufrimiento, una alteración? Cuando una luz roja en nuestro camino provoca una demora en llegar a nuestro trabajo, por ejemplo, ¿qué hace que nos sintamos de alguna manera afectados? Toda alteración en nuestro fluir involucra el juicio que aquello que sucede, sea ello lo que sea, no cumple con lo que esperábamos que aconteciera. Nuestra expectativa se vio contradicha por alguna circunstancia o suceso. Cada vez que se produce un cambio en nuestro espacio de posibilidades, o que las expectativas se cumplen o no se cumplen, se generan emocionalidades diferentes.

Nuestro transcurrir se desenvuelve a través de un sinnúmero de expectativas subentendidas que forman parte de nuestra

112

habitualidad cotidiana: que el automóvil arranque cuando enciendo el contacto; que se detenga cuando aprieto el pedal del freno; que el cartero pase a dejar la correspondencia; que haga calor hoy, puesto que estamos en pleno verano; que mi cuerpo esté sano y sin malestares. Vivimos acompañados de expectativas que podríamos llamar rutinarias, casi inconscientes. Ellas se tornan conscientes, sin embargo, cuando lo esperado no se cumple como estaba previsto.

Pero existe otro tipo de expectativas además de aquellas que hemos mencionado. Estas son más explícitas, y no forman parte de nuestra cotidianeidad habitual; están, por lo tanto, más presentes en nuestra conciencia. Por ejemplo, que la persona que me dijo que me iba a esperar a las 10 en su oficina, esté efectivamente allí a esa hora; que la petición de ascenso que hice a mi jefe sea favorablemente respondida; que ese billete de lotería que compré, salga premiado; que el examen que rendí ayer sea evaluado con una buena nota. Cuando alguien nos hace una promesa, por ejemplo, sabemos que ésta podría ser revocada antes de llegar a la fecha de cumplimiento o que podría suceder que no se cumpliera. Sin embargo, a menos que tengamos motivos fundados para desconfiar de quien prometió, en general definimos nuestras expectativas contando con que tal promesa será cumplida. La expectativa se funda en un juicio que hacemos sobre el rango de posibilidad que tiene un acontecimiento futuro. Lo que es importante destacar aquí es que tanto la identificación de posibilidades futuras como las expectativas que nos acompañan, son juicios que cada observador formula frente al acontecer.

Las expectativas del acontecer fáctico

Al examinar nuestras expectativas, podemos reconocer que no todas tienen las mismas características y que no todas se orientan hacia los mismos dominios. En primer lugar, reconocemos aquellas que pertenecen al acontecer fáctico, es decir, al ámbito de los hechos, de lo que pasa, de lo que sucede. No hay que confundir el acontecer fáctico con aquello que hemos llamado «facticidad», y que remite a aquellas cosas que no podemos cambiar, que nos vienen dadas (el ser yo hombre y no mujer, por ejemplo). Al hablar de acontecer fáctico, nos estamos refiriendo al ámbito de lo que es posible que suceda o de lo que es posible cambiar. En este dominio, la expectativa se refiere a aquello que juzgamos que puede suceder.

Los grados de posibilidad que establezcamos van a restringir o a expandir nuestras expectativas. Si un alumno estima que esa materia le es muy difícil y que no será capaz de dominarla, limita su campo de posibilidades y restringe sus expectativas de éxito estudiantil. Pero, como se encuentra en un domino fáctico, le cabe considerar que esa situación es susceptible de ser modificada. Podrá entonces establecer un plan de estudio, de reforzamiento y de ayuda externa, que lo llevará a estimar aumentadas sus posibilidades de rendir bien esa materia. Sus expectativas de logro académico se habrán expandido.

Dentro de lo que llamamos el acontecer fáctico puede tener lugar este proceso, que va desde declarar difícil la materia (pocas posibilidades, expectativas mínimas) hasta el diseño de una estrategia de superación de las dificultades. No hay que olvidar que todo este proceso está constituido por juicios sucesivos emitidos por el observador. Las expectativas «expandidas» corresponden a un nuevo juicio sobre la situación y las posibles acciones vislumbradas dentro de ella.

Dentro del ámbito del acontecer fáctico podemos señalar otras distinciones: los hechos posibles y los hechos probables. El juicio de expectativa centrado en la probabilidad tendrá más fundamento que aquel que considera solamente la posibilidad de un acontecer. Si juzgo probable que mañana me reciba mi jefe, es porque pedí esa reunión con muchos días de anticipación y no me han avisado que él tenga algún impedimento.

Mis expectativas son grandes, aunque cabe todavía la posibilidad que surja una emergencia en el último momento y la reunión no pueda efectuarse. Pero si solamente juzgo posible tener esa reunión, puesto que no la había solicitado, y lo voy a hacer recién mañana, mis expectativas son mucho menores. Como podemos ver, el discernimiento entre lo posible y lo probable hace una gran diferencia en el grado de expectativas.

Las expectativas morales frente al acontecer

Además de aquellas expectativas que remiten al acontecer fáctico, a los hechos, existe otro dominio que corresponde al de las expectativas morales frente al acontecer. Estas expectativas están condicionadas por aquello que juzgamos que «debe» suceder. Hay una serie de comportamientos esperados, definidos por el juicio que constituye la expectativa. «José tiene que devolverme hoy el libro que le presté la semana pasada». «Ana María tendría que llamar a su hermano después de haberlo ofendido en forma tan dura.» «No debería cobrarse tan caro por un servicio tan malo».

Los juicios en este dominio se refieren a los comportamientos humanos, tanto respecto de quienes nos rodean como respecto de nosotros mismos. «No debí haber sido tan débil». «Todos los gobernantes deben ser honestos y veraces». Diferentes observadores tendrán diferentes expectativas en este dominio. El grado de exigencia respecto de los deberes será diferente según cuáles sean los deberes que se definan, y también según el grado de inflexibilidad con que se plantee el juicio.

Las expectativas como factores claves de nuestras alegrías y de nuestros sufrimientos.

Recordemos que Epicteto señalaba: «no es lo que ha sucedido lo que molesta al hombre, dado que ello puede no molestar a otro. Es su juicio sobre lo que ha sucedido». Dentro de los juicios que los seres humanos hacemos, están aquellos que se refieren al cambio y que definen lo que es posible. Esto, lo que es posible, define lo que podemos esperar y cuánto podremos alcanzar en la vida. Nuestras expectativas se mueven en esta zona. Si ellas rebasan lo que es posible esperar o alcanzar, es muy probable que nos dirijamos hacia la frustración, el resentimiento, la resignación, tipos de emocionalidad que nos alejan del bien-vivir o, como dirían los filósofos helenísticos, de la ataraxia: la serenidad, la calma del espíritu. Las decepciones sobrevienen cuando se espera lo que no corresponde esperar.

Ahora bien, el cambio en las posibilidades o en las expectativas es también un juicio que hacemos sobre el acontecer o sobre nosotros mismos y los demás. Según Epicteto, de acuerdo a los juicios que los seres humanos emiten sobre lo que les acontece, generan uno u otro tipo de vida y determinan la felicidad y paz que podrán encontrar en ella. Dentro de los juicios que hacemos están aquellos que se refieren a lo que definimos como posible. Y señala Epicteto: «debemos medir tanto el tamaño de nuestra zancada como la extensión de nuestra esperanza (expectativa) en la medida de lo que es posible.» Lo que es posible define, por lo tanto, lo que podemos esperar y cuanto podremos alcanzar en la vida.

Las expectativas centradas en aquello que no es posible, serán causa de sufrimiento, de frustración y de desánimo. Para bien vivir es necesario concentrarnos en las cosas que están en nuestro poder y no perder el tiempo en aquellas para las cuales no tenemos poder. No se trata aquí, como ha sido muchas veces interpretado, de una resignación estéril, de una aceptación fácil del estado de cosas existente. Epicteto señala que hay que saber discernir entre lo que puede y lo que no puede ser cambiado. Y una vez que aquello ha sido determinado, en comprometernos plenamente con el cambio. Pero lo que no nos puede pasar, según el filósofo estoico, es quedar atrapados en una expectativa de cambio que contraviene la naturaleza de las cosas.

Como podemos ver, la dimensión, carácter y contenido de los juicios que conforman nuestras expectativas inciden fuertemente en aquello que llamamos «felicidad». Una vida es más o menos feliz –siguiendo a Epicteto– no según los acontecimientos que tienen lugar, según los comportamientos de los demás o las expectativas cumplidas o no cumplidas. Una vida es más o menos feliz de acuerdo a los juicios que emitimos acerca de todas esas cosas y, especialmente, respecto de lo que corresponde o no corresponde esperar. Hay que considerar que las expectativas nos pueden tender trampas muy grandes.

Dado que la expectativa es un juicio, hay que asumir que no todos tenemos las mismas expectativas ni los mismos estándares para evaluar el cumplimiento de compromisos hacia nosotros. Diferentes expectativas hacen que distintos observadores tengan reacciones diferentes frente a los mismos acontecimientos. Las expectativas son una de las grandes señales de diferencias entre observadores.

8. La habitualidad interpretativa del observador

Nuestros hábitos tienen su origen en el aprendizaje y en la repetición de acciones específicas. Las acciones habituales son en general no deliberadas y mientras más habituales son, menor es el grado de conciencia involucrado en ellas. Cuando caminamos, cuando escribimos en el computador, cuando nos lavamos los dientes, no estamos efectuando cada movimiento a partir de una decisión que nos lleva a hacerlo. Así como tenemos hábitos individuales, existen también habitualidades colectivas, que se manifiestan en las prácticas sociales que predominan en una comunidad.

Tales prácticas definen para los individuos «la manera» de hacer las cosas dentro de ese grupo humano. Esas prácticas generalmente no se discuten, y a menudo los miembros de la comunidad no tienen siquiera conciencia de que esos gestos y acciones habituales podrían efectuarse de manera diferente. Es más suelen creer que la manera como hacen las cosas es la manera normal de hacerlas o, incluso, la única forma de realizarlas. Es sólo cuando observan que otras comunidades hacen lo mismo de manera distinta, que descubren que su manera de hacer las cosas es tan solo su manera particular de hacerlas.[48] Lo que previamente considerábamos como normal se revela ahora sólo como la forma habitual de hacerlas al interior de una determinada comunidad.[49]

Habitualidad y versatilidad

Muchas acciones que tienen lugar en los grupos humanos corresponden a habitualidades de relación y de operatividad que proporcionan eficacia y rapidez en los resultados. Una de las características de las prácticas sociales es que terminan por ser ejecutadas en forma mecánica. La gente hace las cosas de la manera establecida sin siquiera pensar en las acciones que realiza. Muy a menudo, por lo tanto, ellas se llevan a cabo como acciones no deliberadas (no conscientes). Esto trae ventajas significativas y también algunas desventajas.

En su aspecto positivo, las prácticas habituales nos permiten alcanzar un determinado nivel de eficacia y rapidez, al tiempo que permanecen en el trasfondo de nuestras acciones. La habitualidad con que las realizamos nos permite construir

---

[48] La mejor manera de descubrir cómo somos, en tanto miembros de una determinada comunidad, es salir fuera de ella y encontrarse con miembros de otras comunidades. Entonces uno descubre que su manera de hacer determinadas cosas es tan solo su manera de hacerlas y que los miembros de otras comunidades las hacen de forma muy diferente. Es en el contraste con los demás que descubrimos cómo somos y cómo nos diferenciamos del resto.

[49] Lo que llamamos «provincianismo» implica, entre otros rasgos, el conferirle carácter general, universal, a lo que no es sino nuestra manera particular de interpretar o de hacer las cosas. Es presuponer que nuestra manera de hacer las cosas es la «normal» o la de todos. Al salir de nuestra comunidad descubrimos que tal normalidad no existía.

sobre ellas sin prestarles demasiada atención y concentrarnos en los aspectos emergentes del acontecer, aquellos que caen fuera de la habitualidad, o en aquellas áreas que nos pueden permitir una expansión de nuestra capacidad de acción. Uno de los objetivos de «practicar» determinadas competencias es precisamente poder pasarlas a habitualidad para dejar libre nuestra capacidad de atención a un nivel de acción diferente.

El aspecto negativo de las prácticas habituales radica en el hecho que, como ellas se vuelven mecánicas, solemos perder nuestra capacidad de observarlas. Nos acostumbramos tanto a hacer las cosas en la forma establecida, que suponemos que ésa es la manera obvia, única y natural de hacerlas con lo que comprometemos nuestra capacidad de evaluarla, mejorarla y, por lo tanto, limitamos nuestra capacidad de aprendizaje. Podemos perder la oportunidad de tratar nuestras dificultades de manera mucho más efectiva.

En estos casos, sucede muchas veces que cuando ese individuo es requerido para que justifique su actuar, no es capaz de exhibir una voz propia y tiende a diluirse en un sujeto amorfo y colectivo, en un sujeto impersonal. Las cosas que hace, las hace porque así «se» hacen. Se viste como se viste, porque así «se» usa. Se comporta como se comporta, porque así «se» estila. Ese «se» que aparece en su respuesta, nos revela la dificultad de reconocerse a sí mismo, nos muestra su carácter pasivo y es el sello de su inautenticidad.

Frente al rasgo de la habitualidad, defendemos simultáneamente nuestra capacidad de versatilidad que implica reconocer que podemos hacer las cosas de maneras muy diferentes y muchas veces mucho más efectivas y mejor adecuada a las circunstancias que encaramos. Podemos expandir nuestros repertorios de acción, podemos cambiar la manera como previamente hacíamos las cosas, podemos aprender modalidades de operar diferentes, podemos transformar la manera como actuamos. La propuesta de la ontología del lenguaje nos estimula a ser seres versátiles, con repertorios diversos y alternativos. Nos invita a aprovechar la inmensa plasticidad de nuestro sistema nervioso para expandir nuestra capacidad de acción.

Nuestra habitualidad interpretativa

El observador tiene modalidades habituales de interpretar, de hacer sentido. Algunas de ellas provienen de la comunidad a la que pertenece. Otras, van siendo elaboradas a partir de la historia y de la estructura misma del propio observador. Estas modalidades interpretativas habituales van configurando lo que para él constituye el «sentido común»: aquel núcleo de supuestos que sostienen lo que nos parece obvio, aquel lugar donde nuestro preguntar se detiene, donde restringimos nuestra capacidad de considerar opciones nuevas y diferentes.

Vamos desarrollando poco a poco el sentido común, y en la medida en que accedemos a él nos produce la sensación que alcanzamos un territorio sólido. Cuando decimos «Es algo de sentido común» pareciéramos querer indicar que no merece ser puesto en cuestión. El sentido común llega a ser identificado con el buen sentido. Y, sin duda, algo de eso pareciera ser válido. El sentido común se nos presenta como un sentido probado a través de la historia de nuestra comunidad.

Sin embargo, el sentido común no es otra cosa que un sentido compartido por la comunidad. Y aunque el hecho que sea compartido pudiera proporcionarnos alguna seguridad, la sensación de solidez que lo acompaña es muchas veces ilusoria. Nos hace pensar que tocamos tierra firme: «lo que nos sugiere el sentido común no puede ser cuestionado». Nos olvidamos de que vivimos en mundos interpretativos y que todo examen crítico del sentido común nos conduce inevitablemente a reconocer que la supuesta solidez que nos ofrece, en rigor, se sustenta en el vacío. Y no es fácil aceptar lo anterior. Vislumbrarlo nos produce a menudo una sensación de gran inseguridad. Buscamos afanosamente la solidez.

Sin embargo, esta supuesta solidez que nos pareciera proporcionar el sentido común, aunque ilusoria, nos es muchas veces útil. El sentido común nos proporciona un orden que nos ayuda a orientar nuestras vidas en determinadas direcciones, dando sustento a nuestra habitualidad. Pero en rigor, el sentido común no es sino aquel lugar en el que dejamos de hacernos preguntas, en el que detenemos nuestras ansias indagativas, en el que el poder cuestionador del pensamiento opta por descansar.

9. Los límites del alma humana

Los seres humanos no tienen una esencia fija. Lo esencial en ellos –en el sentido genérico, ontológico– es estar siempre constituyéndose, siempre en devenir. Como individuos somos todos iguales en cuanto a nuestro ser genérico, ya que compartimos las formas básicas de ser que nos hacen humanos. Pero también, por otra parte, somos diferentes. Resolvemos los enigmas de la vida de distintas maneras. Esa forma de ser humana permite múltiples modos de realización. La forma particular de ser que somos como individuos (dentro de la forma genérica que somos como seres humanos) es lo que llamamos el alma.

Cuando nos comunicamos con otros, lo hacemos en ese territorio constituido por la forma de ser común que compartimos. El otro (todo otro) es el reflejo de un alma diferente en el trasfondo de nuestro ser común. ¿Por qué cuando leemos buena literatura, comprendemos perfectamente a personajes tan diversos como Otelo, de Shakespeare; Ema Bovary, de Flaubert; el príncipe Mishkin, de Dostoiewsky; Jane Eyre, de Charlotte Brontë? ¿Cómo puede suceder eso, si los personajes son tan diferentes a nosotros? Para entenderlos, y para ser capaces de escribir sobre ellos, nos distanciamos de la «persona» que somos para ahondar en nuestro ser compartido con otros. Observamos a otros desde lo que tenemos en común con ellos.

En el centro del observador que somos hay un «núcleo duro» y, por lo general, muy estable. Él está conformado por diversos elementos (distinciones, juicios, emociones, posturas, etcétera) que definen una manera de estar-en-el-mundo; una determinada manera de pararse en la vida, una forma particular de hacer sentido de lo que nos acontece y de la cual derivan patrones estables de interpretación y comportamiento. En este núcleo duro reside lo que llamamos el alma humana, esa forma particular de ser que nos caracteriza a cada individuo y que llevamos con nosotros de una situación de vida a otra. Ahora bien, la capacidad de transformación y de acción de nuestra alma, de nuestra forma particular de ser, no es infinita. Tiene límites. Abordaremos algunos de estos límites en lo que resta de esta sección.

Mis cegueras

Nuestra particular forma de ser se ve limitada por las cegueras del observador que somos. Por aquellas cosas, espacios, relaciones, que somos incapaces de ver. Ningún observador es capaz de observarlo todo. Aquellas cosas que somos capaces de ver configuran un espacio particular, dotado de luces, cuyas fronteras están situadas donde comienza la oscuridad, la ceguera, la incapacidad de ver. En el dominio corporal, tenemos cegueras físicas, como la incapacidad de ver ciertos colores, por ejemplo. En el dominio emocional, podemos ser incapaces de ver nuestra resignación, cuando se disfraza de «estricto realismo». En el dominio del lenguaje, la carencia de ciertas distinciones puede hacernos ciegos a dimensiones que la posesión de esas distinciones nos permitiría ver e incorporar en nuestro mundo.

Los obstáculos morales

Somos seres morales. El dominio de la moral es constitutivo de la existencia humana. Desde el punto de vista del dominio moral, la persona está constituida por un conjunto de declaraciones acerca de las acciones que pueden, no pueden y deben ser realizadas en determinadas circunstancias. Estas declaraciones pueden remontarse a las narrativas y las prácticas, pero aún así pueden tener algún grado de autonomía. Individuos que provienen de los mismos discursos históricos y que comparten las mismas prácticas sociales, pueden tener límites morales diferentes que están definidos por juicios acerca de lo permitido, lo prohibido y lo obligatorio. Ese tipo de juicios, cualquiera sea su contenido, estará siempre presente en cada ser humano. No nos podemos sustraer a nuestra condición de seres morales. Ello no es una opción que tengamos abierta. No nos podemos comportar, como lo hace el resto de los animales, desde fuera del imperativo del sentido de la vida y de nuestra capacidad de hacer juicios.

La gran importancia de los límites morales es que ellos especifican diferentes formas de ser y definen el rango de posibilidades de acción de los individuos. Hay que aclarar, sin embargo, que aquello que es posible en el dominio de la observación no es necesariamente posible en el dominio de la acción. Los individuos no sólo actúan de cierta manera porque no ven en sí otras posibilidades, sino porque no las ven como posibilidades para ellos. Algo que podríamos considerar posible, podría no resultar aceptable para nosotros.

Hay que recordar que la moralidad es subdominio de un aspecto de rango superior: la ética. La ética guarda relación con la forma como respondemos al desafío que todo ser humano enfrenta con respecto al sentido de la vida. Somos seres éticos. Anticipamos y evaluamos nuestros comportamientos y sus resultados y buscamos someterlos a principios y a valores.

La línea del bien y del mal

El bien y mal y la línea divisoria entre ellos, son juicios que el individuo y las colectividades emiten respecto del acontecer y de los comportamientos de los seres humanos. La forma de ser de cada uno establece límites allí donde sitúa lo inaceptable, lo que encarna aquello que entiende por «mal». Y, por otra parte, se mueve con libertad en los espacios cubiertos por aquello que entiende por «bien». Pero, recordemos, la distinción entre bien y mal corresponde a juicios que formula el observador.

Ahora bien, la mayoría de los seres humanos, al emitir juicios, no suele hacer más que repetir lo que encuentra a mano, sin examinarlos críticamente, sin «enjuiciar» el juicio que formula. Nuestros juicios espontáneos se emiten dentro de los múltiples automatismos de que somos portadores como seres sociales. Es sorprendente, sin embargo, la autoridad que conferimos a nuestros juicios espontáneos para resolver cuestiones fundamentales en nuestras vidas y para desplazar acontecimientos y acciones humanas a un lado y otro de la frontera entre el «bien» y el «mal». Y aunque podamos vivirlos como juicios nuestros, no somos realmente nosotros los que los poseemos. Más bien, tales juicios nos poseen a nosotros. En la medida en que ellos gobiernen nuestro comportamiento, no somos seres humanos efectivamente libres, ni dueños de nuestras vidas.

Con mucha frecuencia, particularmente bajo las actuales circunstancias históricas, los individuos entran en conflicto con sus propios límites morales, con la forma, por ejemplo, como definen el bien y el mal. Los criterios morales que ellos sustentan se contraponen al imperativo ético de conferirle sentido a la existencia. Se tiene la experiencia de estar viviendo en dos mundos diferentes: en aquel que se encuentra definido por los propios límites morales y en aquel otro, que genera posibilidades de acción frente a las cuales no están moralmente equipados y que, a la vez, no están en condiciones de descartar.

Nos vemos a menudo, por ejemplo, enfrentados a desafíos que parecieran exigirnos acciones que no nos encontramos moralmente en condiciones de realizar. El problema está en que ninguna de estas opciones es capaz de proporcionarnos paz y evitarnos el sufrimiento. Porque las opciones que se juegan en el ámbito moral tienen enorme impacto en el dominio emocional. Habrá acciones que se acompañan del sentimiento de culpa, por ejemplo, o de vergüenza. Serán aquellas que transgreden la línea de lo permitido por nuestra moralidad.

El ser humano que logra acceder a todo su potencial de libertad es aquel que somete su existencia al rigor de la autenticidad, que aprende a enjuiciar los juicios, a evaluar las evaluaciones, a examinar los valores que encuentra a la mano. Ello lo obliga, por lo tanto, a trascender muchas de las formas heredadas que hacen la demarcación entre el bien y el mal, y toma la responsabilidad de crear esa demarcación nuevamente para sí. En algunos casos, las nuevas demarcaciones podrán coincidir con las antiguas. En otros, implicarán nuevas distinciones, la invención de nuevos valores. Cualquiera sea el caso, el ser humano libre es aquel que ha sometido sus juicios de valor a un enjuiciamiento crítico y puede concluir que tales juicios le pertenecen a él, y no él a sus juicios.

Dentro del ámbito moral, y a partir de los juicios que formulamos en este dominio, nos hacemos expectativas acerca del comportamiento de los demás, así como también de nuestro propio actuar. Tal como lo hemos argumentado anteriormente, estas expectativas remiten a aquello que, a nuestro juicio, «debe» suceder. Se perfila entonces un conjunto de comportamientos esperados, definidos por aquellos juicios que constituyen el ámbito moral.

El juicio «Debo visitar a mi tía enferma» me señala una acción que está «bien.» Si la realizo, cumplo con la expectativa que sobre mí mismo tengo, respecto a ser fiel a mis «debes».

Si no la cumplo, entraré en una emocionalidad de culpa. Si, por otra parte, soy sorprendido por alguien, realizando alguna acción que atenta contra mis cánones morales, sentiré vergüenza. Estas emocionalidades que acompañan a ciertas opciones que remiten al ámbito moral, señalan límites y rasgos específicos a nuestra forma de ser.

Las diferencias excluidas

Esta es la zona donde colapsan nuestros repertorios de entendimiento y legitimación de las diferencias. Las actitudes y juicios que se generan desde la discriminación y las exclusiones en general, restringen en forma importante las posibilidades y los campos de acción. Muchas veces estas posturas tienen su asiento en lo que hemos llamado «actitud metafísica», y que conlleva la convicción de poseer una verdad que justifica el sometimiento de otros o la separación entre «buenos y malos», entre «gente aceptable y gente inaceptable», y el derecho consiguiente a rechazarlos, combatirlos y, si se juzga necesario, eliminarlos.

Esta intolerancia, llevada al extremo, invade los dominios del cuerpo y la emocionalidad, tomando la forma del asco y de la repugnancia, que actúan desde el espacio que estiman más allá del límite de lo aceptable. El asco y la repugnancia frente a personas, ideas o creencias, denotan la incapacidad de soportar la presencia o existencia de aquello que es objeto del rechazo. El individuo pierde control sobre sí y es impotente para enfrentar en forma adecuada y ecuánime las situaciones y personas que provocan su repugnancia. Este obstáculo del alma humana consiste en la resistencia a la posibilidad de moverse hacia una forma de ser diferente.

Mis rabias y mis miedos

La rabia, el miedo, la culpa, más que referirse a lo que sentimos, aluden al espacio de posibilidades en que nos encontramos en nuestro desenvolvimiento en la vida. Lo que estamos haciendo es especificar el juicio de posibilidad que realiza un determinado observador. Dependiendo de la emocionalidad en que nos encontremos, ciertas acciones son posibles y otras no.

El miedo, por ejemplo, nos conecta a nuestra vulnerabilidad más íntima. Bajo el imperio del miedo hacemos cosas que nos sorprenden, que no sabíamos que podíamos hacer. Puede inducir un gran despliegue de fuerza física y focaliza la atención en la disolución de la amenaza. En algunos aspectos aumenta nuestra capacidad de acción. Pero el efecto fundamental del miedo es el de cerrar espacios y –fuera de la acción de sortear la amenaza– también inmovilizar e inhibir la acción. Restringe la capacidad de asumir riesgos, y también la capacidad de aceptar equivocarse. El miedo utiliza recursos que lo encubren: se disfraza, se esconde, busca máscaras. Es una emocionalidad «travestista»: se «viste» de otras emocionalidades: rabia, arrogancia, timidez, indiferencia, odio, celos, y busca compensarse en supuestas fortalezas.

Los mecanismos de defensa que se desencadenan bajo estos tipos de emocionalidad constituyen importantes obstáculos para el alma humana. Ellos comprometen nuestro comportamiento, nuestra capacidad de acción, reconfigurando el ámbito de lo posible y alterando la expansión de nuestros horizontes.

Los límites del alma percibidos desde la corporalidad

Así como los límites del alma individual puede manifestarse en los dominios del lenguaje y de la emocionalidad, muchas veces es nuestra corporalidad la que los revela. Hay diversos fenómenos estrictamente corporales que nos sirven para identificar algunos de nuestros límites. Nos referimos, por ejemplo, a la risa, el llanto y el rubor. No se trata de los únicos fenómenos corporales que tienen la capacidad de mostrarnos nuestros límites, pero ellos son suficientes para ilustrarnos cómo ellos muchas veces se revelan al nivel de la corporalidad.

¿Qué nos hace reír? Esta es una pregunta que muchos han tratado de responder. No pretendemos agotar las respuestas que pueden ser entregadas. Sin embargo, uno de los factores que suele estar presente en la risa es el vernos sorprendidos por una situación que tendíamos a interpretar en un determinado contexto y descubrir, para nuestra sorpresa, que ese contexto puede ser muy diferente de aquel en el que nos encontrábamos. De alguna manera, la risa deja de manifiesto que el observador que estamos siendo es sorprendido por una posibilidad inesperada que pone de manifiesto la restricción previa de su mirada. En tal sentido, decimos, es una experiencia de límite. Cuando ello sucede, nuestro cuerpo reacciona y lo hace de manera autónoma a nuestra voluntad. La risa verdadera, auténtica, es no deliberada, es siempre espontánea. Cuando ella acontece, el cuerpo pareciera que se nos adelanta. Nuestra capacidad deliberativa, de conciencia, sigue a la risa.

¿Qué nos lleva a llorar? El llanto, aunque en cierta manera opuesto a la risa, se produce como un mecanismo equivalente. Se trata de una reacción que, aunque involucre emocionalidad y lenguaje, pareciera que es el cuerpo el que la conduce. Nuevamente nos encontramos frente a una expresión que se manifiesta en el cuerpo, de un límite de nuestra particular forma de ser y de la capacidad de control que usualmente procuramos tener frente al acontecer. Con el llanto, el cuerpo se nos adelanta y revela aspectos del alma que muchas veces nos sorprenden a nosotros mismos. Cuando lloramos es importante preguntarse, ¿qué dice de mí este llanto? ¿De qué manera me revela? ¿Y qué revela realmente? Nada es arbitrario. Todo lo que nos afecta, nos revela. Lo importante es saber aprovechar esas ocasiones para profundizar en el conocimiento de nosotros mismos.

Por lo general, la risa y el llanto no mienten, aunque hay quienes aprenden a fingirlos. En ellos los límites de nuestra alma se suelen revelar espontáneamente. De alguna forma, ésta pareciera quedar al desnudo. No es extraño, por lo tanto, que muchas veces expresemos pudor frente a una risa que nos sorprende o un llanto que se manifiesta, saltando por encima de nuestra capacidad de control. A menudo ellos nos hacen avergonzarnos. Pero para quien quiera conocernos en mayor profundidad se trata de dos fenómenos cargados de significación. En ellos nos mostramos de una manera que muchas veces quisiéramos esconder.

Al igual que la risa y el llanto, sucede algo equivalente con el rubor. Nos referimos a la experiencia de «ponerse colorado», como suele ser llamada en el lenguaje común. El rubor nuevamente muestra que algo nos ha conducido a tocar un límite de nuestra forma particular de ser. Como los anteriores, es una experiencia de límite en la que el cuerpo nos delata y a través de la cual emitimos señales sobre cómo somos y sobre nuestras expectativas, señales que pueden ser leídas por lo demás si están atentos a ellas. Se trata de tres experiencias corporales en las que de manera muchas veces inconfundible nuestra alma se revela, a pesar de nosotros mismos. Así como sucede con ellas, a través de nuestra corporalidad estamos emitiendo muchas otras señales que un buen lector podría interpretar. Bastaría poner atención, por ejemplo, al lenguaje asociado a determinados movimientos, a nuestras posturas, a nuestros gestos y a la manera como respiramos. A través de cada uno de ellos, nuestra alma, la forma de ser de cada uno, tiende a revelarse.

10. El carácter misterioso y sagrado del alma humana

Todo esfuerzo por entender al otro en su actuar, incluso por entender su particular forma de ser, como, asimismo, por entendernos a nosotros mismos, remite necesariamente al observador que somos nosotros. Tanto en nuestra capacidad de observar a otros como en la capacidad de observarnos a nosotros mismos, nos encontramos siempre con la restricción propia de todo observador que le impide sostener que podamos dar cuenta del ser que somos (o mejor incluso, que estamos siendo). Lo que hemos dicho con respecto al mundo es igualmente válido frente a nosotros mismos. No sabemos cómo somos, sólo sabemos cómo nos interpretamos. En otras palabras, los seres humanos somos y seremos siempre profundamente misteriosos para nosotros mismos.

Vivimos, sin embargo, con la ilusión que nos conocemos. Que conocemos a los demás y, por sobretodo, que nos conocemos a nosotros mismos. Esta presunción requiere ser radicalmente cuestionada. A lo más que podemos acceder es a interpretaciones, siempre parciales y limitadas de nosotros mismos. Siempre habrá dimensiones de nosotros a las que no nos es posible acceder. Nietzsche nos reitera esto mismo. Hablando de los seres humanos nos dice: «nosotros, los que conocemos, nos somos profundamente desconocidos». Pero hay distintas maneras de interpretar lo que Nietzsche dice. Unos podrán escuchar en sus palabras la advertencia de un desconocimiento que no siempre advertimos y que sería, sin embargo, posible subsanar. Otros, escuchamos algo todavía más abismal: que la posibilidad misma de conocernos plenamente está cerrada. Personalmente creemos que tenemos que tomar algo de ambas lecturas de sus palabras.

Comencemos por la segunda interpretación: el ser que somos nos es obligadamente inaccesible. Creemos que ello tiene sentido en razón de al menos dos razonamientos diferentes. El primero, debido a nuestra premisa inicial de que los seres humanos no tenemos la capacidad de acceder al ser de las cosas y, por lo tanto, tampoco podemos acceder al ser de nosotros mismos. El segundo, debido a la premisa de que nuestro ser no está dado de una vez y para siempre, que no accedemos a la vida con un ser inmutable, sino que la vida es un ámbito de construcción del ser que somos. Que aunque no podamos desconocer que en todo momento somos de una determinada manera (manera que nos es inaccesible), la vida nos coloca en la línea de la temporalidad en la que nos desplazamos de ciertas formas de ser a otras. En otras palabras, la vida es un proceso en el que el ser deviene, se transforma. En otras palabras, el ser que en todo presente somos, nos es inaccesible y no será el mismo al ser que el tiempo irá constituyendo en nosotros en el futuro.

Sin embargo, la sentencia de Nietzsche nos revela algo sobre nuestro propio ser, algo de lo que no siempre estamos conscientes y por lo tanto al hacerlo expande nuestro conocimiento sobre nosotros. Nos permite reconocernos como seres que se configuran en el trasfondo del misterio. Nos insiste en que «somos y seremos» profundamente misteriosos. Lo que Nietzsche nos señala hace una diferencia importante, pues a partir de ello podemos tratar nuestras interpretaciones, tanto sobre los demás como sobre nosotros mismos, con prudencia, con cautela, de manera siempre conjetural, con una disposición de apertura capaz de conducirnos a revisar esas interpretaciones, y muchas veces incluso a corregirlas de manera muy radical. Y ello, como puede deducirse sin mayores dificultades, instituye una particular mirada ética tanto sobre nosotros, como sobre los demás, habilitando modalidades de convivencia con ellos muy diferentes a las desarrollaríamos bajo la presunción que realmente sabemos como somos.

No sabemos ni sabremos nunca como somos. Los seres humanos seremos siempre para nosotros mismos profundamente misteriosos. Sólo podemos generar interpretaciones sobre nuestra forma de ser, interpretaciones que podrán ser más o menos poderosas, que nos pueden conducir a expandir nuestras formas de ser en grados diversos, pudiendo en muchos casos incluso obstruir nuestras posibilidades de transformación. Ello nos lleva a subordinar nuestras interpretaciones sobre los demás y frente a nosotros mismos frente al misterio del ser. Dicho en otras palabras, en ello reside el fundamento del carácter sagrado del ser. El ser, desde la perspectiva de la ontología del lenguaje, pertenece inevitablemente al ámbito del misterio. Y nadie puede arrogarse el derecho de hablar en su nombre. El ser, en último término, resultará de una construcción colectiva basada en relaciones de respeto al misterio que cada uno aporta al proceso que lo configura, sin por ello restarle en ningún momento ese carácter misterioso.

Cuando aceptamos el carácter misterioso de las cosas, del mundo y de nosotros mismos, cuando, en otras palabras, reconocemos que no podemos acceder al ser de las cosas, del mundo y de nosotros mismos, ello nos conduce a reconocer también el carácter profundamente misterioso de la vida. Afirmar el misterio de la vida es conferirle a ésta un carácter de interpelación. La vida nos convoca a reflexionar sobre su misterio. Nos conduce preguntarnos una y mil veces sobre lo que descubrimos que no conocemos, nos lleva a confrontarnos con las sorpresas que ésta nos depara. Esta interpelación para el ser humano es expresa como un ámbito particular de interacción. Los seres humanos dialogamos con el misterio de la vida. Éste no es sólo un talón de fondo que acompaña el proceso de vivir. Ello no es sólo parte de la escenografía de la vida, sino parte de su propia dinámica.

Pocos filósofos han percibido lo anterior con mayor claridad que Martin Buber. Ésta es quizás una de sus contribuciones más notables. Toda su filosofía se articula en torno a la noción del misterio, concebido en los términos a que nos hemos referido anteriormente. La filosofía de Buber es una filosofía sobre el misterio de la vida, un misterio que, sin embargo, emerge en los tres ejes conversacionales que, según Buber, definen la existencia humana. Como lo hemos planteado previamente, Buber destaca el hecho que los seres humanos somos seres dialógicos y que, por lo tanto, nos constituimos en relaciones conversacionales que se estructuran en tres ejes básicos: las conversaciones con los demás, las conversaciones con uno mismo y las conversaciones con el misterio de la vida que asuma la forma de un diálogo con aquello que llamamos Dios.

Lo interesante es que esta dimensión misteriosa, que adquiere una especial preeminencia en el tercer y último de sus ejes propuestos, está también presente en los dos anteriores. Es, por ejemplo, por cuanto está presente en nuestra relación con los demás, que Buber defiende que esta relación requiere colocar en su centro un carácter reverencial y sagrado. Lo mismo acontece con la relación que mantenemos con nosotros mismos.

Volvamos a lo planteado previamente en el sentido de que solemos vivir desde la ilusión de creer que nos conocemos. No cabe duda de que algún conocimiento de nosotros tenemos. Después de todo, estamos siempre con nosotros mismos y somos sujeto de nuestras propias experiencias. Tenemos la impresión de saber lo que sentimos y por qué lo sentimos. Tenemos también la idea que sabemos por qué actuamos y por qué lo hacemos en la forma en que lo hacemos. Pareciera no quedar mucho por saber.

Sin embargo, es importante aprender a sospechar de nuestros conocimientos sobre nosotros mismos. Pero no sólo por las limitaciones de nuestras interpretaciones. No sólo por cuanto hay territorios en las que éstas parecieran no penetrar, y aspectos de nosotros que nuestras interpretaciones muchas veces no parecieran siquiera sospechar que existen. En efecto, muchas veces constatamos el efecto opuesto. Nuestras interpretaciones suelen exhibir una tendencia a extralimitarse, a cubrir territorios que están más allá de sus posibilidades de conocimiento. Digámoslo de otra forma: los seres humanos poseemos una sorprendente tendencia de proveer explicaciones, tendencia que suele ir más allá de las condiciones mínimas necesarias para proveerles un adecuado fundamento. De manera espontánea generamos explicaciones sobre lo que no sabemos. Al hacerlo, ocultamos lo que se nos presenta inicialmente como misterioso. De allí la importancia de enfatizar la importancia y presencia del misterio. De no hacerlo, muchas veces tenderemos a ocultarlo.

Pocas cosas son más difíciles de disolver que esa ilusión que nos conocemos. Sin embargo, mucho de lo que sostenemos sobre nosotros permite ser disputado. Hay un experimento ya clásico en biología que nos muestra algo de esto. Fue realizado por Roger Sperry en la década de los sesenta. Sperry trabaja con individuos que tienen afectado el cuerpo calloso en el cerebro y que, por tanto, tienen comprometida la comunicación entre ambos hemisferios. Lo que el experimentador hace es entregarle al individuo investigado una instrucción de manera que ésta le llegue a un determinado hemisferio. Al recibir la instrucción, el individuo la ejecuta. En seguida se le pregunta por qué hizo lo que acaba de hacer, pero la pregunta se le hace de manera que ésta sea recibida por el otro hemisferio. En la medida en que el individuo no tiene comunicación con el hemisferio que recibió la instrucción, desde el hemisferio que recibió la pregunta genera una explicación que no guarda ninguna relación con el hecho que hizo lo que hizo por cuanto le fue instruido hacerlo. Reconociendo, sin embargo, que lo hizo, inventa una razón. Pero no se percata de que la ha inventado.

Traemos este ejemplo a colación, pues nos ilustra un fenómeno que no sólo sucede con los individuos que tienen afectado el cuerpo calloso. Las razones que damos sobre el sentido de nuestros comportamientos y las explicaciones que damos sobre nosotros mismos, muchas veces son tan arbitrarias como lo que nos revela el experimento de Sperry. Este experimento nos revela que los seres humanos tendemos a explicar todo lo que reconocemos que nos acontece, independientemente de la validez de las explicaciones ofrecidas. Cuántas veces nos sucede que creemos que nos comportamos de una particular manera debido a determinadas razones, para luego descubrir que quizás había razones muy diferentes, de las que previamente no sospechábamos. Cuántas veces nos acontece que otro nos muestra una dimensión de nosotros que modifica nuestras propias interpretaciones. En consecuencia, uno de los problemas que enfrentamos los seres humanos no es el que nos falten interpretaciones (lo que evidentemente también sucede), sino que nos sobran. Tendemos a generar un excedente de interpretaciones arbitrarias.

Un segundo supuesto que es necesario revisar es la presunción de que nuestras interpretaciones sobre nosotros mismos son mejores que las interpretaciones que puedan generar los demás. Es también una tendencia habitual en los seres humanos el erigirse en la más alta autoridad sobre ellos mismo. Si se está hablando sobre nosotros y lo que se dice difiere de lo que pensamos, muchas veces pareciera que basta con invocar lo que uno piensa para desautorizar lo que los demás dicen. Invocamos que nadie sabe más de nosotros que nosotros mismos. Lo curioso es que no dudamos en pedir ayuda a otros cuando en determinadas áreas enfrentamos dificultades que no podemos resolver. Si nos sentimos enfermos, no dudamos en consultar un médico que, por tener distinciones y conocimientos sobre el operar biológico que nosotros no poseemos, puede no sólo identificar lo que nos pasa, sino sugerirnos algún tratamiento para nuestra recuperación.

No obstante, lo que sucede en el dominio de la salud del cuerpo es igualmente válido en múltiples otros dominios de la vida. Tal como acontecía en el primer caso, en que aceptábamos que un médico podía ver lo que nosotros no veíamos y sugerirnos acciones que nosotros no podíamos discernir, lo mismo sucede en otros planos. También en ellos hay quienes, por experiencia o conocimiento, pueden hacer interpretaciones más poderosas que las nuestras sobre nosotros mismos, nuestras vidas o situaciones que nos afectan. Reiteramos:

somos observadores diferentes; cada uno con fortalezas y debilidades; todos con limitaciones. Aspectos que uno no logra observar, otro observador puede percibirlos. La distinción entre las cuestiones que le atañen a uno mismo no altera la validez en relación a ellas mismas del principio anterior.

11. Advertencia final: el observador no existe

A estas alturas, si hemos sido exitosos en nuestra capacidad de persuasión, el lector posiblemente haya incorporado la distinción del observador y es posible que le ocurra que comience a ver observadores en múltiples lugares. Cabe pensar, por ejemplo, que se pueda preguntar por el tipo de observadores que son diversas personas que conforman su red de relaciones y comience a establecer diferencias entre observadores distintos. También podría sucederle que se pregunte por el tipo de observador que él o ella es y sobre lo que podría hacer para convertir tal observador en uno más poderoso, de manera que comience a ver cuestiones que hasta el momento no era capaz de observar y pueda tomar acciones que hasta ahora le resultaban imposible. Es también posible que se pregunte de qué manera el observador que ha sido ha determinado el tipo de vida que ha llevado, el tipo de aciertos y fracasos que ha tenido y quizás muchos de sus sufrimientos y alegrías.

La distinción del observador puede generar preguntas que antes no nos planteábamos, inaugurar el acceso a la construcción de nuevas relaciones y a conducirnos a nuevos mundos. Ella puede convertirse en punto de apoyo para inaugurar una forma de vida diferente y acceder a modalidades de ser que previamente nos estaban excluidas. Se trata, sin lugar a dudas, de una distinción poderosa. Si bien con ella perdemos una cierta inocencia inicial que nos llevaba a creer que aquello que mirábamos nos conducía transparentemente a un acceso del ser de las cosas, hoy corregimos ese presupuesto y descubrimos que se trataba de una ilusión. De una ilusión, sin embargo, que muchas veces nos impuso restricciones y sufrimientos en nuestras vidas. Descubrimos entonces que creíamos que éramos inocentes frente a muchas cosas que nos pasaban, cuando en rigor éramos nosotros mismos los responsables de aquello que nos sucedían. Esa sensación de pérdida de la inocencia inicial comienza entonces a convertirse en una sensación de pérdida de una cierta ingenuidad, que generaba resultados de los que éramos al menos parcialmente responsables, diríamos incluso culpables. Cuando comenzamos a ver las cosas así, tenemos ahora la impresión que en vez de haber perdido la inocencia, en rigor la hemos recuperado.

Nos parece importante insistir sobre el poder de la distinción del observador. Sin embargo, ahora que llegamos al final de estas líneas, creemos importante hacer una advertencia sobre el status ontológico de esta distinción. El problema que nos plateamos es el del orden de realidad al que esta distinción pertenece. Pongámoslo en término de una pregunta: ¿cuán real es el observador? O, en otras palabras, ¿a qué dominio pertenece su existencia? ¿Hay algo así como «el observador»? Y si lo hay, ¿dónde se encuentra? ¿Dónde habita el observador?

Estas preguntas no son triviales. De acuerdo con como las contestemos seguiremos diferentes caminos. Y nos preocupa que algunos puedan seguir un camino que creemos equivocado. Nos preocupa que haya quienes le confieran a la distinción del observador un status de realidad que consideramos que ella no posee. Nos preocupa que haya quienes sometan la distinción del observador a lo que llamamos un proceso de «reificación», un proceso de cosificación y que supongan que existe una entidad que pertenece al mundo de las cosas reales que bautizamos con el nombre del observador.

El observador no existe en el mundo de las cosas que conforman nuestra realidad exterior. No se trata de un nombre que le colocamos a una entidad de la que podemos sostener que tiene una existencia independiente al nombre que la «bautiza». Quién suponiendo lo anterior, busque la entidad que lleva tal nombre no la va a encontrar. ¿Significa eso, entonces, que el observador no existe? Como entidad independiente de la distinción, en efecto, no existe. Reiteramos: ¿significa entonces que no existe? De ninguna manera. Existe como una distinción en el dominio del lenguaje que posee el gran mérito de servir como un poderoso recurso explicativo para mejor comprender a los seres humanos. Gracias a la distinción del observador logramos ahora entender mejor por qué actuamos como actuamos, por qué nos pasa lo que nos pasa en la vida. Ella nos ayuda a comprender mejor cómo somos los seres humanos.

Es más, gracias a la distinción del observador logramos no sólo expandir nuestra capacidad de comprensión del fenómeno humano, podemos también intervenir en la forma como somos y ayudarnos en el proceso de nuestra transformación durante el tiempo de nuestra existencia. Sin embargo, la noción del observador no es sino un recurso explicativo poderoso y no otra cosa. Pertenece por entero al dominio del lenguaje y sirve la capacidad de explicación que el lenguaje nos posibilita. Éste y no otro es su status ontológico, su orden de realidad. Ello implica que en la media que esta distinción se confronte a un recurso explicativo diferente, que muestre ser más abarcador y poderoso que la distinción de observador, ella posiblemente va a desaparecer sin dejar rastros. Su función e importancia se va a haber agotado y, como acontecía en aquella antigua serie de televisión «Misión Imposible», la distinción del observador se va a disolver por sí sola.

Esto no es sólo una posibilidad. Desde el lugar en el que nos paramos ello es prácticamente una certeza. Todas las interpretaciones que generamos son provisorias, como lo son también los recursos explicativos a los que ellas acuden. La nuestra no es más que una interpretación que, a la luz de las interpretaciones alternativas disponibles, reivindica su poder. Pero en la medida que la dinámica interpretativa de la que somos parte se desarrolle, ello va a producir una inevitable obsolescencia de los recursos explicativos que se nos hemos visto obligados a generar. Esta es una de las leyes de la dinámica histórica del conocimiento y la celebramos. Es más, nos parece importante anticipar un fenómeno que proyectamos que va a ocurrir. Al hacerlo, pensamos que contribuimos a que, quienes compartan con nosotros el poder de la distinción del observador, sepan hacer uso de ella sin equivocar su carácter.[50]

Lo anterior nos permite sostener que la distinción del observador, en rigor, pertenece al propio dominio del observador, dominio que la propia distinción constituye. Ello nos conduce a una inevitable circularidad. A partir de esta distinción, podemos incluso profundizar en esta circularidad y sostener que, dentro del dominio del observador (que la distinción constituye), cabe distinguir dos tipos de observadores diferentes. Por un lado, los observadores que no posee la distinción del observador y que por lo tanto no se reconocen como tales y tienen la ilusión de observar las cosas como son y, por otro

---

[50] Para mejor explicar esta preocupación quizás sea conveniente ofrecer un ejemplo. Uno de los problemas que hemos tenido tradicionalmente con el psicoanálisis es que ha permitido una «reificación» (cosificación) de la noción del inconsciente. Sigmund Freud tuvo el gran mérito de reconocer la importancia y magnitud de un conjunto de comportamientos (tanto verbales como no verbales) que no eran deliberados y, por lo tanto, no resultaban de opciones conscientes. Pero el reconocimiento de estos comportamientos inconscientes lo condujo a postular como principio explicativo lo que denominó «el inconsciente». En la medida que la distinción del inconsciente no fue adecuadamente reconocida como un principio explicativo para dar cuenta de comportamientos no inducidos por la conciencia pronto, el propio Freud, como en psicoanálisis en su conjunto, comenzaron a considerar «el inconsciente» prácticamente con el status de un órgano más del cuerpo humano. Éste era concebido no como un mero principio explicativo sino como una entidad que habitaba el tiempo y el espacio. Ello obviamente genera todo tipo de dificultades e inconsistencias. Ellas pueden ser evitadas haciendo el tipo de advertencia que estamos realizando.

lado, aquellos que, por poseer la distinción, se saben observadores y se conciben a sí mismos y a todo lo que observan como expresión de sus particulares observaciones y no como la representación del ser de lo observado. Desde uno u otro lugar, la vida se ve diferente y la existencia se la vive distinta.

III

EL SISTEMA: MARCO GENERAL

1. El enfoque sistémico como modalidad de conferir sentido

Los capítulos anteriores estuvieron dedicados a profundizar en la noción del observador, distinción con la que designamos al primer condicionante oculto del comportamiento humano en nuestro modelo OSAR. Decíamos que los condicionantes ocultos eran dos. Además del observador, apuntábamos también al sistema. Es pertinente, por lo tanto, desarrollar de igual forma lo que entendemos por sistema.

Lo primero que es importante advertir, sin embargo, es que la distinción entre observador y sistema no es tajante. No se trata de dos referentes que sean independientes el uno del otro. Como veremos, la noción de sistema se diluye en la noción del observador, de la misma manera como la noción del observador se diluye a su vez en la noción de sistema. Pero, quizás, nos estamos adelantando. Con todo, creemos que es importante arrancar sosteniendo, tal como lo hiciéramos al final de nuestra reflexión sobre el observador, que los sistemas en cuanto tales tampoco existen, si por ello entendemos tener una existencia independiente del observador. Los sistemas no pertenecen al orden de lo real. Por el contrario, la noción de sistema da cuenta de una «forma» particular de observar la realidad y, por lo tanto, de conferirle sentido. Una vez que aceptamos lo anterior, comprendemos entonces que el tema que estamos abriendo, el tema del enfoque sistémico, da cuenta de una modalidad particular de observación o, dicho en otras palabras, apunta a una determinada forma de conferir sentido.

A partir de este momento, nos damos cuenta entonces que no es posible separar por completo la noción de sistema de la noción del observador. El enfoque sistémico introduce una noción de «sistema» que es diferente de aquella de uso frecuente en el sentido común. Apoyándose en ella, la transforma. Nos interesa precisar cómo acontece esta transformación y lo que está implicado en ella.

Reiteremos lo dicho previamente: el enfoque sistémico apunta a una modalidad particular de conferir sentido. Representa una forma de observar el mundo y de observarnos a nosotros mismos. El «sistema» es una manera de observar: una manera de interpretar el mundo. El mundo no es sistémico en sí mismo. «Sistema» es una forma de mirar que, como veremos, centra su óptica en buscar las relaciones entre los elementos que a la observación «pre-sistémica» aparecen como dispersos y desvinculados.

2. Retorno a las narrativas

Cuando hablábamos del observador, reconocíamos tres dominios: corporalidad, emocionalidad y lenguaje. En el dominio del lenguaje, apuntábamos a tres factores que incidían en el observador que somos: las distinciones, los juicios y las narrativas. Las narrativas, dijimos, son los relatos que contamos acerca de nosotros mismos, de los demás y de los acontecimientos que tienen lugar alrededor nuestro. El lenguaje nos permite establecer relaciones entre entidades y acontecimientos y construir tramas de sentido, con lo que esas entidades y esos sucesos adquieren connotaciones y significados que se inscriben en una narrativa.

Tal como lo examinamos anteriormente, a través de narrativas constituimos un mundo determinado, nos constituimos nosotros mismos cómo un tipo particular de individuo y nos posicionamos en el mundo de una determinada manera.

No nos relacionamos con nuestro entorno como si éste fuese una colección de entidades y acontecimientos separados. Las narrativas son tejidos lingüísticos que generan sentido en una operación de síntesis. A partir de agrupar el acontecer en fenómenos, causas, objetivos, relaciones, afinidades, antipatías, las narrativas tejen redes de relaciones que constituyen, al ensamblarse, el sentido de la propia historia. Ellas toman e integran acontecimientos, cosas y personajes múltiples y dispersos, otorgándoles una vinculación inteligible. Y desde la invención de la historia desarrollamos la invención de futuro.

Al profundizar por separado en el tema de las narrativas, distinguimos tres tipos de narrativas diferentes: el reporte de acontecimientos, las narrativas literarias y las explicaciones. Advertimos entonces que éstas no eran las únicas narrativas posibles y procedimos a mostrar las diferencias que existían entres ellas. Hablando de las explicaciones (o narrativas explicativas), sostuvimos que podían ser clasificarlas en tres categorías, según el tipo de explicación que cada una de ellas ofrecía: las explicaciones míticas, las metafísicas y las científicas. No es del caso volver a lo señalado a este respecto.

Deseamos arrancar nuestro abordaje de la noción de sistema apoyándonos en la distinción de las explicaciones científicas. Lo hacemos así por cuanto sostenemos que el «enfoque sistémico» surge como una forma de resolver algunos problemas que se suscitan en el desarrollo histórico de las explicaciones científicas. Esto nos permite comprender el contexto a partir del cual emerge la noción de sistema. Nada emerge de la nada. Se trata de una noción que resulta del esfuerzo por superar las limitaciones que en un determinado momento encara lo que llamaremos el pensamiento científico «tradicional».

Desde su nacimiento en la Grecia antigua, las explicaciones científicas mostraron tener un poder que las explicaciones míticas y metafísicas no exhibían. Ello se tradujo en que, a pesar de un período de relativo estancamiento durante la Edad Media[51], las explicaciones científicas tuvieron un desarrollo ascendente y capturaban crecientemente parte del terreno que había estado previamente ocupado por explicaciones míticas y metafísicas. A partir del término de la Edad Media y el renacimiento de la influencia griega, que acompaña el inicio de la Edad Moderna, el pensamiento científico entra en una fase de sostenido y sorprendente desarrollo. No en vano, los primeros filósofos modernos harán no sólo contribuciones en el dominio de la filosofía, sino muy frecuentemente también en el dominio científico. Pero ellos no son los únicos que contribuyen a este extraordinario desarrollo de las ciencias, junto con ellos emergen personas que se dedican de manera exclusiva al quehacer científico. ¿Cómo explicar este vigoroso impulso de las explicaciones científicas?

3. Rasgos básicos de las explicaciones científicas

Tal como acabamos de señalar, las explicaciones científicas exhibían un poder que las otras explicaciones no proporcionaban. Cada vez que un determinado fenómeno permitía una explicación científica, los otros tipos de explicaciones le cedían su lugar y se concentraban en aquellos reductos en los que las ciencias todavía no lograban penetrar. El desarrollo de las ciencias mostraba la capacidad de ahuyentar a las explicaciones mitológicas y metafísicas. Cuando ello acontecía, quedaban de inmediato en evidencias las debilidades de éstas últimas. Ello ha determinado que, hoy en día, muchas personas miren con recelo cualquier explicación de carácter mitológico o metafísico, aún cuando en muchas áreas no se disponga de explicaciones científicas alternativas.

---

[51] Sería un error pensar que las ciencias no se desarrollaron durante la Edad Media. Sin dudas que hubo avances de consideración. De allí que hablemos de un estancamiento relativo. Relativo al desarrollo que se había registrado en la Antigüedad y, muy particularmente, al que tuviera lugar en la Edad Moderna, luego del cierre de la Edad Media.

Es importante examinar, por lo tanto, cuáles fueron las principales fortalezas de las explicaciones científicas. Es nuestra opinión que ello se debe a cuatro rasgos básicos.

a. La interrelación fenoménica

Lo hemos dicho antes. La explicación científica busca dar cuenta de los fenómenos a partir de otros fenómenos. Ello la hace explorar la interrelación que pudiera existir entre fenómenos. ¿Por qué se dilatan los metales? ¿Qué fenómeno o fenómenos causan aquél fenómeno por el cual nos estamos preguntando? La interrelación fenoménica instituye un patrón particular de razonamiento: todo fenómeno es efecto de una causa. Todo sucede por cuanto hay algo que hace que ello suceda. Como decíamos antes, nada emerge de la nada, nada sucede porque sí. Éste es uno de los mecanismos –quizás uno de los predilectos– a que recurre la explicación científica, la que privilegiará muchas veces las relaciones causa-efecto que puedan ser detectadas entre los fenómenos. En este caso, la explicación será: «los metales se dilatan con el calor».

Leibniz sintetiza este reconocimiento en lo que se denomina el principio de razón suficiente: «todo tiene una razón». Nada acontece sin que haya algo que lo produzca. Para las ciencias ello se traduce en el lema que todo tiene siempre una causa. Y esa causa debe ser buscada en el dominio de los propios fenómenos. Para las ciencias, la explicación mitológica es espuria, pues acude a un recurso que elude buscar las causas en el único dominio en que puede ser encontrada, el dominio de los propios fenómenos. La explicación metafísica, en cambio, desde la perspectiva de las ciencias, busca la explicación, no en una causa ajena al efecto, sino que convierte al propio efecto en su explicación. Si ello aconteció, nos dice, fue por cuanto su ser determinó que pasara. El problema es convertido en su solución. Dado que algo sucedió, ello por necesidad estaba preestablecido en su ser, en su naturaleza. Con ello, sólo se genera la ilusión de haber explicado algo.

b. La replicabilidad

Es propio de las explicaciones científicas afirmar su expectativa de que si se repite la observación del fenómeno, la explicación debe ser la misma. Si volvemos a percibir una dilatación en el metal, no buscaremos otra explicación si hemos sostenido que ese fenómeno tiene lugar como efecto de una causa que es el aumento de la temperatura. La explicación científica se convierte en ley. Cada vez que observemos ese fenómeno, la explicación original debiera volver a validarse. Este rasgo de las explicaciones científicas plantea entonces la posibilidad de utilizar el examen sucesivo de los mismos fenómenos, como criterio de validación de las conclusiones científicas ya alcanzadas. Cada vez que repitamos la observación del fenómeno, la explicación debiera ser la misma. Eso es lo que se espera de una explicación científica y lo que permite validar sus conclusiones.

Esto apunta a la replicabilidad de las explicaciones científicas. Cualquiera que busque explicar el mismo fenómeno debiera llegar a la misma explicación o, al menos, a una explicación que no contradiga la explicación previamente alcanzada.

c. La refutabilidad

La refutabilidad es un corolario de la replicabilidad. Ésta última le impone a las explicaciones científicas una exigencia. En la medida que toda explicación para que sea considerada científica debe permitir su validación a través de observaciones posteriores de los fenómenos, ello implica, como nos lo señala Karl Popper, que toda explicación científica requiere ser falsable (refutable). Esto significa que debe permitir la posibilidad que nuevas observaciones de los hechos demuestren que es falsa. Una explicación que no permite su falsabilidad, no puede ser considerada científica. La falsabilidad, por lo tanto, deviene un requisito de las explicaciones científicas. Puede suceder que algún metal no se dilate con el calor. Si eso acontece, la «ley» que habíamos formulado tendrá que reformularse y acomodarse a lo que la experiencia o nuevas explicaciones vayan señalando.

Popper utiliza el criterio de la refutabilidad para cuestionar el status científico invocado tanto por el marxismo como por el psicoanálisis. Como bien sabemos, se trata de dos propuestas que reivindican ser científicas. Sin embargo, nos argumenta Popper, ambas recurren a infinitos subterfugios para salvar lo que previamente habían sostenido cuando emerge un hecho que pareciera contradecirlas. Cada vez que ello sucede ellas generan una explicación adicional que les evita reconocer que tal hecho ha puesto en cuestión lo que previamente afirmaban. Y en vez de modificar sus premisas anteriores, terminan reacomodándolas a las nuevas circunstancias. Quizás tengan razón, pero ello impide considerarlas como explicaciones científicas pues, al final de cuentas, nada que suceda tiene la posibilidad de contradecirlas y probarlas falsas. Todo lo que sucede es reabsorbido de manera de preservar la validez de sus premisas originales.

Un ejemplo opuesto es el que nos proporciona la teoría de la relatividad de Einstein. Como sabemos, Einstein había postulado que no se desplaza en el universo en línea recta, sino que sigue una trayectoria curvilínea dados los efectos de la gravedad que se ejercen en las coordenadas espacio-tiempo. En 1919, Arthur Eddington busca comprobar si este postulado, generado por Einstein a un nivel estrictamente deductivo, se cumple a nivel del acontecer fenoménico. Ese año hubo un gran eclipse solar que afectó toda una zona en África. Eddington se instaló con sus instrumentos en ella. Si lo que Einstein había sostenido era válido, ello implicaba que la luz de determinadas estrellas que quedaban tapadas por el sol, podría verse, pues ella haría un recorrido curvilíneo eludiendo la masa del sol. Si ello no se producía, lo afirmado por Einstein quedaba en el acto refutado. Lo predicho por Einstein se cumplió con precisión matemática.

Existe, señala Popper, una asimetría lógica entre verificación y falsabilidad en las explicaciones científicas. Éstas nunca pueden ser consideradas verdaderas, pues no podemos descartar que fenómenos que todavía no hemos observado puedan contradecirlas en el futuro. Sin embargo, basta que la observación de un determinado hecho demuestre que lo que ellas sostienen no se cumple, para que ellas sean demostradas falsas y requieran ser modificadas y simplemente abandonadas[52]. Esto es lo que llamamos el criterio de la refutabilidad.

d. El poder generativo de las explicaciones científicas

Las explicaciones científicas no sólo producen explicaciones del acontecer fenoménico, lo que es particularmente importantes es que esas explicaciones sirven para reproducir el fenómeno explicado. Se trata de explicaciones que ofrecen la capacidad de generar aquello que explican. En ello reside el gran poder de las explicaciones científicas. Ellas ofrecen no sólo comprensión, sino capacidad de intervención.

Desde la perspectiva de nuestro Modelo OSAR, sostenemos que las explicaciones científicas no sólo generan un observador diferente de los fenómenos, ellas producen también capacidad de acción, lo que se traduce en resultados que las demás explicaciones no son capaces de proporcionar. Ni las explicaciones mitológicas, ni las metafísicas,

---

[52] Para una breve exposición del pensamiento de Popper, véase Rafael Echeverría, *El Búho de Minerva*, Dolmen Ensayo, Santiago, 1991, capítulo XIV.

148

lograban esto último. Ellas producían la sensación que ahora entendíamos por qué acontecían determinadas cosas. Sensación que muy a menudo nos llevaban a constatar que era ilusoria. Las explicaciones científicas confieren un poder que ninguna de estas dos explicaciones logran exhibir. Éste es el mayor de sus méritos.

Las explicaciones científicas nos sirven de mapa de los fenómenos: nos señalan un territorio de relaciones y nos permiten intervenir en ellos al posibilitarnos generar el fenómeno explicado. Ello permite entender el hecho que las ciencias se vean frecuentemente acompañadas por la tecnología. Existe una estrecha relación entre ambas. La tecnología, desde esta perspectiva, es el dominio de utilización práctica de los conocimientos científicos. Ella convierte las explicaciones científicas en poder de intervención.

Muchas veces se argumenta que el rasgo distintivo de las ciencias guarda relación con la verdad de sus conclusiones. Ya lo hemos señalado: las ciencias no generan verdad. Lo que considerado verdadero hoy muy probablemente será demostrado falso mañana. La gran ventaja de las explicaciones científicas en relación a cualquier otro tipo de explicación reside en su poder generativo. Ellas permiten producir los fenómenos explicados. Volviendo al ejemplo anterior, la explicación científica que establece que el calor es lo que produce la dilatación de los metales nos permite ahora aplicar a un metal una elevada temperatura para producir su dilatación. Lo que define las explicaciones científicas es el poder, no la verdad.

4. Supuestos del pensamiento científico «tradicional»

Los cuatro rasgos anteriores se nos presentan como rasgos de cualquier explicación científica y es muy posible que en la medida que las ciencias se desarrollen en el futuro, tales desarrollos sigan siendo fieles a ellos. Durante buena parte de la historia del desarrollo científico, sin embargo, además de estos rasgos básicos, las ciencias avanzaban suscribiendo algunos criterios adicionales. Para entender la emergencia del enfoque sistémico, es importante separar los rasgos básicos iniciales de estos segundos criterios. Aunque en el pasado, para la ciencia todos ellos pueden haber tenido un papel equivalente, el propio desarrollo posterior demostró que se trataba de elementos de diferente carácter. Estos criterios adicionales, que examinaremos a continuación, podían ponerse en cuestión sin que se comprometiera el carácter propiamente científico de los desarrollos posteriores. Para referirnos a este primer período en el desarrollo científico, del cual va a emerge el enfoque sistémico, nos referiremos a él bajo el nombre del pensamiento científico «tradicional».

¿Cuáles eran estos criterios adicionales a los que el pensamiento científico «tradicional» guardó lealtad por muchos siglos? Pensamos que, en lo fundamental, ellos eran tres.

i. El primero era el principio de causalidad, que constituía la modalidad predilecta de las ciencias para dar cuenta de la interrelación de los fenómenos. Según este principio, todo efecto tiene una causa; causas similares producirán efectos similares; si varía la causa, variará el efecto; si la causa se mantiene constante, se mantendrá el efecto; si desaparece la causa, desaparecerá el efecto.

ii. Este principio ha sido acompañado del método del análisis como procedimiento explicativo. El análisis representaba el procedimiento estándar del pensamiento científico «tradicional» para encarar las situaciones de complejidad. En breve, el método del análisis consiste en sostener que si un fenómeno se nos presenta como demasiado complejo, lo que debemos hacer es descomponer tal fenómeno en sus partes constitutivas más simples, proceder a explicar dichas partes y luego reunir todas esas explicaciones para proceder a la explicación del fenómeno inicial. En otras palabras, lo que nos queda grande, dividámoslo en partes menores, tal como lo hacemos cuando tenemos un pedazo grande de carne en el plato. Nos comemos la carne de a pedacitos, El método del análisis es descrito en términos muy claros por Descartes en su Discurso del método.

Por medio del análisis lo que se consigue es, primero, reducir el todo a sus partes constitutivas, explicar enseguida cada una de las partes y finalmente reunirlas de manera de recomponer el todo. Este método, como puede observarse, responde a una concepción mecanicista de la realidad. Es así como procedemos a arreglar un reloj o el automóvil cuando se descomponen. El pensamiento científico «tradicional» es un tipo de pensamiento fuertemente mecanicista. La máquina era su modelo y tal modelo era utilizado como la expresión del funcionamiento de cualquier entidad u organismo.

iii. El tercero de los supuestos del pensamiento científico tradicional es la linealidad. Ella puede expresarse como la proporcionalidad entre causa y efecto, entre input y output. Para utilizar el mismo ejemplo anterior, cada vez que apliquemos al metal un aumento determinado en la temperatura, la dilatación variará en la misma proporción en que aumentemos o disminuyamos el calor. En la medida que incrementamos la causa se incrementa el efecto e, inversamente, si disminuimos la causa por necesidad disminuirá el efecto de manera proporcional.

5. Los límites del pensamiento científico «tradicional»

A pesar de que el pensamiento científico «tradicional» logra un desarrollo sorprendente durante un largo período de tiempo, progresivamente fueron apareciendo fenómenos que no lograban ser explicados siguiendo los criterios a los que las ciencias se sometían. Los problemas encontrados eran de muy diversa índole. En muchos casos, el procedimiento del análisis parecía no funcionar. Se tenía la impresión que algunas relaciones entre fenómenos no respetaban el criterio de la linealidad. Muchas veces, por ejemplo, al incrementarse el factor identificado como «causante», los efectos parecían revertirse, o detenerse, o dispararse, rompiendo toda proporcionalidad entre causa y efecto.

En al menos tres áreas, estos problemas se acentuaban. La primera de ellas, era la biología que se mostraba particularmente refractaria a los criterios hasta entonces utilizados por la ciencia tradicional. Los seres vivos, sean éstos vegetales o animales, desplegaban comportamientos que desconcertaban a las disciplinas científicas que procuraban entenderlos. La segunda área, guardaba relación con los fenómenos sociales o históricos. Al pensamiento científico le resultaba especialmente difícil penetrar en la comprensión del comportamiento social. Una tercera área guardaba relación con los fenómenos climáticos, meteorológicos o, más ampliamente, ecológicos. Aunque se había explicado el desplazamiento de los cuerpos celestes, muchas veces no era posible generar predicciones confiables sobre si llovería o no llovería al día siguiente. Si se examinan estas tres áreas, se constará que el tiempo es un factor que aparece como un elemento común de las tres.

Se presumía que ello se debía posiblemente al alto nivel de complejidad que caracterizaba tanto a los fenómenos biológicos, sociales y meteorológicos. Pero había problemas que aparecían también en muchas otras partes. Por ejemplo, no se lograba explicar por qué la circulación de los fluidos, al alcanzarse determinada velocidad, generaba el fenómeno de la turbulencia, alterando muy radicalmente su comportamiento previo y poniendo en cuestión el criterio de la linealidad. Al alcanzarse una determinada velocidad, un incremento adicional producía en los fluidos efectos no sólo extraños sino aparentemente desproporcionados.

Muchos se preguntaban si esta forma de interpretar el problema que hacía de la complejidad la razón de las dificultades, no era ella misma una expresión de la propia dificultad. Hasta que punto, se preguntaban, aquello que se caracterizaba como complejo aparecía de esa forma precisamente por las dificultades que se encontraba para explicarlo adecuadamente. En ese caso la explicación no era más que una justificación y, como suelen ser éstas, resultaba tautológica. Lo que era indiscutible era el hecho que el avance de las ciencias se estaba encontrando con dificultades.

Esta situación hizo que se sospechara del inmenso poder que originalmente se le había conferido a la física mecanicista, a las matemáticas lineales o a un tipo de biología reduccionista y, como resultado, pusieron en jaque aquellos métodos y principios del pensamiento científico «tradicional». Todo ello condujo a sospechar que el poder explicativo de las ciencias tenía determinados límites más allá de los cuales simplemente, con sus procedimientos y explicaciones, surgían fenómenos que se mostraban refractarios a las explicaciones científicas. Diversas otras líneas de pensamiento o de expresión cultural reivindicaron la posibilidad de acceder de manera no científica en aquellos territorios a los cuales a las ciencias no le era posible entrar. La filosofía, la religión, el misticismo espiritual y las artes eran todos vistos como caminos posibles para acceder a una visión integradora, de totalidad, que las ciencias eran incapaces de proveer.

Éste es sin duda un planteamiento interesante. Nos hace mucho sentido la idea que existen áreas en las que las ciencias difícilmente nos proporcionan el sentido y las explicaciones que buscamos. El problema reside en dónde trazar la línea de demarcación. Pensamos que esta línea no puede trazarse a priori, sino que será una línea que tendremos que desplazar en el tiempo de manera de permitirle a las ciencias un despliegue libre de su capacidad explicativa. Nada nos puede asegurar que aquello que hoy no logre una adecuada explicación científica, no lo permita en el futuro. Es lo que nos muestra el propio desarrollo de las ciencias.

No es extraño hoy en día comprobar las múltiples afinidades que exhiben determinados desarrollos científicos con algunos postulados y explicaciones que previamente habían sido desarrollados por el pensamiento místico, orientado a dar cuenta de una perspectiva de totalidad que parecía escapar al pensamiento científico. Ello ha abierto un campo peligroso y a menudo falto de rigor, en el que conectan determinadas proposiciones científicas con postulados espirituales. En esos casos se suele desarrollar un pensamiento de carácter analógico que, apoyándose en equivalencias formales, utiliza metafóricamente el lenguaje del mundo espiritual para referirse a un dominio diferente, el de las ciencias, que es completamente diferente. Incluso muchos científicos se ven tentados a dejarse ir por este camino.[53]

Al integrar el mundo espiritual con el científico, quienes lo hacen terminan por asumir posiciones metafísicas que los conducen no sólo a una convergencia con Platón, sino con las posiciones posteriores e incluso más extremas de Plotino. Desde nuestra perspectiva, hemos sido muy cuidadosos en evitar este derrotero. Ello implica un retroceso pues al constatarse limitaciones del pensamiento científico, en vez de procurar resolverlas dentro del propio pensamiento científico, se retorna al pensamiento mítico y a la opción metafísica de la que

---

[53] Un ejemplo interesante es el del físico Fitrof Capra, «The Tao of Physics». Un área particularmente propensa a tomar este derrotero ha sido la psicología transpersonal fuertemente vinculada a las corrientes New Age que se han desarrollado desde Esalen en California.

procurábamos desplazarnos. Creemos que, en último término, este camino termina en un callejón sin salida y que es muy poco poderoso. Lo percibimos como un recurso que busca resolver el problema desde la debilidad y que termina en propuestas correspondientemente débiles. Es el camino de quienes se sienten inseguros para resolver los problemas planteados o de quienes no encuentran (o no buscan) los medios para dar el salto que nos plantea este desafío.

En nuestro relato, estamos en un momento importante en el desarrollo del pensamiento científico. Momento en el que aquella concepción científica que, retrospectivamente, hemos caracterizado como «tradicional» acumulaba problemas. Como sabemos, cuando esto acontece hay un momento en el que tales problemas buscan ser resueltos a partir de los supuestos básicos del mismo paradigma que ha generado esos problemas y que, al hacerlo, ha entrado en una fase crítica. Pero luego comienzan a cuestionarse algunos de los supuestos del paradigma «tradicional» y a buscarse modelos alternativos que eventualmente lo sustituyan. Ya hemos seguido esta trayectoria al nivel del desarrollo de pensamiento filosófico y de la interpretación que éste nos proporcionaba sobre el fenómeno humano.[54] Éste es el umbral del nacimiento del enfoque sistémico.

En este momento bifurcaremos nuestra argumentación y seguiremos sucesivamente dos caminos diferentes: el camino de la historia y el camino de la estructura. Este mismo recorrido lo hicimos también anteriormente. Al explorar el camino de la historia, nos interesará describir, en rasgos muy generales, el proceso que da lugar al enfoque sistémico. Más adelante, al tomar el camino de la estructura, procuraremos identificar los rasgos que son propios del este particular enfoque científico y que lo diferencian del pensamiento científico «tradicional».

---

[54] Ver la Introducción del Volumen I.

6. Los orígenes del pensamiento sistémico: el camino de la historia

a. La opción de la dialéctica

Al procurar relatar la historia del enfoque sistémico, creemos necesario referirnos a un primer intento que, aunque fallido, tuvo una influencia considerable e incluso afectó algunos de los desarrollos posteriores. Nos referimos a lo que, a grosso modo, se conoce como el desarrollo de la dialéctica moderna. Ella involucra el pensamiento de dos importantes filósofos: Hegel y Marx. Aunque filósofos, ambos pensaron que, desde sus respectivas filosofías, estaban fundando un modo diferente de hacer ciencia.[55] Quienes estén familiarizados con el pensamiento de estos dos pensadores saben que la forma de razonamiento que proponen es muy diferente de los procedimientos que entonces seguía el pensamiento científico «tradicional».

No es del caso profundizar en sus concepciones. Ambos dirigen sus respectivas obras en desarrollar una comprensión científica de la historia y por lo tanto toman precisamente una de las áreas en las que las ciencias estaban encontrado serias dificultades explicativas. Hegel lo hará enfatizando el papel del desarrollo de las ideas en el transcurso de la historia, asignándoles a ellas el papel de motor fundamental del devenir. Marx, por su parte, hará de las condiciones materiales de la producción económica el elemento determinante en la transformación histórica.

---

[55] No en vano Hegel titula una de sus obras más importantes, La ciencia de la lógica. Marx, por su parte, no deja de reiterar que lo que diferencia su concepción del socialismo, de las ideas más tempranas de los llamados socialistas utópicos, es precisamente el carácter científico de sus ideas. Para una crítica al concepto de ciencia de Marx, ver Rafael Echeverría, «Marx's Concept of Science», Tesis doctoral, Universidad de Londres, 1978. Ver también Rafael Echeverría, *El Búho de Minerva*, capítulos VIII y X.

Sin embargo, ambos consideran que al presentar sus respectivas propuestas están inaugurando una modalidad general de hacer ciencia que se diferencia de la forma como operaban las ciencias «tradicionales». En el caso del pensamiento marxista no será Marx, sino su colaborador Engels, quién procurará formalizar el método científico general desarrollado por el primero, método que según el propio Engels, tiene sus leyes generales que se aplican no sólo a la historia, sino también a la naturaleza.[56] Lo importante a destacar es el hecho que esta propuesta destinada a crear una modalidad diferente de hacer ciencia, termina básicamente en la nada. La modalidad de quehacer científico que ellos proponen, no es la que termina por imponerse y el desarrollo científico posterior seguirá por otros caminos.

b. Lenguaje y sentido: Ferdinand de Saussure, el nacimiento de la lingüística moderna y los aportes de la hermenéutica

Un segundo desarrollo importante en la historia del nacimiento del enfoque sistémico surge con la contribución del suizo Ferdinand de Saussure que da lugar al nacimiento de la lingüística moderna. Para nosotros éste es un antecedente interesante pues conecta desde muy temprano el lenguaje, centro de nuestra propia propuesta, con la noción de sistema. En efecto, es muy difícil lograr una adecuada comprensión de los fenómenos de lenguaje sin verse confrontado con el carácter sistémico que ellos poseen. Ello que puede parecer a muchos algo obvio, sin embargo fue reconocido por primera vez en forma precisa por Saussure.

Para Saussure, el lenguaje se nos presenta como un sistema. Como una red interdependiente de signos que se constituyen, cada uno de ellos, en una determinada relación entre una imagen acústica (significante) y un significado (una unidad

---

[56] Ver Frederick Engels, *Dialéctica de la Naturaleza*.

de sentido, un concepto). El signo es el elemento lingüístico por excelencia. Su valor consiste en que permite designar una realidad lingüística que le es extraña. Sin embargo, su poder significativo depende de las relaciones que lo vinculan a otros signos. Tomemos, por ejemplo el significado de cualquier palabra (signo). Para determinarlo podríamos recurrir a un diccionario. Al hacerlo veríamos que el significado de esa palabra remite a otras palabras cuyos significados podríamos también buscar. Ello nos conducirá a otras palabras hasta que muy posiblemente lleguemos, en un proceso de búsquedas sucesivas, a la misma palabra con la que iniciamos nuestra exploración. El conjunto de relaciones entre los diferentes signos es lo que le confiere a cada signo su poder significativo.

Esta misma mirada sistémica se había estado insinuando también en un territorio diferente pero también cercano a los fenómenos lingüísticos. Se trata del dominio de la hermenéutica. Ello ya lo apreciamos anteriormente. Para la hermenéutica, concebida como el arte y la teoría de la adecuada interpretación de textos, no es posible separar los elementos aislados de un texto de la totalidad de la que ellos forman parte.

La hermenéutica se pregunta por el sentido del sentido y por la manera como éste se constituye. Frente a esta interrogante, el enfoque reduccionista demostraba ser de escasa utilidad. La hermenéutica reconoce que el sentido de una palabra remite a la frase en la que ella se encuentra, así como el sentido de la frase remite a las palabras que la componen. El inicio de la frase, dentro de la linealidad propia de todo texto, se aclara por su final, así como el final aclara a su vez el inicio.

De la misma manera, el sentido de todo texto remite a un determinado contexto. Colocar una frase fuera de contexto implica distorsionar su sentido. En último término, el sentido remite a la historia, a aquellas tradiciones de sentido de una determinada comunidad que conforman su cultura. La noción del círculo hermenéutico postulaba precisamente la estrecha interrelación entre las partes y el todo. Frente al reduccionismo de las ciencias naturales, la hermenéutica nos muestra la inevitable circularidad de los fenómenos de sentido. Desde su terreno, la hermenéutica plantea desde muy temprano las limitaciones de las ciencias naturales de su época y desarrolla una perspectiva que busca superarlas.

c. Henri Poincaré y el desarrollo de las matemáticas no lineales

En Francia, en la primera mitad del siglo XIX, el físico Sadi Carnot había utilizado el término de sistema en el contexto de sus estudios de termodinámica. Con dicho término se refería a aquellas sustancias, como el vapor del agua, que exhibían capacidad propia de trabajo, tal como se apreciaba en el motor a vapor. Desde entonces, el término había comenzado a ser utilizado en el ámbito de las ciencias físicas. Sin embargo, será en el ámbito del desarrollo de las matemáticas en el que muy pronto se producirán, también en Francia, contribuciones que resultarán claves en el desarrollo del pensamiento sistémico posterior.

A partir del siglo XVIII las matemáticas fueron abandonando la geometría para centrarse en el álgebra, la matemática de las fórmulas y no de las formas. Henri Poincaré, a fines del siglo XIX y comienzos del siglo XX, volvió a los patrones visuales: recuperó las formas para las matemáticas. Pero no fue un retorno a la geometría de Euclides, sino una matemática de patrones y relaciones: la topología, geometría en la que todas las longitudes, ángulos y áreas pueden ser distorsionados a voluntad. La topología trata de las propiedades de las figuras que no cambian cuando son transformadas. Las intersecciones de líneas, por ejemplo, siguen siendo intersecciones. Con ello sentó las bases para la matemática de la complejidad, que surgiría años después.

Precursor de la teoría del caos, Poincaré se concentra desde muy temprano en resolver el llamado problema de los tres cuerpos. Lo importante a este respecto es su temprano cuestionamiento al supuesto de la linealidad. Según Poincaré una pequeña perturbación en el estado inicial, perturbación muchas veces no percibida, puede producir variaciones radicales en los estados posteriores, con lo que permite entender situaciones que previamente no lograban explicarse. Una segunda área de trabajo de Poincaré guarda relación con el tiempo y se dirige a resolver el problema de sincronizar los relojes en cuerpos que se mueven a velocidades muy diferentes, velocidades que precisamente afectan el correr del tiempo, tal como lo planteaba entonces la teoría de la relatividad. Es interesante destacar que Poincaré se anticipó a Einstein en plantear la fórmula E=mc2.

d. Desarrollos en botánica en la Unión Soviética

Aunque la propuesta de la dialéctica no prosperara, ella ejercerá una influencia positiva en el desarrollo y nacimiento del enfoque sistémico. Ello acontecerá de manera específica al interior de los círculos científicos de la Unión Soviética y muy particularmente entre quienes se dedicaban a la botánica. Fuertemente influenciado por la ideología marxista, estos científicos se inspirarán en ella para desarrollar una comprensión más profunda sobre las plantas. Cabe destacar entre ellos a P.K. Anokhin que, a comienzos de los años 30, acuña el término de «sistema funcional» para dar cuenta de las plantas, señalando que, más allá de centros y funciones, como era entonces habitual entenderlas, era necesario pensar en términos de sistemas dinámicos complejos. Estos desarrollos en la Unión Soviética repercutirán más adelante en los Estados Unidos, a través de los trabajos de Elkhonon Goldberg, quién fuera discípulo del biólogo soviético Luria. Goldberg introducirá la noción de gradiente a nivel neuronal. El enfoque sistémico está entrando en el campo de la biología.

Es curioso cómo una propuesta que termina siendo un esfuerzo fallido, como fue la dialéctica marxista, logra influir, sin embargo, en un curso que terminará por ser altamente influyente y exitoso, como sucederá con el enfoque sistémico. Sin embargo, esto no es del todo extraño en el desarrollo de las ciencias. Un caso equivalente lo encontramos en la relación que en la Inglaterra del siglo XIX se produce entre la concepción de Malthus y las teorías de Darwin. Malthus había planteado una propuesta que argumentaba que el crecimiento de población no se acompañaba con el desarrollo de la naturaleza que permitiría sustentarlo. Hoy en día, la concepción de Malthus ha sido desechada. Sin embargo, ello no impide reconocer que sus ideas ejercieron una importante influencia en Darwin, influencia que lo conduce a plantear la teoría de la evolución, hoy ampliamente aceptada.

e. Ludwig von Bertalanffy y la teoría general de sistemas[57]

Frente a los límites que adolecía el pensamiento científico tradicional en el área de la biología, Ludwig von Bertalanffy, biólogo austriaco nacionalizado canadiense, postuló que los fenómenos biológicos necesitaban formas de pensamiento diferentes de aquellas que correspondían a los métodos tradicionales de las ciencias físicas. Los fundamentos mecanicistas no eran eficaces para explicar el fenómeno de los organismos vivientes, lo que hacía necesario marcar la diferencia entre los fenómenos físicos y biológicos.

En efecto, mientras que la mecánica newtoniana era una ciencia de fuerzas y trayectorias, el pensamiento evolucionista requería una nueva ciencia de la complejidad. Múltiples y minuciosos estudios experimentales acerca de las células confirmaban

---

[57] Ver Rafael Echeverría, *El búho de Minerva*, J.C. Sáez Editor, Santiago, 1990, capítulo XIX.

que el metabolismo de la célula viva combina orden y actividad de un modo que la ciencia mecanicista no puede explicar ni describir. En ese proceso están involucradas miles de reacciones químicas simultáneas en una actividad continua, compleja y altamente organizada.

Los organismos vivos, sostuvo Bertalanffy, son sistemas abiertos que no pueden ser descritos por la mecánica clásica. Introdujo entonces la primera formulación del marco teórico que hizo comprensible la organización de los seres vivos, partiendo de la idea que la teoría general de sistemas podría ofrecer un marco conceptual idóneo para la unificación de diversas disciplinas científicas que coexistían en estado de aislamiento y dispersión. En el marco sistémico propuesto por Bertalanffy se sostiene que los seres vivos son sistemas abiertos que operan lejos del equilibrio.

La gran diferencia entre el marco mecanicista cartesiano y el marco de la ciencia sistémica, es que en la ciencia cartesiana hay, en primer lugar, estructuras fundamentales. En segundo lugar, se dan las fuerzas y mecanismos a través de las cuales esas estructuras interactúan, ocasionando los procesos. En la ciencia sistémica, en cambio, cada estructura se percibe como la manifestación de procesos subyacentes. En este sentido, el pensamiento sistémico es siempre pensamiento procesal y no lineal. Este enfoque del pensamiento sistémico fue desarrollado por Bertalanffy a finales de los años treinta y llevado más adelante por la cibernética posterior. Luego los ecólogos comenzaron a estudiar los flujos cíclicos de materia y energía a través de los ecosistemas.

Fue posible así establecer que en los sistemas abiertos las interacciones simultáneas de diversas variables generaban los patrones de organización que caracterizan la vida. En esos momentos, sin embargo, Bertalanffy carecía de los medios para describir matemáticamente la emergencia, estructura y comportamiento de esos patrones. Las matemáticas de su tiempo se limitaban a ecuaciones lineales, ineficaces para dar cuenta de la naturaleza no-lineal de los sistemas vivos. La teoría general de sistemas considera que cualquier fenómeno forma parte de un sistema y que, al menos potencialmente, también puede constituir un sistema por sí mismo. Así, por ejemplo, un individuo puede ser considerado un componente de un sistema mayor, como un club, y considerado a su vez, como un sistema conformado por un conjunto de células.

f. Norbert Wiener y la cibernética[58]

La principal figura en el nacimiento y desarrollo del enfoque sistémico es, sin dudas, Norbert Wiener, quién logra conferirle a dicho enfoque su principal impulso hasta convertirlo en una modalidad generalizada de hacer ciencia. A diferencia de las personas aludidas en las secciones anteriores, Wiener no proviene de la biología sino de una formación en matemáticas e ingeniería. El término acuñado en 1947 por Wiener para referirse a su contribución fue cibernética, termino proveniente del griego kybernétiké, que designaba el arte de manejar el timón que practicaban los pilotos en sus naves.

Es interesante examinar cómo llega Wiener a la cibernética. Durante la Segunda Guerra Mundial, el Departamento de Estado norteamericano enfrenta un problema que hasta entonces no podía resolver. La aviación alemana estaba haciendo estragos en diversos países de Europa y no había como impedir el efecto devastador de los bombarderos. La tecnología disponible a la fecha permitía identificar en el radar la presencia de los aviones alemanes en el espacio aéreo y determinar con precisión su posición, su dirección de vuelo y su velocidad. A partir de esos datos se calculaba el tiempo que tardaría un misil en alcanzarlos y cómo la artillería antiaérea disparaba sus misiles

---

[58] Ibidem.

dirigidos al punto en que el bombardero supuestamente estaría en ese momento. Sin embargo, los alemanes conociendo el procedimiento que utilizaban los aliados, hacían que sus bombarderos estuvieran permanentemente alterando tanto su dirección de vuelo como su velocidad. En otras palabras, rompían la linealidad de sus desplazamientos. Ello se traducía en que los misiles raramente daban en el blanco y los aviones alemanes descargaban inmisericordes sus bombas sobre las ciudades y sobre la población que habitaba en ellas. El Departamento de Estado le pide a Wiener que constituya un equipo de científicos e ingenieros para resolver este problema.

Wiener cumple con la misión que se le ha encargado. Lo hace diseñando misiles que, una vez disparados, pueden ser retroalimentados, vale decir, pueden recibir información detectada en los radares sobre los cambios de velocidad y dirección de los bombarderos alemanes, y desplazar su propia trayectoria para dar en el blanco y derribar al avión, tal como un piloto de una nave requiere manejar el timón. Para resolver el problema que se les había entregado no bastaba con el desarrollo de nuevas armas y nuevas tecnología. Era preciso introducir una mirada que no estaba presente en las ciencias «tradicionales». Ello implicaba, por ejemplo, la generación de nuevas distinciones. La cibernética de Wiener introduce conceptos que hoy en día nos son habituales, pero que no lo eran en su época. Nos referimos a conceptos tales como: información, control, retroalimentación (feedback), servomecanismos, etcétera.

g. Wiener y las conferencias Macy[59]

Wiener y su equipo no sólo habían resuelto el problema que se les había planteado. Habían inaugurado simultáneamente una

---

[59] Ver Steve J. Heims, *The Cybernetics Group*, The MIT Press, Cambridge, Mass., 1991.

mirada científica diferente. Consciente del poder que aportaba esta nuevo enfoque, una vez terminada la guerra, Wiener convence a la familia Macy, dueña de múltiples inversiones en la costa este de los Estados Unidos (entre ellas, las tiendas Macy), para que financien unas Conferencias a las que se invitan a miembros destacados de las más diversas disciplinas científicas y áreas del conocimiento para permitirles conocer lo que ellos han desarrollado, llevarlo a sus propias áreas de trabajo, desarrollarlo más ampliamente e iniciar una forma de hacer ciencia muy diferente a la «tradicional». Esto es lo que da lugar a la enorme expansión de lo que hoy conocemos como el enfoque sistémico.

Las conferencias Macy se desarrollaron de 1946 a 1953, alrededor de un grupo destacado de científicos. Entre ellos cabe mencionar, por orden alfabético, a Gregory Bateson, Julian Bigelow, Heinz von Förster, Paul Lazarsfeld, Kurt Lewin, Warren McCulloch, Margaret Mead, John von Neumann, Filmer Northrop, Walter Pitts, Arturo Rosenbluth, Hans Lukas Teuber y, por supuesto el propio Norbert Wiener. Estas conferencias se convirtieron no sólo en un centro de difusión del pensamiento sistémico, sino en lugar desde el cual emergían nuevas ideas y se producían nuevos desarrollos. Prácticamente no hubo disciplina que no se viera afectada por los avances que allí se producían y que luego se multiplicaban en forma autónoma. El enfoque sistémico pasaba ahora a convertirse en una nueva modalidad de hacer ciencia.

En una de las Conferencias Macy, Wiener expuso su concepto de retroalimentación, noción central en su planteamiento de la cibernética. Un rizo (bucle) de retroalimentación es una disposición causal en que los diversos elementos se van viendo afectados por la acción del anterior, hasta que el último devuelve la información al primero: lo retroalimenta con la información del proceso. Así el primer eslabón se ve afectado por el último, lo que lleva a la autorregulación de todo el sistema.

Es lo que le sucede al kybernétes (el marino) cuando trata de dirigir su barco: da un golpe de timón en la dirección correcta. Si se desvía hacia la derecha, esa información le retorna, y efectúa entonces un movimiento hacia la izquierda para compensar la desviación, y así sucesivamente hasta que logra la menor desviación posible: la cibernética es la ciencia del control y comunicación en el animal y en la máquina, decía Wiener. Y este control tiene que ver con el flujo de información, que sigue una trayectoria no lineal. Wiener, más tarde, abrió el concepto de patrón desde las pautas de comunicación y control comunes a animales y máquinas, hasta la idea general de patrón como característica clave de la vida. «No somos materia perdurable, sino pautas que se perpetúan a sí mismas», escribía en 1950.

h. Ramificaciones del enfoque sistémico

Si hoy observamos la presencia del enfoque sistémico en el pensamiento científico, lo encontramos por todos lados. Está en la física, en la química, en la biología, en la psicología, en la economía, en la antropología, en la sociología, en la ecología, en la meteorología, en fin, no hay disciplina que no haya sido afectada por el inmenso poder de su mirada. Quizás en conveniente indicar algunas corrientes y nombres que ha devenido importantes en sus disciplinas.

En física podemos destacar, tan sólo como un ejemplo, los desarrollos realizados en torno a la teoría de la complejidad y el caos, articulados en torno a la comunidad científica del Instituto de Santa Fe. En química cabe mencionar al Nobel Ilya Prigogine con su propuesta de las estructuras disipativas. En biología, sólo por destacar dos nombres podemos nombrar a Warren McCulloch y a Humberto Maturana, que estudiara con el primero en Harvard. En psicología podemos pensar en los científicos reunidos hace algunas décadas en la Escuela de Palo Alto. En la sociología podemos situar la obra del ya clásico Talcott Parsons y al sociólogo alemán Niklas Luhmann. En antropología surgen los nombres de Gregory Bateson y su mujer, Margaret Mead, ambos asistentes a las conferencias Macy. En el campo del estudio de las organizaciones y las empresas, puede mencionarse a la corriente de *systems dynamics* desarrollada por Jay Forrester en el MIT y su discípulo Peter Senge. Estos son tan sólo algunos nombres que nos muestran el creciente desarrollo del pensamiento sistémico.

7. Rasgos básicos del enfoque sistémico: el camino de la estructura

Ya hemos visto cómo el pensamiento sistémico y su desarrollo, han cambiado la forma de mirar la realidad que espontáneamente hacemos nuestra en la vida cotidiana. Un sistema es un conjunto de entidades, objetos, ideas, en relaciones estables de interdependencia. Cualquier conjunto de partes que conforman una red estable de interacción permite ser considerado un sistema. Un conjunto de partes que se atraen mutuamente (como el sistema solar), o un grupo de personas en una organización, una familia, una red industrial, un circuito eléctrico, un computador o un ser vivo pueden ser visualizados como sistemas.

Muchas veces un determinado sistema puede ser visto como integrado por otros sistemas, los que, a su vez están integrados por otros sistemas. Una misma entidad permite ser considerada como un sistema y como componente de sistemas más amplios. La noción de sistema demuestra, por lo tanto, ser funcional. Al concebir a una entidad como sistema, sabemos que ello implica que podemos identificar en ella diversos componentes que mantienen una dinámica de relaciones entre sí. Pero esa misma entidad, al ser ella misma concebida como componente, participa en una dinámica de relaciones con otras entidades que conforman el sistema al que ambas pertenecen. En consecuencia, una entidad no es sistema o componente como opciones mutuamente excluyentes. Esa entidad puede ser perfectamente ambas cosas pues se trata de funciones diferentes que no se excluyen entre sí.

El enfoque sistémico exhibe ciertos rasgos que, en conjunto, permiten diferenciarlo de la mirada que caracteriza al pensamiento científico «tradicional». A continuación haremos mención a algunos de estos rasgos más sobresalientes.

a. Privilegio de las relaciones por sobre las entidades

El enfoque sistémico mira el mundo en términos de relaciones. Son las relaciones y su particular dinámica las que definen el sistema. Son las relaciones en las que está involucrada una particular entidad las que determinan el carácter de dicha entidad. Ello invierte por completo la forma de hacer sentido del pensamiento «tradicional». Para éste, es el carácter de una determinada entidad lo que define la manera como esa entidad actúa y el tipo de relaciones que establece con otras entidades.

Para el enfoque sistémico esta mirada es insuficiente. Sin desconocer que toda entidad establece ciertas restricciones en sus formas de actuar y de relacionarse, se reconoce sin embargo que muchos aspectos que definen el carácter de la entidad resultan del tipo de acciones y relaciones que ella establezca. Las relaciones, por lo tanto, juegan un papel imprescindible en hacer de una determinada entidad lo que ella es.

Esta forma de concebir el mundo contraviene la mirada mecanicista y reduccionista de la ciencia «tradicional» y pone en cuestión la validez del análisis como modalidad de entender cabalmente el operar de un sistema. La totalidad no logra ser adecuadamente entendida al limitarnos con el conocimiento de cada una de sus partes. El operar de la totalidad guarda relación con la manera como las partes se relacionan entre sí. Es en su dinámica de relaciones que logramos comprender tanto el operar de la totalidad como el carácter mismo de cada una de las partes. Sin acceder al conocimiento de esa dinámica de relaciones no se logra entender ni las partes, ni la propia totalidad.

De la misma manera, el enfoque sistémico despliega un tipo de mirada que es fundamentalmente anti-metafísica. Para la metafísica es el ser de una entidad lo que determina su comportamiento. Para el enfoque sistémico el supuesto «ser» de la entidad (lo que podemos designar como su carácter) resulta de igual forma del comportamiento que ella despliega. Para le metafísica el ser de cualquier entidad es inmutable o, dicho de otra forma, es aquello de inmutable que posee toda entidad. Para el enfoque sistémico ambas opciones le son completamente ajenas. Su perspectiva es por sí misma dinámica y el presupuesto de la inmutabilidad como presupuesto del pensar le será siempre extraño. Habrá constantes y habrá variables; habrá conservación y habrá cambio, pero ello se determina en el examen de la propia dinámica.

Para la propuesta de la ontología del lenguaje lo anterior representa un aspecto central en la medida que ella sostiene que los seres humanos se constituyen en el lenguaje en el tipo de ser que individualmente somos. El lenguaje, como hemos insistido tantas veces, es un fenómeno estrictamente social, relacional. No existe lenguaje fuera la esfera relacional. Es allí donde se genera. Éste surge de las interacciones entre individuos y determina el carácter de las relaciones que ellos establecen entre sí. Incluso cuando el individuo, habiendo ya adquirido capacidad de lenguaje en el dominio relacional, hace uso de él para conversar con sí mismo, ese conversar, posibilitado por el carácter reflexivo del propio lenguaje, es también relacional. El pensar individual es un entrar en relación con uno mismo a través del lenguaje y, como tal, requiere que el individuo haya ganado previamente esa capacidad de lenguaje en las relaciones con los demás.

b. Privilegio de la forma por sobre el contenido

Las relaciones entre los diversos componentes de un sistema no son aleatorias. Ellas poseen una determinada geometría, una particular arquitectura; ellas se producen siguiendo un patrón particular de organización. Para entender un sistema es imprescindible entender el patrón de organización que lo caracteriza. La arquitectura que asumen las relaciones entre los componentes de un sistema y a través de la cual se despliega la dinámica de su operar, resulta mucho más importante que el contenido particular de pueda vehiculizarse a través ellas. La forma no es concebida como la expresión formal de un contenido y por lo tanto subordinada a él. La forma, el patrón de relación, condiciona el contenido. Por lo tanto, la arquitectura propia que asume la dinámica de relaciones de un sistema, define tanto su carácter, como sus posibilidades. Este rasgo determinará la predilección del enfoque sistémico por identificar formas arquetípicas de organización, las que pueden ser estudiadas con independencia de sistemas concretos. De una manera curiosa, una antigua idea de Platón reaparece en un contexto radicalmente diferente.

c. Interdependencia versus causalidad en situaciones de complejidad

El pensamiento científico tradicional es mecanicista; su modelo para observar el mundo es la máquina. Pues bien, las máquinas funcionan de acuerdo a cadenas lineales de causa y efecto, lo que nos permite identificar con cierta facilidad cuál eslabón ha fallado en la cadena cuando la máquina funciona mal. En enfoque sistémico, por tratarse de una modalidad de pensamiento científico, sabe que debe procurar explicar el acontecer, el comportamiento de un determinado fenómeno, a través del comportamiento de otros fenómenos que entran en relación con el primero. Ello es un requerimiento de todo pensamiento de pretensión científica. Sin embargo, reconoce que el criterio de la causalidad, que le asigna a un fenómeno el papel de causa y a otro el papel de efecto, es restrictivo.

En la dinámica de relaciones entre entidades diversas muchas veces acontece que estos roles de causa y efecto se intercambian. El comportamiento de una entidad produce cambios en el comportamiento de otra (tal como lo concibe el criterio de la causalidad), pero estos cambios producidos en la segundan entidad a su vez afectan a la primera, generando cambios en su comportamiento que volverán a afectar a la segunda, y así sucesivamente. Cuando ello acontece ya dejamos de hablar de mera causalidad. Ahora hablamos de interdependencia, que implica una relación no mecánica, sino dinámica; no lineal, sino circular.

En el ejemplo anterior planteábamos una situación conformada con dos entidades. Para mostrar el desplazamiento de la causalidad a la interdependencia, simplificábamos el problema. Toda simplificación involucra reduccionismo y éste suele comprometer nuestra capacidad de explicar lo que efectivamente sucede. Lo habitual es que nos encontremos no con dos, sino con múltiples entidades que operan como componentes de un sistema, sistema que a su vez entra en relación con múltiples otros sistemas, conformando un sistema de más alto rango y generando un cuadro de alta complejidad. Cabe entonces imaginarse el orden de complejidad al que podemos llegar.

Uno de los grandes méritos del enfoque sistémico es que permite el desarrollo del pensamiento científico frente a la complejidad. Y se trata de una complejidad que resulta no sólo por el efecto de la multiplicación de las entidades involucradas, entidades con capacidad para afectarse mutuamente, sino que ello se produce al interior de una dinámica de transformaciones en el tiempo.

En los sistemas, el funcionamiento está regido por patrones cíclicos de flujo de información: los rizos de retroalimentación. Por ello, de existir una alteración o mal funcionamiento, ellos se deben a la concurrencia de múltiples factores, cada uno de los cuales puede amplificarse en rizos de retroalimentación interdependientes. Ellos pueden permitirle al sistema volver a posiciones de equilibrio o alejarlo crecientemente de ellas.

La primera y más obvia cualidad de cualquier red es su no-linealidad: va en todas direcciones. Por lo tanto, las relaciones en un patrón en red son relaciones no lineales. Puede que un mensaje o estímulo recorra un camino cíclico, llegando a constituir un rizo de retroalimentación, pero lo que importa destacar aquí es que las relaciones y procesos en el sistema son no lineales. Y eso hace una diferencia central respecto de la ciencia anterior.

d. La perspectiva de totalidad

Lo planteado anteriormente nos muestra los serios límites que resultan del criterio del análisis, propio de la ciencia «tradicional». Lo importante en un sistema no son sus componentes, sino la particular dinámica que éstos desarrollan entre sí. No tiene sentido examinar un determinado componente abstraído de su red de relaciones con otros componentes. No es posible hacer descender la mirada al nivel de los componentes, sin perder de vista la totalidad en la que participan, aquella totalidad de la que son parte. La mirada de conjunto es un rasgo característico del enfoque sistémico.

Ello no es trivial. Debido a la dinámica que caracterizan las relaciones entre sus componentes se producen efectos sinergéticos, los que hacen que el comportamiento del sistema como un todo no pueda ser reducido a la mera agregación o suma de los comportamientos de sus partes. Dada la dinámica de relaciones entre sus componentes, no es descartable que el desempeño del sistema puede ser inferior a la suma de los desempeños de sus partes. En algunos casos, el desempeño del sistema pudiera ser equivalente a la suma del desempeño de los componentes. Pero en otros casos, para nada despreciables, la dinámica de relaciones entre las partes del sistema puede traducirse en un desempeño del sistema muy superior a la suma del desempeño de sus partes.

Una pregunta fundamental, para el enfoque sistémico, resulta identificar los factores que en una determinada dinámica de relaciones generan efectos sinergéticos positivos. Si nos referimos a sistemas sociales, identificar que es aquello que genera este tipo de efectos positivos en una familia, en la escuela, en una empresa, en un determinado equipo de trabajo, en general en una comunidad.

La historia nos ofrece situaciones que desde esta perspectiva resultan fascinantes. Una que personalmente me ha maravillado siempre es poder entender, por ejemplo, cuáles fueron los factores que permitieron que en un determinado período de la antigüedad y dentro de las múltiples ciudades que entonces existían en el mundo, surgiera aquello que conocemos como el siglo de oro de Atenas. Las contribuciones que surgieron de Atenas en el arte, en el pensamiento, en las modalidades de convivencia, etcétera, todavía nos maravillan. ¿Qué fue lo que permitió que ello sucediera? ¿Cuáles fueron los diversos factores involucrados? ¿Qué fue lo que condujo a su posterior decadencia? En otras palabras, ¿cuál es el secreto de lo que nos deslumbra?

e. Las nociones de estructura y de procesos

La estructura de un sistema es el soporte de su patrón de organización interna: da cuenta de las relaciones que mantienen entre sí el conjunto de los componentes de un sistema. Toda estructura define posiciones diferentes al interior del sistema, las que se diferencian entre sí por la contribución específica de cada componente. Ello determina la función del componente o su tarea y el rol que éste asume al interior de la estructura en cuanto contribuye al operar del sistema en su conjunto. Función y rol son dos miradas diferentes en relación al operar del componente.

Otra rasgo importante de la estructura es el determinar las relaciones específicas que una determinado componente mantiene con otros componentes.

No todo componente se relaciona directamente con todo otro componente del sistema, ni lo hace de la misma manera en todas sus relaciones. Hay relaciones que son indirectas o incluso poco significativas. Pero ello no implica que sea un concepto estático. Por el contrario, directamente ligado el concepto de estructura se genera una determinada dinámica de relaciones, dinámica que permite ser aprehendida de acuerdo a su particular arquitectura. La dinámica interna de funcionamiento de un sistema reconoce patrones de relaciones y comportamiento. Existe un conjunto de herramientas que permiten levantar e incluso graficar tanto la estructura de funcionamiento como la dinámica del operar del sistema. La estructura es un concepto espacial.

Cuando colocamos la dinámica de funcionamiento de un sistema en un esquema temporal, hablamos ahora de procesos. Ellos dan cuenta del operar del sistema en el tiempo. Un proceso es una secuencia de tareas en la que suelen participar diferentes componentes del sistema para producir un determinado resultado que es propio del sistema en cuestión. Lo importante, desde esta perspectiva, es reconocer que la estructura del sistema no es algo dado, sino que se sustenta en los procesos a través de los cuales sus componentes entran en relación y se distribuyen tareas diferentes. Existen también diferentes herramientas (como lo son, por ejemplo y entre otros, los diagramas de flujos) que permiten levantar y graficar los procesos, facilitando la intervención en ellos.

f. El caos y la ruptura de la linealidad

Hablar de enfoque sistémico nos acerca a la noción contemporánea del caos. El comportamiento caótico, en el nuevo sentido científico del término, es muy distinto del movimiento aleatorio o errático. No se trata de un concepto que se opone al orden, sino de un concepto que nos habla de una modalidad particular de orden. De un orden complejo y dinámico, diferente de las modalidades más rígidas de orden asociadas al pensamiento científico «tradicional». Aunque parezca sorprendente, el comportamiento caótico es determinista y pautado, y los atractores extraños nos ayudan a transformar los datos aparentemente aleatorios en claras formas visibles.

Los sistemas caóticos se caracterizan por una extrema sensibilidad a las condiciones iniciales. Ínfimos cambios en el estado inicial del sistema conducirán con el tiempo a consecuencias en gran escala. El criterio de la linealidad, que suponía la proporcionalidad entre causa y efecto, colapsa. En la teoría del caos esto se conoce con el nombre de «efecto mariposa»: una mariposa aleteando hoy en el Amazonas puede originar una tormenta en Texas el mes que viene.

El conjunto de ecuaciones de Lorenz da lugar al atractor de Lorenz, conocido también como la «mariposa de Lorenz» u órbita de los diferentes estados por donde pasa el sistema de simulación. La sensibilidad a las condiciones iniciales mostrado por las ecuaciones de Lorenz será conocida desde entonces como el «efecto mariposa». La fragilidad de las alas de la mariposa se ha mostrado como una excelente metáfora para simbolizar cómo lo pequeño puede originar lo grande. El error de una milésima en el sistema de ecuaciones da lugar, al cabo de unas cuantas iteracciones del modelo, a comportamientos muy distintos en el sistema modelado. Esto es, que dos citaciones climatológicas prácticamente similares, y que sólo difieran en el aleteo de una delicada mariposa, pueden evolucionar, al cabo de un tiempo, de una manera tan distinta que se diferencien entre sí en algo tan grande como un tornado. Esta es la esencia del efecto mariposa: la sensibilidad a las condiciones iniciales.

g. Las nociones de propiedades y fenómenos emergentes

Anteriormente nos referimos al efecto de diferenciales de desempeño que resultan de las sinergias que surgen en la dinámica de relaciones entre los componentes de un sistema, sinergias que determinan que el desempeño del sistema como un todo no sea necesariamente la suma del desempeño de sus partes. Este mismo efecto se produce también en un dominio diferente. Ahora no se trata de medir desempeños sino de dar cuenta de ciertas propiedades de los sistemas. Algo habitual en los sistemas es que éstos exhiben algunas propiedades que cuando, aplicando el criterio de análisis, las buscamos en sus componentes, descubrimos que ellas no están presentes en ellos. A estas propiedades se las ha llamado propiedades emergentes. Estas son propiedades que precisamente emergen de las relaciones o interacciones entre las partes.

Existen diferentes niveles de complejidad con diferentes leyes operando en cada nivel. A cada nivel de complejidad es posible encontrar propiedades que no se dan en el nivel inferior. Tomemos un ejemplo en situaciones muy básicas en las que todavía no se configura lo que podemos llamar, en rigor, un sistema. Por ejemplo, el concepto de temperatura, relevante en termodinámica, no tiene sentido al nivel de átomos individuales, donde lo que rige son las leyes de la teoría cuántica. El sabor del azúcar emerge en ese nuevo patrón de relaciones. Dos gases, el hidrógeno y el oxígeno, al entrar en una determinada relación generan agua, que es fluido. Y las propiedades del agua, como fenómeno independiente, no las encontramos en sus componentes. Estas propiedades han sido llamadas «emergentes», pues surge a un cierto nivel de complejidad, pero que no se dan en los niveles precedentes. Las propiedades emergentes se caracterizan por aparecer al nivel del todo, sin estar presentes en las partes.

Tomemos otro ejemplo en un dominio diferente y esta vez en algo que podemos adecuadamente caracterizar como sistema. Todo ser humano, todo individuo, permite ser observado como un sistema. Y cuando observamos a un individuo particular podemos hablar, por ejemplo, de sus rasgos de carácter o personalidad. Podemos decir que es una persona amable, o irritable, o inteligente, o aburrido, etcétera. Si aplicáramos el criterio del análisis nos cabría esperar encontrar esos rasgos en alguno de sus componentes. Pero ninguno de ellos se encuentra, como tal, en «parte» alguna. No encontramos la irritabilidad en el estómago, ni en el hígado, ni en el cerebro.

Desde el enfoque sistémico se acepta que cada uno de esos rasgos, para producirse, requiere de determinadas condiciones en la estructura biológica de ese individuo para que el rasgo se manifieste. Nada viene de la nada. Pero se distingue entre las condiciones que habilitan la generación del fenómeno del fenómeno mismo. Es posible identificar determinadas condiciones neuronales u hormonales detrás de la irritabilidad. Pero como rasgo de carácter o personalidad, la irritabilidad como tal no se encuentra en ninguna parte. Se trata de una propiedad emergente que, como tal, además requiere situar a ese individuo en una particular configuración de relaciones con otros.

Las propiedades emergentes no pueden ser inferidas a partir de los componentes del sistema por separado. El emergente es fruto de las interacciones entre los elementos del sistema. Una colonia de hormigas es capaz de llevar a cabo tareas de gran complejidad, como explorar su entorno, construir galerías, o decidir la fuente de alimentos entre varias posibles de escoger. Pero ninguna hormiga puede, por sí sola, emprender ninguna de esas tareas. Por ello se puede decir que el comportamiento social del hormiguero emerge a partir de las interacciones entre las hormigas, y no es reducible a las propiedades de un individuo de la colonia.

Dentro del campo de la psicología social podemos pensar, por ejemplo, en fenómenos como la cohesión grupal: de las interacciones locales de los miembros surge una propiedad emergente, la cohesión, no reducible al comportamiento de los miembros por separado. A su vez, esta cohesión influye en futuros procesos grupales: el todo, nuevamente, es más que la suma de sus partes.

h. Jerarquía de dominios fenoménicos distintos

Relacionado con la idea de propiedades y fenómenos emergentes, se encuentra el hecho que se suele crear un efecto ampliado a través del cual lo que se genera son dominios fenoménicos completamente nuevos. No se trata, por lo tanto, de una u otra propiedad que no se encuentra en los componentes del sistema, sino un amplio ámbito de fenómenos y comportamientos que adquieren su propio nivel de complejidad y cuyo conocimiento obliga al reconocimiento de su especificidad.

Para entender lo que estamos señalando tomemos un ejemplo, el ser humano. Nadie duda de que el ser humano sea una entidad física, que se rige, como tal, por las leyes de la física. Pero su física tiene determinadas características y restricciones que hacen que, a partir de ella, se confirme un particular dominio químico. Como entidad química el ser humano se rige por las leyes de la química y exhibe comportamientos para los cuales la física resulta insuficiente. Pero tal como acontecía previamente, el tipo de química que caracteriza al ser humano tiene determinadas restricciones que permiten que de ella emerja una particular entidad biológica. Si queremos dar cuenta ahora del ser humano como entidad biológica, la química nos es insuficiente, a pesar del hecho de que la biología contemporánea se sabe operando en la frontera de la bioquímica.

Pero como entidad biológica, el ser humano se rige ahora por leyes que pertenecen al dominio propio de la biología. Sin embargo, la biología del ser humano no es la biología de cualquier otro ser vivo. Se trata de un tipo de biología que tiene ciertas características y restricciones que generan una forma de vida particular, constituyendo lo que podríamos calificar como un particular dominio existencial, diferente de aquel que caracteriza a otro ser vivo, distinto del ser humano. El ejemplo podría incluso continuar. Lo importante es reconocer cómo en el desarrollo que hemos expuesto se han ido constituyendo sucesivamente cuatro dominios fenoménicos diferentes: el físico, el químico, el biológico y el existencial, cada uno de ellos resultando del anterior en una estructura jerárquica.

i. El carácter funcional de las nociones de sistema y de componente

Al explorar el mundo desde la perspectiva sistémica, nos encontramos con sistemas conformados por componentes que, a su vez, son sistemas que están conformados por componentes y así, sucesivamente. Una misma entidad puede ser vista como un sistema en sí misma o como un componente dentro de sistemas más amplios. Las nociones de sistema y componente son, por lo tanto, funcionales y dependen del tipo de mirada que despleguemos. En la medida que aceptamos que podemos identificar sistemas dentro de sistemas, nuestra mirada cambia dependiendo del nivel en el que nos situemos.

Tomemos, por ejemplo, un individuo. Podemos desplazar la mirada hacia niveles inferiores como superiores. En el primer caso nos encontramos, por ejemplo, con los diferentes sistemas que conforman nuestra biología hasta llegar hasta lo que consideramos la unidad viva más simple, la célula. En el segundo caso, podemos identificar los diferentes sistemas sociales en los que un determinado individuo participa (es parte), como lo son la familia, la empresa, la escuela, el partido político, la iglesia, el club social, etcétera. A la vez cada uno de ellos son componentes del sistema social en el que se conforma una particular comunidad. De la misma forma, podremos distinguir comunidades de comunidades en un mundo cada vez más globalizado y en el que estas distintas comunidades han devenido altamente interdependientes. Pero podemos seguir subiendo de nivel y situar a las comunidades humanos en sus relaciones con los ecosistemas que ellas habitan, ecosistemas que sin duda las afectan, imponiendo restricciones en su operar, así como ellas también afectan a tales ecosistemas.

j. La aceptación de múltiples miradas frente a un mismo fenómeno

Este último punto es una suerte de corolario de aspectos desarrollados en varios de los puntos anteriores. Aunque no podemos decir que éste sea un rasgo exclusivo del enfoque sistémico, no es menos cierto que deviene uno de sus aspectos característicos. La perspectiva sistémica habilita que un mismo fenómeno sea examinado desde ópticas muy diferentes, como acepta también la complementariedad de tales ópticas. No existe, dentro de esta mirada, un solo camino explicativo, sino múltiples. Ello resultaba inaceptable para el pensamiento científico tradicional, todavía solidario con el supuesto metafísico que la verdad es una, como es uno también el camino para acceder a ella.

Un primer ejemplo que tenemos a la mano guarda relación con lo que estamos haciendo en este preciso instante. Estamos procurando dar cuenta de lo que es propio del enfoque sistémico. Si observamos lo que hemos hecho, hemos seguido dos caminos: aquel que llamamos el camino de la historia y, luego, el que llamamos el camino de la estructura. Ninguno de los dos invalida al otro. Por el contrario, se complementan. ¿Son éstos los únicos caminos posibles? De ninguna manera. Se trata tan sólo de un par de caminos posibles.

Un ejemplo diferente, que responde a algo que también hemos hecho, ha sido el tratamiento que en nuestros capítulos iniciales hicimos del cuerpo. Lo miramos desde dos perspectivas diferentes. En una primera, apareció la que llamamos la mirada de la biología. Ella tomaba al cuerpo como un sistema en sí mismo y luego examinaba sus componentes y la dinámica de relaciones que ellos mantienen entre sí. Podíamos hablar entonces de subsistemas, como el nervioso, el circulatorio, el muscular, el digestivo, etc. Podíamos referirnos a diferente órganos propios de nuestra biología, etcétera.

Pero luego inauguramos una mirada al cuerpo que denominamos la mirada de la corporalidad. Y aunque se trate del mismo cuerpo, éste se nos presenta ahora de manera muy diferente. Al interior de ésta segunda mirada, el cuerpo ya no es visto como un sistema integrado por sus diversos componentes, sino que es observado como un componente que se posiciona de determinada manera en un entorno y que se revela como un componente de sistemas más amplios dentro de los cuales participa (es parte, es componente). Desde la corporalidad hablamos ahora de la manera como ese cuerpo se mueve, de sus posturas y gestos, etcétera. Lo que importa ahora es, por ejemplo, el tipo de presencia que tal cuerpo alcanza en su entorno y lo que tal cuerpo le «dice» a otros que conforman la comunidad en la que éste se desenvuelve. Lo que ahora interesa es la dinámica de relaciones en la que ese cuerpo, en cuanto cuerpo, entra con otros cuerpos y con el entorno físico que habita. Dos miradas muy diferentes y ninguna invalida a la otra.

Los biólogos Humberto Maturana y Francisco Varela proponen examinar todo sistema atendiendo a dos miradas: aquella que llaman la mirada de la estructura y aquella que denominan la mirada de la organización. El ser vivo, nos dicen se caracteriza de los demás sistemas que pueblan el universo por disponer de un tipo de organización que ellos definen como autopoiética. Se trata de la capacidad de un sistema para reproducirse a sí mismo a través de la dinámica de su operar. Cuando un sistema pierde esa capacidad se desintegra y su vida llega a término. Esto, según estos biólogos, es lo que define a un ser vivo de seres que no lo son. La vida por lo tanto representa un tipo de organización particular que encontramos presente en determinados sistemas. Esta explicación nos aleja muy marcadamente de otras concepciones sobre la vida. La explicación que se ofrece sobre el fenómeno de la vida elude la hipótesis del Creador (aunque no necesariamente la niegue), tal como lo hiciera Laplace, apoyándose en la exploración del dominio propio de los fenómenos asociados a ella[60].

---

[60] Con ello, la hipótesis creacionista retrocede, como retrocede también con la teoría de la evolución de Darwin, que produce un efecto similar. Pero en la medida que con el avance de las explicaciones científicas sigan produciendo múltiples retrocesos, para muchos esta hipótesis dejará de ser relevante o incluso necesaria. Personalmente considero que, en la medida que sustentemos la fe en la supervivencia de la hipótesis creacionista, colocamos a la fe en un territorio de gran debilidad. De allí nuestro llamado de buscarle a la fe un

La física, hoy en día, acepta que determinados fenómenos pueden ser vistos de dos maneras muy diferentes, ninguna de las cuales queda invalidada por la otra. Una de ellas pone atención en las partículas, la otra en las ondas. Según la mirada que utilicemos, diversos fenómenos logran ser explicados.

Estos son algunos de los rasgos que consideramos más importantes para dar cuenta del enfoque sistémico. Es muy posible que otras personas tiendan a destacar rasgos diferentes. Desde la perspectiva de la llamada «dinámica de sistemas», posiblemente lo más importantes son los diagramas que dan cuenta de estructuras causales que operan en los procesos en los que los sistemas están involucrados, produciendo fluctuaciones que afectan su estabilidad y generando ajustes o desajustes en su operar. Se hablará entonces de arquetipos sistémicos, propios de los sistemas complejos, con dos características: la de balancear la actividad del sistema permitiéndole volver a los mismos estados de equilibrio anteriores o la de reforzar ciertas tendencias que alejan al sistema de su estado inicial.

8. ¿Qué es un sistema?

¿Es la noción de sistema una modalidad de observación que ahora podemos aplicar a cualquier cosa? ¿Se trata de una forma de observación de cualquier objeto? ¿De cualquier entidad? O bien, ¿se trata de un criterio que sólo sirve para observar determinados objetos? ¿Objetos que, para poder ser vistos como sistemas, requieren reunir determinadas condiciones? Estas son preguntas importantes. El enfoque sistémico no sostiene

---

fundamento diferente, un fundamento de carácter antropológico o existencial. En la medida que sustentemos nuestra fe en la hipótesis creacionista colocamos a la fe en el eje de mayor debilidad y terminamos por exponerla. Es importante comenzar a separar la fe de la hipótesis creacionista. La lucha en la defensa del creacionismo está destinada a fracasar. Va en dirección opuesta al avance del conocimiento. Pero no es la fe la que está en crisis es tan solo la fe que se identifica con la hipótesis creacionista.

que cualquier objeto, cosa o entidad permite ser caracterizada como un sistema. Sólo ciertas entidades pueden ser tratadas como sistemas. La distinción de sistema es, por lo tanto, selectiva.

Si queremos entender la distinción de sistema es, por lo tanto, relevante precisar que es aquello que permite ser calificado como tal. En otras palabras, cuáles son los requerimientos que constituyen a una determinada entidad en un sistema. Sostenemos que un sistema es una totalidad integrada que se caracteriza por una red dinámica de relaciones entre componentes que están en interacción con los demás componentes del sistema y que son, por lo tanto, interdependientes unos con otros. Ello no significa que cada componente requiera estar directamente en relación con todos los demás componentes del sistema. Pero si requiere estar en relación indirecta con todos. Ello acontece, a través de las relaciones que mantiene con determinados componentes, los cuales, también directa o indirectamente, están en relación con aquellos componentes con los que el primero no está en directa relación. Ello es lo que permite hablar de una totalidad «integrada».

De lo anterior podemos deducir entonces que no es pertinente hablar de una roca como un sistema, mientras no podamos precisar que los componentes de la roca se encuentran en una dinámica relacional que los haga interdependientes. Muchas máquinas tampoco permiten ser consideradas como sistemas por cuanto sus diferentes componentes, aunque se hallen dispuestos en una concatenación de relaciones de causa y efecto, no permitan ser considerados como interdependientes. Una mirada mecánica y consecuentemente no sistémica, permite dar cuenta perfectamente del operar de la máquina. Con todo, hay quienes utilizan una distinción tan amplia de sistema, que ello les permite hablar de sistemas mecánicos.

Muchas veces, sin embargo, hay un segundo elemento que tiende a reforzar esta noción de integración. Nos referimos a la capacidad de agencia que tal entidad suele ser capaz de exhibir. Por agencia nos referimos a capacidad de acción autónoma. Se trata de una entidad que se comporta como una unidad con otras entidades de su entorno. Que, como tal, entra en relación con otras entidades. Al referirnos al rasgo de la integración, hemos aludido a la noción de entorno. Ello nos permite avanzar algunos pasos adicionales.

Al observarse a un sistema como una totalidad la estamos reconociendo como una unidad. Ello implica que para todo sistema es posible especificar sus límites, sus fronteras, que separan el sistema en cuestión del resto, de lo que ahora es visto como su entorno. Trazar el límite de un sistema no es siempre algo fácil y, en algunos casos, este trazado puede hacerse siguiendo criterios diferentes. Pero es la noción de límite la que permitirá distinguir el sistema de lo que no lo es y separar las entidades que son los componentes del sistema de las que no lo son. El límite del sistema biológico que es una célula es su membrana. Estos límites pueden ser rígidos o difusos, pueden ser estables o variables. Ello muchas veces genera problemas de conceptualización y hay quienes incluso llegan a sostener la existencia de sistemas sin límites. Se trata de una opción que creemos problemática.

Al distinguir el sistema de su entorno, cabe entonces examinar el tipo de relaciones que tal sistema mantiene con su entorno y los intercambios que se producen entre ambos. Estos intercambios suelen ser de dos tipos: de materia/energía y de información. Hay sistemas que mantienen intercambios con su entorno y se le llama sistemas abiertos, como hay sistemas que se aíslan de su entorno, sin relazar intercambios con él, en cuyo caso hablamos de sistemas cerrados.

Por último, para cerrar esta sección sobre el sentido de la distinción de sistema, hay quienes separan los sistemas naturales, que son aquellos con los cuales los seres humanos se encuentran en el mundo (como, por ejemplo, el sistema solar y cualquier sistema biológico), de los sistemas diseñados, dentro de los cuales incluimos a todos aquellos producidos por los seres humanos, sea con la intención consciente de generarlos (como los sistemas financieros, de comunicaciones, muchos de los sistemas culturales, etcétera), o bien como un resultado no necesariamente deseado de su operar en la historia (como la familia o el mercado). Cabe advertir sin embargo que éstos últimos, aunque los consideremos dentro de los llamados «sistemas diseñados», son el resultado de la acción humana pero no necesariamente de su expresa capacidad de diseño, como ha argumentado adecuadamente F.A. von Hayek.

IV

LA MIRADA ONTOLÓGICA
DESDE UNA PERSPECTIVA SISTÉMICA

1. El ser humano desde la perspectiva sistémica

En el capítulo anterior abordamos la noción de sistema desde una perspectiva general, sin referencia específica, más allá de ciertos ejemplos a un dominio específico. En esta segunda sección deseamos hacer uso de la distinción de sistema, tal como ya la hemos desarrollado, en referencia a algunos aspectos que guardan relación con la condición humana. Estamos realizando lo que llamamos el proceso de «ontologización» de una distinción general, al transportarla al dominio de la comprensión del fenómeno humano.

En este proceso nos interesará, en un inicio, incursionar en dos territorios diferentes. Nos referimos, en primer lugar, al proyecto de observar al ser humano como individuo desde una perspectiva sistémica y, desde allí, replantearnos el problema tradicional del alma humana. En segundo lugar, retomar nuestra premisa que los seres humanos se constituyen de una manera muy determinante a partir de su capacidad de acción y ayudarnos a comprender cómo la distinción de sistema puede sernos útil para comprender qué hace que los individuos actúen como lo hacen. No olvidemos que hemos planteado al inicio de este texto que más allá de lo que denominamos los «condicionantes visibles» del comportamiento humano, era posible apuntar a dos «condicionantes ocultos». Dijimos que estos eran el observador y el sistema. Hasta ahora el énfasis ha estado puesto en la exploración de la noción del observador. Ahora deseamos explorar la manera como la noción de sistema

187

nos ayuda a entender algunos aspectos claves de la existencia humana y muy particularmente por qué actuamos como lo hacemos.

El misterio del alma humana desde una mirada sistémica

Los seres humanos nos vemos confrontados por una experiencia básica que nos ha sido tradicionalmente desconcertante. Se trata de una experiencia en la que todo ser humano participa y que nos induce a buscarle explicaciones. Me refiero a la vivencia que tenemos que participar de una doble naturaleza. Por un lado, disponemos de un aspecto material que se expresa en nuestro cuerpo, pero, por otro lado, que disponemos de una innegable dimensión espiritual que no podemos reducir a la materialidad del cuerpo. Esta doble naturaleza se nos presenta como algo que difícilmente podemos poner en cuestión. Distinguimos, por ejemplo, los dolores del cuerpo asociados a heridas y enfermedades; pero también sabemos de los sufrimientos del alma, los que se sitúan en un nivel completamente diferente, separados de los primeros.

Esta doble naturaleza trasciende, sin embargo, nuestros padecimientos. Nos reconocemos con un amplio dominio de experiencias de conciencia, alrededor de las cuales se generan distintas modalidades de sensibilidad en las que participan pensamientos y emociones, que se nos presentan completamente separadas de nuestra corporalidad. Nos sabemos seres espirituales con capacidad de trascendencia, de fervor religioso, de sensibilidad artística, con capacidad de proyectarnos en el futuro, con capacidad amatoria. Nos sabemos seres éticos, capaces de subordinar nuestros instintos a las distinciones que hacemos sobre el bien y el mal. Reconocemos en nosotros una capacidad intelectual que nos lleva a profundizar muy diversos misterios, generar explicaciones y conferir sentido.

Esta es una experiencia con la que todo ser humano se ve confrontado y que nadie puede negar. Es parte constitutiva de nuestra particular modalidad de existencia. Sólo nos cabe dar cuenta de ella y procurar explicarla. Históricamente las explicaciones que hemos ofrecido se han sustentado muy directamente en las vivencias mismas de esas experiencias y en afirmar una concepción del ser humano como conformado por dos sustancias diferentes. Esto lo vemos planteado, por ejemplo en Descartes que nos habla de res extensa, que corresponde con el cuerpo y nuestra materialidad, y una res cogitans, que corresponde con nuestra capacidad de pensamiento y que engloba nuestra dimensión espiritual. Pero se trata de una concepción mucho más antigua que hunde sus raíces tanto en la tradición griega, como en nuestra tradición judeo-cristiana. En Sócrates, por ejemplo, ya vemos planteada esta oposición entre cuerpo y alma. Ambas tradiciones se sustentan en la premisa que los seres humanos estamos constituidos por dos componentes radicalmente distintos.

El alma, en consecuencia, es concebida como algo distinto y separado del cuerpo. Ambas tradiciones se inclinan por señalar que mientras el cuerpo perece, el alma sería inmortal y, por lo tanto, sobrevive a la muerte del cuerpo. En la tradición judeo-cristiana, además, el alma es considerada un don de Dios. Podemos explicar la generación de los cuerpos a partir de las relaciones sexuales que establecen otros dos cuerpos, pero cada vez que nace un individuo, sería Dios quién le provee su alma. Esa alma recibida de Dios tiene la capacidad de volver a Dios una vez que el cuerpo se desintegra. Éste último, el cuerpo, por lo tanto, es visto normalmente como el lugar físico en el que habita el alma mientras estamos vivos. Ello conduce a muchos a concebir la existencia humana como una experiencia de un alma en cautiverio, atrapada, encadenada a un cuerpo, del que sólo logra realmente desprenderse a partir de la experiencia de la muerte.

Con el tiempo esta interpretación tradicional se ha hecho cada veza más insostenible. No siempre, sin embargo, se llega a cuestionarla de una manera radical. Ello sucede, en gran medida, por cuanto disponemos de la experiencia innegable de esa aparente doble naturaleza. Ello se nos impone como una experiencia primaria y, en consecuencia, fundante. Sin embargo, desde muy temprano en el desarrollo de la Modernidad ha habido quienes, sin negar esa experiencia, han buscado explicaciones diferentes a aquella que recurre al dualismo como forma de resolución del problema. Uno de los primeros en rechazar tal dualismo –y quizás el más notable– fue Spinoza, quién propone, en un acto asombroso de intuición para su época, que el alma es un atributo de la evolución de la naturaleza y, en consecuencia, de la materia y que no es posible separarla de ella.

El planteamiento de Spinoza causó reacciones muy diversas y desconcertó a muchos. Para algunos su planteamiento fue considerado herético, pues evidentemente contradecía postulados fundamentales del pensamiento religioso tanto judío como cristiano. Sus posiciones fueron duramente cuestionadas tanto desde la filosofía como desde la teología. Para otros, el planteamiento de Spinoza resultaba tan absurdo que consideraban que no era necesario rebatirlo, pues se destruía solo, en la medida que contradecía aquella experiencia básica, indiscutible, con la que todo ser humano se enfrentaba y que validaba, por sí sola, el dualismo.

Hubo otros, como Hegel, que pensaron que había en la propuesta de Spinoza algo verdaderamente importante y que su pensamiento marcaba un hito inédito en el desarrollo del pensamiento filosófico. Sólo requería ser corregido: había que invertirlo, colocarlo al revés. Mientras Spinoza en su rechazo al dualismo se había inclinado por darle prioridad a la materia, su componente más burdo, Hegel hace exactamente lo opuesto y le concede prioridad al espíritu, su componente más elevado. La materia, para Hegel, resulta de la encarnación en la historia de la evolución de las ideas. Es el Espíritu quién rige la materia y no a la inversa. La historia, según Hegel, concluye cuando el Espíritu logra reconocer su poder, con lo que se completa su concepto. Más adelante, primero Feuerbach, luego Marx, procurarán a su vez invertir a Hegel y restaurar, a su manera, la prioridad de la dimensión material.

Será, sin embargo, a partir del desarrollo de las ciencias que Spinoza se verá crecientemente reivindicado. Ello se producirá a partir de los avances del pensamiento biológico, una vez que éste asume una perspectiva sistémica e incursiona en el dominio de la neurobiología. Estamos todavía lejos de poder sostener que la biología ha resuelto adecuadamente todos aquellos fenómenos que asociamos con el alma humana. Pero todos los días observamos como ella hace avances significativos conquistando nuevos territorios que previamente parecía completamente excluidos del dominio de lo corporal y asignados al etéreo terreno de lo espiritual. Hoy observamos cómo se desarrollan áreas de investigación biológica que resultaban previamente impensables. En diversas oportunidades nos hemos referido a las importantes contribuciones realizadas, por ejemplo, por Humberto Maturana en el dominio de la biología del conocimiento. Hemos aludido a los notables avances producidos por Eric Kandel en torno a la biología del aprendizaje y de la memoria, tan sólo por citar un par de nombres que han sido importantes en el desarrollo de nuestra propuesta.

Una de las premisas centrales a partir de la cual hoy opera la biología es aquella articulada por Maturana y que sostiene que sólo podemos hacer lo que nuestra biología nos permite. La existencia humana está acotada por los límites de nuestra biología. Lo que se encuentra fuera de dichos límites no es parte de la existencia humana. Todo lo que nos acontece remite a condiciones biológicas que lo posibilitan y, por lo tanto, se asienta en nuestra biología. Nada de lo que nos sucede es independiente de nuestra biología. Esa es la premisa central a partir de la cual opera hoy en día la biología contemporánea.

Tal premisa conecta el hacer humano, por tanto la acción humana, con nuestra biología. Lo mismo podemos decir de lo que los seres humanos sentimos. Toda sensación, todo sentimiento requiere de condiciones biológicas que los sustenten. Pues bien, tal como lo hemos argumentado reiteradamente, no podemos separar ese actuar y sentir humanos de nuestra forma de ser que nos distingue de otros individuos o incluso de otras especies. Es en el actuar, actuar que incluye la propia acción de pensar o reflexionar, y en el sentir que nos constituimos el tipo de ser que somos como individuos. Si aceptamos que somos diferentes y que, por lo tanto, manifestamos formas de ser distintas, no es posible separar esas formas de ser de la biología. Por el contrario, debemos reconocer que la biología es el sustrato obligado de nuestras modalidades de ser.

Todo ello, sin embargo, no desmiente la experiencia básica que todo ser humano encara y que lo hacen sentirse escindido en dominios de vivencias aparentemente desconectadas. Esa experiencia requiere ser plenamente reconocida. El enfoque sistémico nos ofrece un camino para hacerlo sin conducirnos a una explicación que se precipita en el dualismo. Todos aquellos fenómenos que englobamos dentro del ámbito del alma humana no pueden ser reducidos al soporte biológico que ellos mismos requieren. El reduccionismo biológico no es una solución aceptable. Los fenómenos del espíritu no son fenómenos propiamente biológicos, ni permiten ser reducidos a ellos. Esto requiere ser afirmado de una manera tajante. Ellos poseen una especificidad que escapa a la biología e impiden un burdo reduccionismo. No es posible colapsar las experiencias «espirituales» con los fenómenos biológicos. Pero el punto es que no es necesario hacerlo.

El enfoque sistémico nos plantea que a partir del operar de la dinámica de interacciones los elementos que operan a un determinado nivel, emergen determinadas propiedades, emergen determinados fenómenos, que conforman dominios fenoménicos diferentes de aquel que permitió que ellos se generaran. Los fenómenos que conforman estos nuevos dominios no pueden ser reducidos al dominio que los generó pues no es éste el dominio al que pertenecen.

Para establecer la correspondencia entre estos diferentes dominios es preciso determinar los mecanismos concretos, las condiciones particulares, que producen la emergencia de estos nuevos fenómenos. La correspondencia no es directa ni menos lineal. Sin embargo, lo importante es reconocer la posibilidad de establecerla, de manera de hacer innecesaria la explicación que recurre al dualismo y a la vez evitar caer en el reduccionismo. Lo que en definitiva afirmamos es el hecho que la biología ha abierto un camino explicativo que, por un lado, salva la experiencia que todos tenemos de que existen ciertos fenómenos que no permiten ser reducidos a la biología, sin necesidad de postular un dominio trascendente e independiente de ella.

Es importante reconocer que estamos lejos todavía de haber explicado de esta manera, desde la biología, todos los fenómenos espirituales que forman parte de la existencia humana. Pero creemos que esta perspectiva ha logrado penetrar las murallas del bastión previamente inaccesible del Espíritu. Después de un largo período en el que pensamiento científico parecía estar sitiando la fortaleza inexpugnable del Espíritu, sus murallas comenzaron a ceder. Hoy observamos que las ciencias biológicas han penetrado a través de ellas y han comenzado a hacer estragos en su interior. Aunque todavía falten muchas luchas y batallas, tenemos la impresión que las fuerzas que luchan por la autonomía del Espíritu hoy se encuentran a la defensiva y que ellas se ven obligadas a ceder terreno y replegarse todos los días. Esto es lo que se manifiesta en las palabras que el filósofo inglés Stuart Hampshire expresara antes de morir: «Spinoza was right. In the end it is all biology». Tenemos la sensación que el Espíritu, en la versión que nos presentara el dualismo, ha entrado en una fase de posible extinción.

Un último alcance. Muchos se preguntan cómo, poniendo en cuestión la mirada tradicional sobre el alma humana, nuestra propuesta sigue hablado de ella. ¿Creemos o no creemos en el alma? Para nosotros no se trata de una cuestión de creencias. Aceptamos como un hecho que no requiere de mayores demostraciones y por lo tanto como algo evidente[61], que los seres humanos somos diferentes. Que nadie es igual a otro. Que cada individuo tiene una forma de ser particular como resultado de linajes e historias distintas que se expresan en el presente en una particular estructura. Cada uno posee, decimos, una forma de ser que le es propia, una forma de ser particular.

Cuando hablamos del alma nos referimos específicamente a eso: a la forma particular de ser de cada individuo. Ello no implica sostener que el alma es algo separado del cuerpo. Por el contrario, para nosotros no lo es y cuando procuramos dar cuenta de esa forma de ser desde una perspectiva estructural, colocamos al dominio de la biología como su primer y fundamental condicionamiento. Tampoco hacemos necesaria ninguna vinculación de esa alma con Dios. Ese es una hipótesis que, en el decir de Laplace, simplemente no creemos necesaria y pensamos, que de introducirla, nos generaría posiblemente más problemas que ventajas. Prescindimos por lo tanto de ella.

El principio del doble condicionamiento estructural del comportamiento humano

En la sección anterior el énfasis estaba puesto en la noción del alma humana y por lo tanto en lo que podríamos llamar

---

[61] Tal como dice la Declaración de la Independencia de los Estados Unidos para afirmar lo contrario.

el eje del ser. A continuación deseamos desplazarnos al eje de la acción de manera de poder establecer algunos aportes del enfoque sistémico para ayudarnos a comprender el comportamiento humano. Damos por sentado que el lector tiene ya clara la estrecha relación que postulamos entre acción y ser y sabe por lo tanto que para nosotros esta es una relación que opera en un doble sentido: cada vez que actuamos ese actuar revela el tipo de ser que somos (actuamos de acuerdo a como somos), a la vez que dicho actuar tiene nos constituye en un determinado tipo de ser (somos de acuerdo a como actuamos; la acción genera ser).

Observador y sistema. Ellos, hemos dicho, constituyen los factores ocultos del comportamiento humano, factores que no aparecen a la mirada espontánea, y que sólo son detectables a partir de la condición recursiva del lenguaje humano. Llegados a este punto, debemos preguntar: ¿cómo afectan los sistemas el comportamiento humano?

a. El comportamiento de toda entidad está condicionado por su estructura

Lo hemos dicho antes y lo reiteramos ahora. El comportamiento de toda entidad remite a su propia estructura. Una entidad sólo puede hacer lo que su estructura le permite. Inversamente, no puede hacer lo que su estructura no le permite. Tal estructura define el rango de sus acciones posibles. Si algún comportamiento es posible para una determinada entidad tal posibilidad requiere sustentarse en su estructura. Si no podemos encontrar el fundamento de tal comportamiento en tal estructura, es muy posible que tengamos una interpretación inadecuada de su estructura. En vez de negar el condicionamiento estructural que acabamos de postular, es necesario revisar la concepción de estructura con la que estamos operando. Este es el primer condicionamiento estructural del comportamiento humano.

Dos alcances resultan necesarios. Primero, es importante reconocer que en este primer condicionamiento estructural estamos tomando la entidad en cuestión como una unidad sistémica y estamos dirigiendo nuestra mirada al interior de sí misma de manera de identificar sus componentes, especificar su dinámica de relaciones, detectar sus procesos básicos en su operar, de manera de configurar progresivamente lo que podremos llamar «su propia estructura».

Segundo, es también necesario reconocer que esta configuración de tal «estructura propia» es una acción interpretativa. La estructura de una entidad no existe como algo independiente del observador. Ella representa la interpretación que el observador realiza para habilitar una mirada que le permita explicar el comportamiento de tal entidad observándola como un sistema unitario e identificando componentes, interrelaciones y procesos. La estructura no es algo que está allí, fuera del observador. Se trata, más bien, de una estrategia para mirar lo que se encuentra allí. Ella siempre conlleva un elemento interpretativo muy importante. Una vez que reconocemos esto, nos damos cuenta de la importancia que reviste el evaluar la propuesta de estructura que se me ofrece como camino de observación. Parte de los que podremos concluir al observar tal estructura dependerá de la propia interpretación que utilicemos para dar cuenta de lo que estamos llamando «estructura».

Nuestra propuesta propone una determinada interpretación para observar la estructura interna que condiciona el comportamiento humano. A un nivel muy básico, ella alude a lo que hemos llamado los dominios primarios del observador, tal como fue desarrollado previamente. Se trata de un esquema interpretativo relativamente simple que postula un primer dominio de condicionamiento constituido por la biología y luego, tres dominios emergentes primarios: corporalidad, emocionalidad y lenguaje. Hemos insistido que estos tres dominios no son exclusivos y, por lo tanto, no son los únicos

196

que conforman una mirada más completa al ser humano. Pero son dominios que condicionan y permiten los demás. Estos últimos pueden ser incorporados o no de acuerdo a los requerimientos explicativos que exija el hacer sentido de determinados comportamientos. No dudamos de que puedan postularse formas más poderosas de interpretar la estructura subyacente del comportamiento humano. Con todo, las que hasta ahora hemos conocido como interpretaciones alternativas nos han parecido más débiles que aquella que proponemos.

b. El comportamiento de toda entidad está sobre-condicionado por las estructuras de los sistemas a los que tal entidad pertenece y en los que participa

Tal como lo hemos advertido anteriormente, la distinción que hacemos entre una entidad concebida como un sistema unitario y una entidad concebida como un componente al interior de un sistema, es funcional. Toda entidad puede ser concebida como una unidad sistémica (un todo) o como un componente (una parte). Es más, puede ser concebida de ambas maneras.

Tomemos a un individuo. Éste puede ser concebido como un sistema que posee su propia estructura, conformada por muy diversos componentes o incluso subsistemas (nervioso, circulatorio, digestivo, respiratorio, etcétera). Pero no es menos ciertos que ese mismo individuo participa (es parte, es componente) de sistemas más amplios (familia, clubes, partidos, empresas, comunidad, etc.), situados a niveles a veces diferentes (como sucede en el caso de la familia y la comunidad).

Si queremos entender el comportamiento de tal individuo, no basta con examinar su propia estructura, por muy importante que ello sea. Además del condicionamiento que tal estructura ejerce sobre su comportamiento, definiendo el rango de lo que éste puede y no puede hacer, tal comportamiento se encuentra también condicionado por aquellos sistemas en los que tal individuo participa o ha participado en el pasado y por las posiciones que ha ocupado en las respectivas estructuras de tales sistemas. Este es el segundo condicionamiento estructural del comportamiento humano.

Existe por lo tanto un segundo condicionamiento estructural que opera sobre aquella primera, definida por la estructura propia. Dentro del rango de comportamientos que el condicionamiento de su propia estructura ejerce sobre su comportamiento, este segundo condicionamiento selecciona e induce determinados comportamientos y no otros. Podemos decir entonces que ejerce un efecto de sobre-condicionamiento sobre el efecto del primero.

Todos hemos vivido los efectos sobre nuestro comportamiento que resultan de cambios en los sistemas en los que participamos. Nos cambia de una escuela a otra y descubrimos que ahora podemos hacer cosas que antes no podíamos o dejamos de hacer cosas que antes hacíamos. Nos desplazamos de un lugar a otro y ello se expresa en modificaciones en nuestro comportamiento. Nos ha pasado cuando nos vamos de vacaciones o cuando nos vamos a otro país. Lo mismo nos acontece cuando cambiamos de trabajo y dejamos una empresa para irnos a otra o, incluso, cuando dentro de una misma empresa nos cambian de posición y, por ejemplo, somos ascendidos a un nuevo cargo. Todos hemos experimentado los cambios de comportamiento cuando nos independizamos de nuestros padres, dejamos su casa y nos instalamos ya sea de manera independiente o conformamos una nueva familia. Todos estos desplazamientos en los sistemas en los que participamos suelen estar acompañados cambios significativos en nuestra forma de comportarnos. Pero no sólo modificamos nuestras acciones, con ellas se modifican el tipo de resultados que previamente alcanzábamos.

Pero hay más. Los cambios en los sistemas a los que pertenecemos (sean éstos cambios al interior de un mismo sistema o cambios de un sistema a otro), no sólo se limitan a cambios de nuestro comportamiento (de nuestras acciones) y de nuestros resultados. Muchas veces tales movimientos se traducen también en importantes cambios del observador que previamente éramos. Los sistemas de los que somos parte afectan los tres factores presentados horizontalmente en nuestro Modelo OSAR: observador, acción y resultados. Muchos de estos cambios son perfectamente perceptibles para quién los vive, pero muchos de ellos pueden producirse sin que la persona involucrada tenga mayor conciencia de ellos. Muchas veces son otros que habiéndonos observados en un determinado momento, se sorprenden como nos comportamos luego que nos desplazamos de un sistema a otro (o al interior de un mismo sistema). A menudo no nos damos cuenta, por ejemplo, cómo el vivir en otro país altera nuestra forma de hablar.

El comportamiento humano, en consecuencia, tiene lugar en la intersección de estos dos niveles estructurales. La estructura propia (primer nivel de condicionamiento) y las estructuras de los sistemas en los que participamos (segundo nivel de condicionamiento que sobre-condiciona al primero). Cada uno de estos niveles nos permite profundizar en por qué actuamos como lo hacemos. Lo importante por reconocer es el hecho que nuestra manera de comportarnos no proviene de la nada, sino que remite a las relaciones que estructuralmente nos constituyen como individuo y a las relaciones que establecemos en nuestro entorno social, un entorno que no es uniforme, sino que se encuentra segmentado en espacios sistémicos diversos y que está conformado por diversos sistemas sociales.

A partir de donde nos encontramos en este momento, nos quedan varios temas pendientes. Uno de ellos implica hacer algunos alcances sobre los sistemas sociales. Pero antes de entrar en ello hay dos temas adicionales que nos interesa abordar.

c. Condicionamiento y transformación: el tercer principio de la ontología del lenguaje

Una vez planteado el postulado del doble condicionamiento del comportamiento humano, es muy posible que ello genere en el lector la sensación que el comportamiento se nos va de las manos y que estas diferentes estructuras parecieran apoderarse de él. La sensación que somos tan solo la expresión del operar de estas estructuras; que, en definitiva, no somos, ni se nos puede hacer responsables por la manera como actuamos; que, en último término, estamos condenados a estos condicionamientos estructurales, a los que sólo cabe entregarse resignadamente; que no podemos hacer nada para revertir una suerte de fatalidad o destino estructural.

Esa no es nuestra posición. Aunque creemos que solemos ser menos libres de lo que muchas veces nos imaginamos, sostenemos que el reconocer los condicionamientos a los que estamos sometidos, a pesar de que ello nos conduzca a relativizar nuestras pretensiones iniciales de libertad, en rigor nos hace más y no menos libres. El desconocer los condicionamientos a los que efectivamente estamos sometidos sólo hace de nosotros títeres que no saben que lo son. Sólo la conciencia de nuestras limitaciones nos puede conducir a superarlas.

Este condicionamiento estructural, por una parte, no es lineal. De él suelen surgir rangos de acciones posibles y no necesariamente acciones específicas. Muchas veces se trata, por lo demás, de un condicionamiento contradictorio en el que ciertos elementos generan determinadas tendencias de comportamiento, mientras que otros elementos generan tendencias opuestas. Dentro del mismo condicionamiento, muchas veces desplegamos determinados comportamientos que generan resultados que modifican las condiciones originales de condicionamiento de las cuales partíamos. Lo que nos impulsa por un determinado camino hace que el tramo recorrido de ese mismo camino influya en las propias opciones que posteriormente haremos, debilitando o simplemente alterando muchas veces las condiciones iniciales. Se trata de un condicionamiento que permite, como expresión de él mismo, la apertura de nuevas condiciones, la generación de posibilidades que originalmente no estaban presentes.

Es este punto el que busca recoger el tercer principio de la ontología del lenguaje. Señalamos arriba en este texto que la propuesta de la ontología del lenguaje se articula en torno a tres principios básicos: el principio del observador, el principio de la acción y el principio del sistema. Se trata de tres piezas claves de nuestro Modelo OSAR. Hasta ahora hemos presentado los dos primeros principios: el del observador y el de la acción. Es el momento, entonces, de introducir el principio del sistema. Éste permite ser expresado de la siguiente forma:

> *La acción de toda entidad resulta de su propia estructura y de la estructura del sistema en que dicha entidad se desenvuelve. Ello define su ámbito de acciones posibles.*
> *Dentro de ese ámbito, sin embargo, suele estar la capacidad de introducir transformaciones en ambas estructuras. Estas acciones generan a su vez la posibilidad de acciones que antes no eran posibles.*

Sin negar el condicionamiento al que todo individuo está sometido tanto por su propia estructura como por la estructura de los sistemas en los que participa, es más, como expresión de ese mismo condicionamiento, el individuo puede actuar para intervenir y transformar tanto su estructura como la estructura de los sistemas sociales en los que se desenvuelve. Al hacerlo abre para sí (y en el caso de los sistemas sociales para el conjunto de sus miembros) posibilidades de acción que antes podían estar excluidas. Cuando ello lo hace con su propia estructura realiza un aprendizaje de segundo orden que puede convertirse incluso en un aprendizaje transformacional. Cuando su acción se dirige al cambio de los sistemas sociales a los que pertenece, sus acciones lo convierten en el tipo de persona que identificamos con un líder. En ello consiste precisamente el liderazgo.

Los sistemas y las relaciones que los configuran nos constituyen en el tipo de ser que somos

A partir de la sección anterior podemos extraer una conclusión importante. Si, por un lado, los sistemas condicionan la forma como actuamos y si, por otro lado, aceptamos que la forma como actuamos determina el tipo de persona que somos, podemos concluir que los sistemas de los que hemos sido parte en el pasado y aquellos a los pertenecemos en el presente, juegan un rol importante en constituirnos en el tipo de ser que hemos devenido. Todo sistema se define por la red de relaciones a través de la cual sus miembros interactúan y, por lo tanto, cuando hablamos de sistemas nos estamos refiriendo a una dinámica relativamente estable de relaciones de la que somos partícipes. Hablar de los sistemas en los que participamos implica, en consecuencia, situarnos al interior de aquellas dinámicas estables de relaciones a través de las cuales, de manera recurrente, conducimos nuestras vidas.

Esas relaciones, por lo tanto, han ido progresivamente determinando que seamos el tipo de persona que somos. Como personas, somos el «resultado» de lo que tales relaciones hicieron de nosotros. Las relaciones que configuraron nuestro sistema familiar de origen, nuestras distintas experiencias escolares, los vínculos de amistad que mantuvimos como niños, aquellos vínculos de carácter afectivo que luego mantuvimos como adolescentes, nuestras experiencias posteriores de trabajo, etcétera, todo ello, fueron parte del proceso que progresivamente nos fueron moldeando en el tipo de persona que luego devinimos. Nuestra alma lleva la marca de todas estas relaciones. Cada una de ellas fue dejando una huella en nuestro carácter, nuestro temperamento, nuestra personalidad.

Sin duda no todas las experiencias por las que pasamos dejaron una marca equivalente. Aunque no hubo ninguna que de una u otra forma no nos marcara, es indiscutible que en cada una de esas relaciones posiblemente hubo episodios que gravitaron más que otros dejando en nosotros un sello más profundo. Quizás hubo en algunas oportunidades situaciones excepcionales, positivas o negativas, que definieron repertorios de observación y de comportamiento que hoy juegan un papel determinante en nuestra forma de ser. A partir de esas situaciones, de esas experiencias, aprendimos quizás a confiar o a desconfiar, a entregarnos o a defendernos, a exponernos o a cuidarnos, a abrirnos o a cerrarnos frente a los demás, etcétera. Esos episodios, sin embargo, remiten al tipo de relaciones que los posibilitarnos y al rol que muy posiblemente asumíamos en ellas. Por lo tanto, cuando recordamos y evaluamos el impacto de tales experiencias es importante preguntarse por el carácter de la relación dentro de la cual ellas se produjeron, generando los resultados, positivos o negativos, que fueron determinantes en constituirnos como hoy somos.

Lo anterior no sólo nos permite evaluar las relaciones que mantuvimos en el pasado. De la misma manera, nos permite evaluar las relaciones que mantenemos en el presente pues ellas siempre, de una u de otra forma, nos están constituyendo en un tipo particular de persona. Es importante seleccionar las relaciones que mantenemos en el presente y preguntarnos:

Si consideramos que una determinada relación restringe nuestra forma de ser, limita nuestras posibilidades, compromete nuestro crecimiento personal, hace de nosotros un tipo de persona que despreciamos, muy posiblemente estemos en una relación malsana en la que nuestra alma se sienta enferma o cautiva. Vivimos entonces el síndrome de Perséfone, raptada por Hades, el dios de las tinieblas y mantenida en cautiverio en la oscuridad. Será una relación que, tarde o temprano, nos llevará a buscar romper las cadenas que nos impone y ganar espacios de mayor libertad. Es un tipo de relación en la que el alma se concibe en esclavitud o servidumbre.

Uno de los ejes más importante del amor está definido por el criterio que acabamos de trazar. No es el único, pero es sin duda un criterio importante. Suelo amar a quién me ofrece la posibilidad de establecer con él o con ella una relación en la que me constituyo en un ser que me gusta; con quien logro tender una cuerda que permite cruzar hacia experiencias que me hacen expandirme, crecer, ser más, comportarme de una forma que me enorgullece, llevándome a extraer lo mejor de mí mismo, todo lo cual refuerza mi sentido de vida. No sólo amo al otro por quién es; lo amo también porque amo el ser en el que mi relación con él o con ella me constituye.

Es muy importante no confundir todo lo anterior con el placer o con la utilidad. En lo que planteamos no hay una

204

disposición hedonista o instrumental. El criterio fundamental que permite evaluar la calidad de una relación es en último término el sentido de vida. Y el sentido de vida muchas veces se halla acompañado por sacrificio, por entrega, por servicio, por saberse necesario para los demás, por sentir que nuestra existencia hace una diferencia que es valorada por los demás de manera tal que sentimos que nuestro propio valor se incrementa. Se trata de un criterio que pertenece, en último término, al dominio de la ética.

Las preguntas que hemos planteado, y muchas otras en esta misma dirección, son factores que nos ayudan a diseñar nuestra vida, orientándonos a modificar muchas de las relaciones de las que somos parte. Otras veces, es posible que las respuestas que generemos nos conduzcan a optar por protegernos de relaciones en las que nos vemos inadecuadamente expuestos, o incluso por terminar con relaciones que evaluamos como malsanas y cuyas posibilidades de transformación consideramos nulas o escasas. Lo importante es reconocer que así como las relaciones (sistemas) condicionan nuestra forma de observar y de actuar, ellas pueden ser evaluadas (observadas) críticamente y a partir de ello, comprometernos por transformarlas o, en casos más extremos, optar por salir de ellas.

Observador y sistema: dos nociones fluidas y relacionadas

Es interesante a estas alturas, una vez que hemos completado un esbozo de las nociones del observador y el sistema, examinar la relación que existe entre ambas. Se trata de una relación curiosa en la que cada una de estas distinciones al hacerlas inteligibles, requieren apoyarse en la otra. En la sección anterior distinguíamos dos niveles estructurales diferentes. Por un lado, el sistema unitario que da cuenta del individuo como un todo y que se sustenta en una particular estructura que nos permite, a un primer nivel, entregarnos claves importantes de cómo se comporta. Pues bien, este primer nivel estructural es lo que hemos llamado el observador. La noción de observador resulta por lo tanto de una mirada sistémica de la estructura propia de cada individuo. La noción de observador representa en consecuencia un resultado de la propia noción de sistema.

Por otro lado, lo inverso acontece también con la noción de sistema. Si queremos entender el enfoque sistémico, tal como hemos procurado hacerlo en este capítulo, nos vemos obligados a reconocer que se trata de una manera particular de mirar la realidad, de observarla, y especialmente aquellas dimensiones de lo real que, por su nivel de complejidad, previamente no lográbamos entender suficientemente y conferirles sentido. Desde esta perspectiva, por lo tanto, la noción de sistema nos habla de un tipo de observador particular. La realidad, el mundo y los individuos que lo habitan no «son» por sí mismos sistémicos. Sólo es sistémica la manera de observarlos. Dependiendo del carácter de nuestra mirada, sea ésta sistémica o no lo sea, haremos sentido de la realidad en forma distinta y generaremos diferentes posibilidades de intervención.

Podemos apreciar entonces que la noción del observador se apoya en el enfoque sistémico, de la misma manera como el enfoque sistémico da cuenta de una modalidad de observación. Cabe preguntarse entonces, dado que ambas distinciones se diluyen la una en la otra, ¿no es posible eliminar una de ellas y operar tan sólo con la una o con la otra? Pensamos que no. Reconociendo este efecto fluido entre ambas distinciones creemos que ambas son necesarias y que cancelar alguna nos conduciría a perder lo que, de manera específica, cada una nos aporta. Para preservar ambas distinciones, optamos por entregarle a cada una de ellas la soberanía sobre un determinado territorio.

Ello implica que utilizaremos la noción de observador, sin olvidar su carácter sistémico, para hablar de la estructura interna de un individuo considerado como unidad. A la inversa, haremos uso de la noción de sistema, sin nunca olvidar que ella implica un particular enfoque y, por ende, una modalidad de observación, para referirnos a los sistemas sociales en los que los individuos, siendo los observadores que son, participan y se desenvuelven. De esa manera, preservamos las dos nociones y nos beneficiamos de lo que cada una de ellas nos entrega. Ahora estamos en condiciones de entrar en el tema de los sistemas sociales y hacer algunos alcances en torno a ellos.

2. Algunos alcances sobre los sistemas sociales

Nos interesa concluir este capítulo haciendo algunos alcances sobre aquellos sistemas que, en el decir anterior, los seres humanos participan. Pero antes de hacerlo requerimos hacer algunos alcances sobre ésto de manera de precisar lo que procuraremos realizar y delimitándolo de otras cosas que no haremos. Lo primero nos lleva a advertir que por sistemas sociales nos vamos a referir a sistemas sociales humanos. Muchas otras especies se organizan en sistemas sociales. Un caso típico son las hormigas. Pues bien, lo que nos interesa no son tales sistemas sociales, sino tan sólo aquellos que están integrados por seres humanos.

Habiendo dicho ello, es importante hacer una segunda advertencia. No pretendemos hacer un tratamiento exhaustivo sobre estos sistemas ni desarrollar una suerte de sociología sistémica. El enfoque sistémico es una corriente significativa al interior del pensamiento sociológico y ha efectuado importantes contribuciones en su interior. No buscamos dar cuenta o incluso hacer un inventario de estas contribuciones. Nos limitaremos a ciertos alcances, escogidos selectivamente, que estimamos relevantes para situar nuestra propia propuesta y para iluminar tan sólo algunos aspectos asociados con las prácticas específicas que resultan de ella. Si el lector quisiera profundizar en este tema, lo invitamos a explorar las contribuciones del enfoque sistémico en las ciencias sociales de manera independiente.

Sistemas conformados por observadores

Un atributo determinante de los sistemas sociales conformados por seres humanos guarda relación con el hecho que los individuos que los conforman son observadores particulares. Todo individuo al interior de cualquier especie pudiera ser considerado un tipo de observador. Pero no todos son observadores del tipo particular de como somos los seres humanos, dadas las particularidades que nos es posible identificar a nivel los dominios primarios del observador. Tanto en razón de nuestra biología, como en los dominios fenoménicos emergentes de la corporalidad, emocionalidad y lenguaje, los seres humanos conformamos un tipo de observador que se diferencia del tipo de observador que da cuenta de los individuos de otras especies. Esta diferencia permite ser caracteriza de muy diversas formas. Bástenos simplemente decir que los seres humanos nos comportamos de manera significativa a partir de la manera como conferimos sentido, manera que en razón de nuestra especial capacidad de lenguaje es muy diferente de la que caracteriza a otras especies. En otras palabras, ello implica que esa manera de conferir sentido –o dicho en otras palabras, el tipo de observador que somos– nos conduce a estar en el mundo de un modo que nos diferencia y de llevar en él una existencia particular.

Tal como lo reiteramos muchas veces, los seres humanos somos seres sociales. El tipo de existencia que llamamos humana se realiza en comunidad con otros. El lenguaje, atributo clave de tal modalidad, aunque sustentado en las capacidades que nos provee nuestra biología, surge y se desarrolla, sin embargo, en nuestras interacciones con los demás. Nuestra dimensión social, por lo tanto, se confunde y superpone con nuestra capacidad de lenguaje. El lenguaje se desarrolla en el espacio social y nuestra sociabilidad se sustenta fuertemente en nuestra capacidad de lenguaje, al punto que nos cuesta separar sociabilidad de lenguaje.

Pero hay más. Nuestra propia individualidad, la forma de ser de cada uno –lo que hemos aceptado llamar nuestra alma– es un resultado de los procesos de socialización en los que nos vemos envueltos. Es en las interacciones con los demás que progresivamente nos vamos constituyendo en la persona que somos. Todo ello nos conduce a reconocer que si deseamos comprender como somos, no podemos prescindir de explorar la dimensión social de nuestra existencia y el papel que juegan en ella los sistemas sociales a los que pertenecemos.

Hemos sostenido que los sistemas sociales que nos preocupan son aquellos conformados por observadores. En la medida que ellos están así conformados, ello implica que estos sistemas sociales devienen sistemas con capacidad propia de observación en función tanto de los observadores que lo integran, como del tipo de relaciones que ellos mantienen entre sí. Se trata, por lo tanto, de sistemas que observan, que poseen capacidad de conferir sentido y que definen ámbitos de comportamiento según el tipo de observador que representan. Existe, en consecuencia, transitividad entre sus componentes y el sistema como un todo, que hace que la capacidad de observación de aquellos determine la capacidad de observación de éste.

Al entenderlo así, nos es posible preguntarnos no sólo por el tipo de observador que es un determinado individuo. Podemos legítimamente también preguntarnos por el tipo de observador que es un particular sistema social. Podemos, por ejemplo, preguntarnos por el tipo de observador que es nuestra familia, nuestra escuela, nuestra empresa, nuestro partido, nuestro país. Podemos incluso hablar del tipo de observador que se constituye al interior de un tipo cualquiera de relación personal. En nuestro trabajo de consultoría hemos tenido muy diversas experiencias que nos llevan precisamente a hacernos estas preguntas.

En una ocasión fuimos llamados por una importante empresa mexicana en el rubro de la construcción, preocupada por el hecho que otra empresa de la competencia solía anticipárseles recurrentemente, detectando antes que ellos nichos de negocios a los que ellos llegaban sistemáticamente tarde. Las preguntas que nos hacían eran: ¿Qué es aquello que hace que ellos vean lo que nosotros no somos capaces de ver? ¿Cómo podemos resolver este problema? ¿Qué es aquello que nos falta para poder ver lo que ellos ven, antes de que ellos lo vean? Podríamos quizás objetar la manera como estaban hechas estas preguntas, pero era la manera como ellos las formulaban y para nosotros resultaba claro lo que nos estaban pidiéndonos. El desafío era convertirlos en observadores más poderosos de los que ellos mismos evaluaban ser en esos momentos. Eso era suficiente para nosotros saber lo que teníamos que hacer.

Este es un ejemplo que podemos trasladar a cualquier otro sistema social. El problema específico puede que sea muy diferente, pero lo que en el fondo está en juego es una evaluación en torno a las deficiencias del tipo de observador que es el sistema en cuestión, y la búsqueda de una camino para hacerse cargo de ellas y permitirle ver lo que no son capaces de ver y tomar aquellas acciones que en el presente no son siquiera capaces de identificar. Valga decir que ello es precisamente lo que aprende a hacer un coach ontológico.

Al reconocer que los sistemas sociales de los que estamos hablando son sistemas con capacidad de observación, es posible hacer una distinción importante en su interior, entre la estructura que da cuenta de la dinámica de relaciones al interior del sistema y la cultura del sistema. Ésta última cumple la función no sólo de regular las relaciones entre sus miembros, también configura el tipo de observador que es el sistema. Todo sistema social conformado por observadores genera una determinada cultura, una particular modalidad de interpretar el acontecer a partir de la cual se interviene en él en una dirección o en otra.

La parcialidad de la mirada

Más allá de lo dicho anteriormente, es importante advertir un rasgo frecuente de los sistemas sociales conformados por individuos que son observadores. Lo caracterizamos como la parcialidad de su mirada. Antes apuntábamos a las limitaciones propias del observador que es el sistema. Lo que nos interesa ahora es explorar algunas de las limitaciones de la mirada que despliegan al interior del sistema los individuos que lo componen. Tal como decíamos previamente, la noción de sistema nos sirve para comprender entornos complejos.

La noción de complejidad tienes dos dimensiones. Por un lado nos habla del nivel que alcanzan las inter-relaciones al interior del sistema. En este sentido podemos hablar de sistemas más simples y de sistemas más complejo, de acuerdo estrictamente al carácter de las interacciones involucradas. La complejidad aparece asociada al propio sistema. La complejidad en este caso es un término relativo pues resulta de la comparación que hacemos de dos o más sistemas. Pero existe una segunda dimensión de la complejidad que, más que hablar del sistema, nos habla de las dificultades que exhibe un determinado observador para comprenderlo adecuadamente y hacer sentido de su operar y de su comportamiento. Complejo en este caso no es necesariamente un rasgo del sistema sino que es la expresión de las limitaciones y dificultades que exhibe el observador que busca entenderlo.

El enfoque sistémico busca hacerse cargo de estas dos dimensiones. Por un lado, se trata de una perspectiva que nos permite dar cuenta del operar de sistemas de un mayor nivel de complejidad y, por otro lado, al hacerlo simultáneamente amplía la mirada de quién previamente encontraba limitaciones y dificultades. En otras palabras, hace inteligible la complejidad del sistema a la vez que disuelve la sensación de complejidad que acompañaba al observador. Mientras la primera resuelve, la segunda disuelve. Se trata de dos situaciones diferentes.

Nos interesa trabajar en la intersección de estos dos problemas. En sistemas sociales complejos, los observadores individuales que los componen suelen desarrollar una mirada críticamente parcial del operar de los sistemas en los que participan. Ello hace que el operar de estos sistemas les deparen recurrentemente problemas que no sólo les cuesta resolver, sino que, por sobre todo, no logran comprender. El operar del sistema se les hace profundamente misterioso y gobernado por fuerzas que no logran identificar. Muchas veces el problema es todavía más serio pues tales individuos ni siquiera logran darse cuenta de sus propias cegueras en relación a los sistemas de los que son parte.

Todo ello configura una suerte de «ceguera sistémica» que caracteriza a estos observadores individuales con respecto al sistema global. Esta ceguera tiene dos dimensiones. La primera guarda relación con las acciones que lleva a cabo dentro del sistema el observador individual. La segunda con las acciones que afectan a ese mismo individuo. El fenómeno en cada caso es el mismo.

Tomemos la primera dimensión referida a las acciones propias del individuo miembro del sistema. En ellas podemos distinguir dos ejes diferentes, ejes que suelen converger haciendo más complejos los problemas que a partir de ellos se suscitan. El primer eje es estructural. Ello se expresa en el hecho que los individuos miembros no logran ver el conjunto de inter-relaciones que caracterizan al sistema, viendo tan solo aquellas que se encuentran más cerca del lugar que ellos ocupan en la estructura del sistema. Ello determina que ese individuo no está en condiciones de visualizar los efectos de sus propias acciones en los lugares más distantes de la estructura del sistema. Sólo percibe los efectos más cercanos. Esto se traduce en que muchas veces los efectos más importantes de sus acciones pasan desapercibidos.

Es más, es posible que acontezca que el efecto cambie de signo en la medida que aumente la distancia en relación a la posición propia del individuo observador, produciendo en la cercanía del observador efectos positivos, pero en la medida que las interacciones se expanden por la estructura, los efectos finales (no observados) pasan a ser altamente negativos tanto para el individuo en cuestión como eventualmente para el mismo sistema. Un ejemplo de lo anterior son los efectos de contaminación que generan nuestras propias acciones en nuestro entorno natural. Lo que en un primer momento pareciera beneficiar a un individuo (como el gasto excesivo de energía), termina por tener un efecto negativo para el sistema, lo que produce efectos también negativos para el propio individuo, sin que éste comprenda cómo sus propias acciones contribuyeron a ello.

El segundo eje es temporal. Los efectos de nuestras acciones no son siempre inmediatos. Muchos requieren de tiempo. Requieren que primero se produzcan determinados efectos para que, en razón de ellos, se generen otros y así sucesivamente. El observador individual suele observar los efectos más inmediatos pero muchas veces es ciego en relación de los efectos retardados. Por lo tanto, cuando éstos últimos se presentan, no logra entender que fueron sus propias acciones las que los provocaron y, en consecuencia, no logra hacerse responsable de los efectos de sus propias acciones. Un problema cognitivo (las limitaciones de observación) se convierte de esta forma en un problema ético (que afecta el sentido de responsabilidad individual). Por lo general, la dimensión estructural y la temporal se dan juntas en la medida que los efectos en los lugares más distantes de la estructura se ven afectado por el tiempo que consumen las múltiples interacciones necesarias para generarlos.

La segunda dimensión es complementaria de la primera y se centra en las acciones que afectan (no aquellas que emprende) el individuo al interior del sistema. Por las mismas razones desarrolladas arriba, tal individuo no logra percibir con claridad el origen del efecto que lo afecta en la medida que tal origen remite a lugares muy distantes de la estructura del sistema, a acciones que tuvieron lugar en pasados lejanos o por el efecto combinado de la distancia estructural o del tiempo retardado.

Ello implica que el individuo pierde capacidad de comprender las causas reales originales de lo que lo afecta y pierde la capacidad de intervención para resolver los problemas en su raíz. En enfoque sistémico permite disolver este tipo de ceguera, ampliando la capacidad de observación del individuo y permitiéndole expandir su capacidad de acción y su sentido de responsabilidad. Esto último es importante pues nos muestra, tal como sucediera con la noción del observador, que la noción de sistema nos permite, más allá de su valor conceptual, expandir nuestro sentido ético y convertirnos en seres socialmente más responsables.

Complejidad, versatilidad y conectividad

La complejidad de los sistemas sociales resulta de muy diversos factores. Nos interesa destacar tan solo uno de ellos. Nos referimos al carácter de las interacciones que en su interior desarrollan sus miembros. Ello a su vez comprende múltiples dimensiones. Una, evidentemente, es el tamaño del sistema o, dicho de otra forma, en número de miembros que lo conforman. Para los efectos de nuestro análisis y para poder poner atención en otros factores vamos suponer constante el número de sus componentes. De esta manera, controlamos esta variable y permitimos que otras, quizás más importantes, se revelen.

Cuando disponemos ante nuestros ojos de sistemas con el mismo número de miembros o componentes comenzamos a percibir otras variables. Descubrimos, por ejemplo, que hay sistemas más a menos segmentados, en los que se crean dominios separados de interacción entre algunos de sus componentes, en los que otros componentes no participan. Un sistema complejo suele muchas veces segmentarse, lo que implica que un determinado sector del sistema se especializa en determinadas funciones, mientras que otros se especializan en otras. La integración entre cada segmento se realiza entre sub-sistemas o en un dominio diferentes de aquel en el que tiene lugar la segmentación. Todo ello, sin duda, va a afectar el funcionamiento del sistema.

Otra dimensión a examinar son los contenidos específicos que se ven canalizados por las interacciones existentes y ello nos abre la posibilidad de discriminar en función de tales contenidos. El enfoque sistémico, sin embargo, nos advierte que más importante que los contenidos de las interacciones que se ven involucrados en los procesos que definen la dinámica de operar del sistema, resulta su forma, su particular arquitectura.

En este sentido quisiéramos aventurarnos en plantear como hipótesis un factor que surge de manera acotada y concreta de las investigaciones de Marcial Losada[62] al estudiar los equipos de alto desempeño en las empresas. Aunque algunas de sus conclusiones nos merecen diversos reparos, creemos que el planteamiento de Losada identifica un factor que tiene el potencial de ser determinante tanto en la versatilidad como en la capacidad general de desempeño de los sistemas sociales. Es importante advertir que el planteamiento que haremos a continuación no es estrictamente el planteamiento de Losada, sino una extrapolación hipotética que derivamos de sus conclusiones. Él queda por lo tanto exento de responsabilidad en lo que sostendremos.

---

[62] M. Losada (1999), «The complex dynamics of high performance teams», *Mathematical and Computer Modelling,* 30 (9-10); M. Losada & E. Heaphy (2004), «The role of positivity and connectivity in the performance of business teams», *American Behavioral Scientist,* 47 (6).

Para Losada el factor clave en el desempeño de los equipos de trabajo es lo que denomina su nivel de conectividad. En términos generales la conectividad expresa la capacidad que exhiben las acciones de los miembros de un equipo para afectar las acciones de los demás miembros de ese mismo equipo. En otras palabras, la conectividad da cuenta del nivel de impacto al interior de un sistema social de las acciones de sus miembros individuales. La conclusión de Losada es que existe una relación directa entre el nivel de conectividad, así concebido, y el desempeño del equipo.

Es mi impresión –de allí que ésta sea sólo una hipótesis– que el factor determinante de la conectividad al que apunta Losada, no se limita a incrementar el desempeño de los equipos de trabajo de las empresa, sino que podría tener un impacto equivalente en cualquier sistema social, incrementando su versatilidad y, cuando esto sea relevante, su desempeño. Sin embargo, el desempeño no es siempre el criterio más relevante para evaluar la calidad de un sistema social. De allí que prefiramos hablar de versatilidad del sistema.

Tomando como trasfondo la investigación de Losada, he planteado personalmente que la competencia base (la acción requerida) que genera como resultado lo que él denomina conectividad en los sistemas sociales, es la capacidad de escucha mutua de sus miembros. He señalado que para entender lo anterior es, sin embargo, necesario abrirse a una concepción de la escucha que plantea como expectativa de resultado la apertura a ser transformado por la palabra del otro[63]. De mantenernos en nuestra concepción tradicional sobre el fenómeno de la escucha, no es posible establecer su vínculo con la conectividad. Esta hipótesis hace énfasis en la efectividad

---

[63] He desarrollado ampliamente esta concepción sobre la escucha en Rafael Echeverría, *Actos de Lenguaje*, Vol.I: La escucha, J.C. Sáez Editor, Santiago, 2006.

comunicativa entre los miembros de un sistema social para dar cuenta de aquellos que muestran ser capaces de destacar en términos de sus objetivos.

Todo sistema social, en el sentido que le hemos conferido al término en esta sección, es un sistema conversacional. El fundamento de lo social, en esta acepción de sistema social, es el lenguaje y aquellos elementos adicionales que éste activa cuando se le despliega prácticamente[64]. Y nada expresa mejor la eficacia comunicacional de un sistema social que la capacidad de escucha mutua. La incapacidad de escucha expresa precisamente obstáculos en la eficacia comunicacional del sistema. Cuando, por el contrario, la escucha mutua se hace presente el sistema tiende a ganar en estabilidad y calidad.

He planteado el interés y la curiosidad que siempre me han despertado algunas experiencias de sistemas sociales de desempeño extraordinarios. Una de las experiencias más sorprendentes, como lo señalara previamente, es lo sucedido en la Atenas del siglo V a.C. y lo que dicho sistema fue capaz de producir. Podríamos mencionar muchos otros que sobresalen por sus desempeños virtuosos. Me atengo al ejemplo de Atenas pues la he recogido para bautizar esta inquietud general por los sistemas sociales virtuosos, llamándola el Modelo Atenas. Este es un tema que me suscita muy diversas preguntas: ¿Cuáles fueron los factores que acompañaron esa experiencia? ¿Cuál es el secreto del carácter virtuoso de estos sistemas? ¿No habrá un factor capaz de conducir a muy diversos sistemas sociales a generar este carácter virtuoso? ¿A producir este tipo de resultados?

---

[64] De allí la importancia de desplazarnos del lenguaje al fenómeno de las conversaciones, pues en éstas últimas no sólo aparece los fenómenos propios del lenguaje, sino también los factores asociados relacionados con la emocionalidad y la corporalidad.

Mi impresión –explicitada como hipótesis de trabajo– es que precisamente, lo que Losada llama conectividad y que yo asocio con la competencia de la escucha mutua, podríamos encontrar la respuesta a todas estas preguntas. Se trata tan sólo de impresiones. Pero una manera de acercarse a ella es preguntándonos, ¿qué sucedería en tal o cual sistema en el que participo si lográramos incrementar el capacidad del conjunto de sus miembros de escucharse mutuamente? ¿Qué resultados cabría esperar? Y luego, más adelante, ¿qué habría que hacer para lograrlo? En las secciones siguientes desarrollaremos algunos factores adicionales que creemos también importantes para avanzar en la respuesta de todas estas preguntas.

Es interesante volver al caso de Atenas al que hacíamos referencia. Estudiando su historia percibimos la influencia de dos factores que inciden directamente en el nivel de conectividad del sistema social. El primero guarda relación con los efectos que se producen a partir de la invención del alfabeto griego que permite una notable expansión tanto de la lectura como de la escritura, habilitando un ampliación de las influencias mutuas entre la población relativamente educada. El segundo factor, apunta a la instauración de un régimen democrático en el que todos los ciudadanos pueden expresarse libremente, exponer sus puntos de vista y eventualmente persuadir a los demás. Ambos factores se complementan para producir un salto cualitativo en el nivel de conectividad del sistema social y sobre las condiciones de la escucha mutua que lo sustentan.

La relación del sistema social con su entorno

La noción de sistema conlleva la distinción de entorno. El entorno es lo que se halla fuera de los límites del sistema y representa el espacio en el que el sistema social habita y se desenvuelve. Es por lo tanto importante preguntarse por el tipo de relaciones que un sistema social mantiene con su entorno y los efectos que pueden resultar de estas relaciones.

En términos muy generales, y diríamos incluso abstractos, podemos evaluar estas relaciones dentro del continuo que opone en un extremo a un sistema cerrado y en otro a un sistema abierto. Tradicionalmente se señala que en esta relación de clausura o de apertura, con sus diferentes gradientes, hay tres elementos que marcan los intercambios posibles entre el sistema y su entorno: materia, energía e información. Se plantea también que al nivel de dichas relaciones es posible caracterizar la manera como el sistema social responde a las perturbaciones de su entorno a partir de diversos pares de distinciones que, nuevamente, permiten entre sus extremos grados diversos de variación. Tenemos, por un lado, sistemas rígidos, que simplemente no responden a los cambios del entorno, y, por otro lado, sistemas flexibles, que son afectados y por consiguiente cambian a partir de los cambios de sus respectivos entornos. Se trata de categorías abstractas que nos ayudan a caracterizar y evaluar un determinado sistema.

Cuando un sistema es flexible, ello se expresa a través de dos modalidades diferentes. El cambio del sistema, como respuesta al cambio del entorno, puede ser elástico o puede ser plástico. Examinemos cada una de estas modalidades. Decimos que un sistema es elástico cuando las perturbaciones de su entorno inducen en él determinados cambios para luego volver al estado inicial, cuando las circunstancias en el entorno lo permiten. Lo característico de la elasticidad es precisamente la capacidad de retornar al estado inicial. Hablamos, en cambio, de plasticidad cuando el sistema logra conservar el cambio registrado y suprime su tendencia de retorno al estado inicial. Ello no implica que no le sea posible volver a dicho estado. Pero el retorno se lleva a cabo como expresión de su propia plasticidad. Como un nuevo cambio que tiende a conservarse y que cancela el cambio anterior.

Nos hemos tomado el trabajo de incursionar en estas categorías abstractas del enfoque sistémico por cuanto nos interesa colocar en el centro de nuestra propuesta la noción de plasticidad. De hecho, hemos aludido a ella en diversas ocasiones anteriores. Así como hemos destacado la importancia del lenguaje en constituirnos, como seres humanos, en el tipo de ser que somos, la noción de plasticidad resulta central para comprender no sólo cómo somos (para lo cual es también importante) sino para asumir el inmenso potencial que disponemos, para comprender el inmenso espacio que poseemos para llegar a ser distintos de cómo hoy somos.

Uno de los rasgos sobresaliente de los seres humanos está asociado a la inmensa plasticidad de nuestro sistema nervioso. Lo hemos dicho antes. Cada experiencia modifica de alguna forma nuestros circuitos neuronales y, por lo tanto, nos transforma neuronalmente en seres diferentes de cómo éramos antes. Desde un punto de vista biológico, no somos nunca los mismos. Estamos en un proceso permanente de transformación. Le he dicho antes. Desde un punto estrictamente biológico no hay cabida para sustentar la premisa metafísica que poseemos un ser inmutable. Nuestro ser cambia con cada experiencia por cuanto cada nueva experiencia modifica nuestra biología y con ello el sustrato más profundo de todo cuanto hacemos. Este cambio, por supuesto, no es total ni necesariamente radical. Lo que conservamos suele ser mayor de lo que se transforma. Pero en la medida que cada experiencia produce nuevas transformaciones, a la larga, el cambio suele llegar a ser apreciable.

El punto que nos interesa destacar es que esa capacidad de cambio, inscrita en nuestra biología, no es sólo algo que se nos impone, es también una capacidad que podemos utilizar en el transcurso de nuestra existencia. Tanto como lo hemos dicho tantas veces, aunque las posibilidades de transformación están restringidas por los propios límites que nos impone nuestra biología, a pesar de tales límites ella sigue siendo infinita. Siempre podemos añadir nuevos cambios por sobre aquellos que ya hemos realizado. Desde esta perspectiva lo que resulta sorprendente no es nuestra capacidad de cambio. Por sobre ella, lo que resulta realmente sorprendente es lo escasamente conscientes que estamos de ella y lo muy poco que la utilizamos en nuestra vida. Tenemos un poder en nuestras manos y no siempre nos damos cuenta que lo tenemos.

La plasticidad nos abre las puertas a la auto-transformación y auto-transformación es equivalente a aprendizaje. Se trata de dos términos que designan un mismo fenómeno. El aprendizaje no es otra cosa que auto-transformación. Esta capacidad de aprendizaje la tenemos como individuos pero también la proyectamos en los sistemas sociales en los que participamos. Nuestros sistemas sociales permiten grandes transformaciones. Y esta capacidad de transformación normalmente se encuentra subutilizada.

Hoy vivimos en un entorno cambiante y marcado por una aceleración del cambio que nunca antes habíamos experimentado. Los cambios en el entorno desafían la sobrevivencia de los sistemas. Las perturbaciones que el entorno les impone muchas veces amenazan con desintegrarlos. Los desafíos de adaptación de los sistemas sociales a sus nuevos entornos se hacen cada vez más complejos. Más allá de la conectividad interna que los sistemas sociales exhiban es importante desarrollar en ellos una creciente conectividad, con sus respectivos entornos. Ello implica capacidad para anticipar crisis de manera de poder intervenir antes de que sea tarde. Para lograrlo, es fundamental ganar competencias que nos permitan desenvolvernos en el enfoque sistémico, como asimismo capacidad para escuchar los desafíos que el entono nos plantea y saber interpretar las señales de alerta que recibimos de él. Todo esto implica flexibilizar nuestros sistemas sociales y convertirlos sistemas con capacidad de auto-transformación, en sistemas sociales con capacidad de aprendizaje.

Lo que estamos planteando no implica un llamado a la radical transformación de nuestros diferentes sistemas sociales. Nos parece muy importante ser prudentes en los cambios de los sistemas en los que nos desenvolvemos. Muchos de ellos son sistemas que encierran la acumulación de una gran sabiduría histórica, de un largo proceso de ensayo y error que los ha ido progresivamente perfeccionando. Muchos de ellos han resuelto la capacidad de regular elevados niveles de complejidad, lo que no siempre puede alcanzarse por la vía del diseño de sistemas nuevos que dejan en la mano de los individuos la gestión de esa complejidad. Nuestras distintas cegueras y la parcialidad de nuestro conocimiento no siempre nos habilitan para sustituir los mecanismos de regulación que la propia historia ha ido perfeccionando y que la capacidad humana de diseño no logra sustituir adecuadamente.

Nadie ha insistido mejor en estos problemas que F.A. von Hayek. Y nos parece que su análisis es certero. La historia nos muestra las frecuentes aberraciones que hemos cometido por invocar una pretensión de conocimiento, de intervención y diseño que no tenemos. Pero esas mismas aberraciones son testimonios del inmenso poder que tenemos aunque los efectos que generamos puedan contradecir los objetivos que buscábamos. Nuestro llamado no es a desencadenar ese poder en forma indiscriminada, pero sí a reconocerlo, a ser prudentes en su uso y responsables en las consecuencias que podamos producir.

Estructura formal e informal

Hemos sostenido que todo sistema posee una determinada estructura, la que da cuenta de su dinámica interna de funcionamiento y a través de la cual se canalizan los procesos, también internos, a través de los cuales se inter-relacionan los componentes del sistema. Los sistemas sociales constituidos por seres humanos no escapan esa regla. Quienes participan en ellos no se relacionan entre sí de manera aleatoria sino siguiendo canales definidos por la estructura del sistema. La estructura es condición del orden del sistema.

A menudo se supone que por ser éstos sistemas sociales conformados por seres humanos, la estructura de dichos sistemas resulta de la voluntad y diseño que quienes los conforman. Se considera que la estructura es el producto de decisiones conscientes y racionales de sus miembros. El gran peso que en nuestra tradición occidental ha tenido el racionalismo ha permitido que estos supuestos hayan tenido una influencia muy marcada. Desde muy distintos lados, a veces incluso muy opuestos, tal postura ha sido crecientemente cuestionada.

Sigmund Freud levantó el tema del inconsciente poniendo énfasis en la importancia de los comportamientos no conscientes de los seres humanos. Karl Marx desarrolló la noción de ideología destacando el peso de las conciencias distorsionadas en el comportamiento social, en razón de las posiciones que ellos ocupan en la estructura. Friedrich Nietzsche nos habló de la sombra que acompaña a todo ser humano. F.A. von Hayek, nos habla de instituciones sociales que siendo el resultado de la acción de los hombres, sin embargo no son el producto de su capacidad consciente de diseño. En fin, podríamos citar a muchos otros pensadores que, de una u otra manera, se alejan de la presunción de que los sistemas sociales a los que pertenecemos son el resultado de un diseño consciente de sus miembros o simplemente de algunos de ellos. Todas estas posturas atenúan el sesgo de un racionalismo extremo en la forma como observamos los fenómenos sociales.

Siguiendo en esta línea, podemos sostener que la articulación de un sistema social se realiza combinando dos tipos de estructuras diferentes o, dicho de otra forma, que la estructura del sistema reconoce dos niveles distintos. Al primero lo llamaremos la estructura formal del sistema. Ella da cuenta de aquellas normas, procedimientos, asignaciones de funciones, etcétera, que se encuentran formalmente articuladas y que suelen estar recogidas en normas jurídicas explícitas, en manuales de procedimientos, en decisiones documentadas. Sin embargo no queremos sostener que ellas deben necesariamente estar escritas. En sociedades menos desarrolladas esta estructura formal era expresada y preservada oralmente y correspondía con consensos básicos a partir de los cuales operaban sus miembros. Lo formal, por lo tanto, no significa necesariamente escrito. Representa más bien lo sabido, lo reconocido, lo consciente, aquellos consensos que los miembros del sistema permiten ser expresados y que pueden ser levantados con relativa facilidad.

Sin embargo, además de esa estructura formal, todo sistema social suele desarrollar una estructura informal que posee un carácter muy diferente de la primera. Ella da cuenta de formas de proceder, de criterios de regulación de las interacciones de los miembros del sistema, que no poseen un claro reconocimiento explícito como los primeros. Es más, en muchos casos sucede que de ellos suele no hablarse. En algunos casos se va incluso más lejos: quienes se ven regulados por ellos no están siempre conscientes de que se someten a ellos. Como posiblemente habría dicho Nietzsche, se trata de una suerte de estructura en la sombra.

¿Cómo se genera esta estructura informal? A diferencia de la anterior que surge de la capacidad de diseño de los seres humanos, ésta otra se va configurando progresivamente en la práctica, a partir del operar que exhiben los miembros del sistema, a partir del reforzamiento, tanto positivo como negativo, que producen determinados resultados, a raíz de mecanismos de defensa que muchas veces, de manera inconsciente, van regulando la forma como ellos actúan y, a partir de lo cual, generan canales de comportamientos, procedimientos implícitos. En muchos casos el sistema debe responder a un determinado desafío, y la forma como se le encara resulta para sus miembros adecuada y se la instituye de manera espontánea como la manera de hacer las cosas cuando este tipo de desafío vuelve a aparecer. Muchas otras veces se trata del efecto de modelaje de determinados comportamientos que miembros del sistema imitan, generando un surco invisible por el que las acciones futuras serán canalizadas. Se trata de las habitualidades no conscientes que condicionan los comportamientos de los miembros de un sistema social.

A menudo cuando procura levantarse la estructura de un determinado sistema social, lo que se hace es levantar tan solo su estructura formal y se prescinde de la importancia de la estructura informal. No es extraño, sin embargo, que ésta última resulte mucho más importante para la comprensión del operar del sistema. Esta estructura informal frecuentemente representa una suerte de área ciega no sólo para los miembros del sistema, sino también para el observador externo. Todo ello genera como consecuencia que las acciones de intervención en un determinado sistema, dirigidas a producir transformaciones en su modo de operar, se ven severamente restringidas si sólo nos concentramos en el cambio de su estructura formal.

Muchas veces ello genera la explicación que el correspondiente sistema social tiene limitaciones en su capacidad de transformación o de aprendizaje. Puede que las tenga. Sin embargo, no es extraño que tales supuestas limitaciones se disuelvan al identificarse obstáculos que pertenecían a su estructura informal. Para poder intervenir en ellos, sin embargo, resulta imprescindible desarrollar la capacidad de observación de este tipo de estructura o, lo que es lo mismo, de este nivel estructural que suele quedar oculto.

La integración del sistema social y el principio de exclusión

Los sistemas sociales de los que estamos hablando son frágiles. Su estabilidad depende del servicio que prestan a sus miembros y de las ventajas que ellos obtienen por pertenecer a ellos.

Ello implica que, en los sistemas sociales, siempre existe la posibilidad de desintegración y que los resultados de tal desintegración muchas veces muestran problemas todavía más serios que aquellos que se registraban mientras el sistema estaba en operación. Lo anterior no implica que todo sistema social requiera ser preservado. En muchas oportunidades la desintegración de un sistema puede resultar conveniente. Pero sí implica que debemos incrementar nuestro sentido de responsabilidad en relación a la estabilidad de aquellos sistemas en los que participamos. Ello nos vuelve a colocar en el dominio de la ética.

Decíamos que la estructura de un sistema es la condición de su orden. Todo sistema social impone un determinado orden social. Este orden podrá ser disuelto, podrá ser mejorado o podrá simplemente ser preservado. El relacionar el sistema con la noción de orden genera la posibilidad de muy diversas reflexiones. Una de ellas, que la hacemos de la mano de Jacques Derrida, consiste en aceptar que toda modalidad de orden y, en consecuencia, todo sistema social se funda en un principio de exclusión. Para que el orden se establezca se paga un precio. El orden no es gratis, sólo es gratis la anarquía. El orden, por el contrario, es un fenómeno sacrificial. Algo debe ser sacrificado para generar orden. Al orden debemos someternos. Y ello implica que algo requiere ser excluido. La integración del sistema social descansa en algún criterio de exclusión. Este criterio ha sido, por lo demás, viga maestra de todo pensamiento conservador. Y hay, sin duda, algo de validez en ello.

La opción alternativa al pensamiento conservador no es la negación del principio de exclusión, pues ello compromete la propia sobrevivencia del sistema social. Las opciones alternativas requieren plantear posibilidades al interior del sistema social, sin poner en cuestión su existencia. Ellas no buscan terminar con el orden y eliminar el principio de exclusión. Lo que buscan es una transformación del orden y, por lo tanto, un cambio en la aplicación del principio de exclusión. Su vigencia, por lo tanto, requiere ser plenamente afirmada. Lo que persiguen es la búsqueda de criterios de exclusión diferentes y no la ausencia de ellos.

La estabilidad de un sistema social remite, en consecuencia, a una determinada noción de orden y, en definitiva, a la tendencia que todo sistema social exhibe de preservar su integridad y evitar su colapso. Hay sistemas sociales para los cuales la desintegración es una opción posible, en la que algunos o todos sus miembros pueden incluso beneficiarse con ella. Pero hay otros sistemas sociales, como lo son aquellos que adopta la sociedad en su conjunto, en los que la desintegración desencadena una crisis profunda que afecta seriamente al conjunto de sus miembros y al resto de los sub-sistemas que habitan en ella. En este contexto, resulta interesante examinar los mecanismos que se activan para consumar la integración. En términos muy generales, sostenemos que estos mecanismos son fundamentalmente dos: la confianza interna entre los miembros del sistema y la violencia que unos logran ejercer sobre otros. En el primer caso, la integración resulta espontáneamente desde la propia confianza mutua. En el segundo caso, la integración se impone por la fuerza de unos sobre otros, lo que normalmente profundiza los mecanismos de exclusión.

El tema de la confianza es, por lo tanto, un elemento central en el operar de los sistemas sociales. En la medida que ella se ve comprometida, suelen verse estimuladas las condiciones que llevan a la emergencia de la violencia. Existe en consecuencia una relación muy directa entre confianza y violencia. Éste es un tema que hemos abordado más extensamente en otra parte[65]. Lo que nos interesa destacar en este momento es el desafío que deben asumir los miembros del estos sistemas sociales que resultan imprescindibles para asegurar la vida

---

[65] Ver Rafael Echeverría, *La Empresa Emergente, la Confianza y los Desafíos de la Transformación*, Granica, Buenos Aires, 2000.

de todo ser humano, en el sentido de cuidar, diría incluso, de cultivar y nutrir las condiciones de confianza que se dan en ellos.

¿Qué es entonces lo que el orden excluye? Excluye, por supuesto, determinados comportamientos. Hay ciertas acciones que el sistema no permite que se realicen y de realizarse el sistema se encarga de sancionar a quienes lo han hecho. La Ley y en general la estructura jurídica de un sistema, regulan estos procedimientos. Le legitimidad de la Ley, por lo demás, representa un factor fundamental de la legitimidad del sistema social y, a partir de ello, de las condiciones de confianza interna que éste logre exhibir.

Todo sistema social se funda alrededor de la Ley, tal como lo ha percibido la tradición judía que, no en vano, nos muestra la sorprendente capacidad de sobrevivencia de una comunidad, a pesar de los innumerables obstáculos que le ha colocado la historia. Para el judío la Ley es un don de Dios. La Ley es sagrada. Fue Dios quién le entregara la Ley a Moisés como expresión de su compromiso con un pueblo que ha elegido. Esa Ley, sin embargo, requiere disociarse del individuo que la entrega y pasar a ser una propiedad del sistema social en su conjunto. En el mito de Moisés, tal como nos lo relata la Biblia, ello se expresa en la prohibición que Dios le impone para que entre en la Tierra Prometida. Moisés, portador de los criterios de exclusión que están encarnados en la Ley, queda a la vez excluido del proceso de estructuración del pueblo judío y debe morir fuera de aquella comunidad que contribuyó a constituir. Dios sacrifica a Moisés. Se trata de la aplicación del criterio sacrificial involucrado en la noción de orden[66].

---

[66] Un ejemplo equivalente es aquel relacionado con la muerte de Sócrates. Habiendo sido juzgado por su comunidad y condenado a morir, bebiendo la cicuta, Sócrates se niega a escaparse y acepta someterse a la Ley de su ciudad, pues todo lo que ha sido se lo debe a Atenas. Su muerte es un acto sacrificial

La exclusión de los sistemas sociales, sin embargo, suele ir bastante más lejos. Además de excluir determinados comportamientos, muchos sistemas sociales aplican el principio de exclusión sobre algunos de sus miembros, creando clases sociales que participan en forma desigual de los beneficios que el sistema genera y de las posiciones de privilegio en su estructura. Pero en este punto es preciso moverse con cuidado y no apresurar conclusiones. Los sistemas sociales, además de el principio de exclusión, se rige también por lo que en un determinado momento el sociólogo francés Alain Touraine llamara el axioma de la desigualdad. Tal axioma implica reconocer que la desigualdad es un atributo de los sistemas sociales y que, por lo tanto, no es posible pensar en sistemas sociales en los que todos sus miembros sean concebidos en un plano de completa igualdad.

Esta desigualdad se manifiesta en diferentes planos. Todo sistema social tiende a producir una división del trabajo y distribuye a sus miembros en tareas diferentes, tareas que a su vez hacen aportes desiguales al propio sistema. Todo sistema social distribuye de manera desigual su reconocimiento a los aportes y comportamientos de sus miembros y, por lo tanto, confiera desigualmente el prestigio social. De la misma forma, todo sistema social implica una distribución desigual de poder sobre el propio operar del sistema y ello establece diversas relaciones de subordinación en su interior. Es posible añadir otros planos en los que observamos cómo se manifiesta este axioma de la desigualdad.

Existen sistemas sociales en los que el criterio de la desigualdad no es sólo condición constitutiva, sino también parte de los objetivos de tales sistemas. Es el caso, por ejemplo, de la

frente a la Ley que rige el orden del sistema social al que pertenece. Tanto Sócrates como Moisés representan los puntos de arranque de las dos corrientes básicas que conforman el mundo occidental. Es posible establecer otro paralelismo al examinar la crucifixión de Jesús como el evento que marca el nacimiento del cristianismo y la constitución de la Iglesia Católica.

familia y de la escuela, fundadas ambas en un principio de asimetría entre los menores y los adultos. Tomemos el caso de la familia. Un eje básico de su desigualdad es aquella que separa por un lado a los padres, que ya han completado sus respectivos procesos de socialización y conocen como comportarse en el sistema, y, por otro lado, a sus hijos, que requieren ser introducidos en tales procesos para luego, como adultos, poder desenvolverse socialmente como el sistema les demandará. Este tipo de desigualdad está inscrito en el carácter de sistema social que es la familia. Pero, ¿está inscrita en ellos, de la misma forma, la desigualdad ente el padre y la madre?

No se trata, por lo tanto, de combatir toda exclusión y cuestionar toda desigualdad. No es posible concebir un sistema social que todo lo permita. Los seres humanos nacemos desiguales y los sistemas sociales en los que participamos imponen sus propios criterios de desigualdad. A un determinado nivel ello es inevitable y sólo nos cabe aceptarlo. El punto, en consecuencia, no consiste en objetar el principio de exclusión ni en luchar contra el axioma de la desigualdad. El verdadero punto que suele estar en disputa es el poner en cuestión las modalidades concretas de exclusión y desigualdad que imperan en una determinada situación histórica. Esos son los términos reales del debate.

Así como determinados sistemas posibilitan e incluso promueven determinadas condiciones de exclusión y de desigualdad, a partir de su propio desarrollo y de las nuevas condiciones que tales desarrollos generan, muchas formas de exclusión y de desigualdad devienen superfluas, devienen innecesaria para el desarrollo y la propia sobrevivencia de tales sistemas. Cabe entonces alterar las condiciones de exclusión y de desigualdad y avanzar hacia nuevos escenarios en las que ambas permiten restringirse, alterar su carácter, concentrarse en ciertos planos y liberar otros, habilitando espacios inclusivos cada vez mayores. Cabe pensar, por ejemplo, en modalidades de exclusión y de desigualdad que, en vez de aplicarse con mayor fuerza en ciertas clases de individuos, en determinados miembros del sistema, permitan distribuirse sobre el conjunto de ellos. Éste es uno de los objetivos que se plantean al procurarse la democratización de ciertos sistemas sociales. Un sistema democrático busca no sólo restringir el principio de exclusión, adecuándolo a las condiciones históricas de la época, sino también distribuir la exclusión de una manera más equitativa entre todos los miembros del sistema.

Estas situaciones de alteración de la exclusión y la desigualdad suelen generar tensión en los sistemas sociales y percibimos cómo algunos de sus miembros se levantan para promover el cambio, mientras otros responden defendiendo el orden. Estos últimos, sin embargo, no es «el orden» lo que defienden. Lo que protegen es tan sólo «un determinado orden» que los beneficiaba. Los otros, tras las consignas de cambio, lo que realmente buscan es la conquista de un nuevo orden, posiblemente más inclusivo. Ello no descarta, sin embargo, el surgimiento de tensiones y conflictos en los que el cambio implica un retorno al orden del pasado y la defensa del orden se dirige hacia la preservación de una forma de orden recientemente conquistada.

Sobre la decadencia de los sistemas sociales

Nos interesa profundizar algo más en la noción de fragilidad de los sistemas sociales. Los miembros del sistema social no siempre la perciben y, por consiguiente, no siempre se comportan en su interior de manera de no afectar la integridad (las condiciones generales de integración) del sistema. Ya hemos examinado los efectos que tiene en los sistemas sociales el debilitamiento de su base de legitimación y de confianza mutua entre sus miembros, y como ello se ve asociado al incremento del uso de la fuerza y la acentuación de la exclusión y la desigualdad como forma de preservar las condiciones de integración amenazadas.

Existe, sin embargo, una situación de progresivo debilitamiento de los sistemas sociales que obedece a problemas diferentes. Podemos afirmar que los sistemas sociales pasan por fases de muy distintos tipos. Algunas de ellas podríamos llamarlas de florecimiento, otras de preservación estable de su operar y, por última hay aquellas que podríamos denominar de decadencia. Así como nos hemos interesado en procurar comprender aquellas fases de florecimiento, de las cuales tomamos como expresión paradigmática el caso Atenas, y hemos concluido en la importancia de la conectividad interna del sistema, también es pertinente preguntarse por las condiciones que generan el fenómeno de la decadencia.

Una primera respuesta al problema de la decadencia guarda obviamente relación con el propio debilitamiento de la conectividad interna, lo que suele comprometer a su vez la confianza interna entre sus miembros. En la medida que el sistema social incrementa su segmentación interna, en la medida que las interacciones entre ellos se alteran por la existencia de diferentes tipos de barreras, en la medida que pierdan la capacidad de escucharse y transformarse mutuamente, ello sin duda incrementa la fragilidad del sistema y lo acerca a su decadencia.

Un abordaje adecuado del tema general de la decadencia de los sistemas, exigiría una reflexión que excede los límites de éste libro. Ha habido en la historia del pensamiento quienes han hecho importantes contribuciones en esta dirección. Mencionemos tan sólo a los historiadores Oswald Spencer y Arnold Toynbee. Nuestro interés es mucho más limitado. En lo fundamental lo que nos interesa es levantar el tema, advertir su importancia y realizar tan solo una reflexión al respecto. Creemos que éste plantea un tipo de problema que no puede estar ajeno al desarrollo de una determinada ética de la convivencia. Nuestro comportamiento social, nuestras relaciones con los demás al interior de un sistema social, debe tener presente y ganar responsabilidad en los efectos que tal comportamiento genera en el propio sistema social.

La reflexión que proponemos la hacemos, esta vez, de la mano de un novelista y crítico literario francés de mediados del siglo XIX, hoy prácticamente olvidado. Nos referimos a Paul Bourget. Éste plantea el problema de la decadencia de los sistemas sociales de una forma que impactará y será retomada por Friedrich Nietzsche[67]. El planteamiento de Bourget es relativamente simple. Nos señala que un aspecto importante que suele precipitar a un sistema social a una fase de decadencia está asociada el hecho que el comportamiento de sus miembros se dirige al logro de objetivos individuales, objetivos que contradicen ya sea los propios objetivos del sistema social, cuando éste los tiene, y las condiciones necesarias en las que éste sustenta su sobrevivencia.

Existe una relación biunívoca entre los miembros individuales de un sistema social y éste. La pertenencia de un individuo a un sistema social suele generarle beneficios e incluso derechos en su interior. Pero no es menos cierto que también le impone sacrificios y deberes. Hemos ya insistido en la dimensión sacrificial de todo sistema social. Cuando lo que se privilegia son tan solo los intereses individuales y el comportamiento de sus miembros no toma en consideración los intereses del propio sistema, ello debilita al sistema y compromete tanto su integración como su estabilidad y condiciones de sobrevivencia. Cuando los individuos buscan tan sólo ventajas individuales y dejan de sentirse responsables por la preservación del sistema al que pertenecen, ello suele conducir a la fracturación y colapso del sistema. Ello implica saber equilibrar beneficios y sacrificios, derechos y deberes, de manera de equilibrar el logro de los intereses personales con la preservación y desarrollo del sistema social al que pertenecemos. La estabilidad de un determinado sistema social requiere saber equilibrar las fuerzas centrífugas con las fuerzas centrípetas que éste contiene en su interior.

---

[67] Ver al respecto, Franco Volpi, *El Nihilismo*, Biblos, España, 2005.

Pero cuidado, la decadencia de un determinado sistema social no es algo necesariamente impugnable. Sin decadencia no hay progreso, así como sin aceptar que determinadas cosas mueren, muchas veces no es posible en pensar que otras puedan nacer. Florecimiento y decadencia, nacimiento y muerte son dimensiones inherentes de una realidad en permanente transformación. Muchas veces podemos optar, en consecuencia, por precipitar las condiciones que generan decadencia y ello puede considerarse una opción legítima y, por muchos, deseable. El punto que deseamos destacar no es éste. Lo que nos interesa advertir es que muchas veces nuestros comportamientos pueden llevar a la decadencia y destrucción del sistema al que pertenecemos, sin que realmente deseemos que ello suceda o sin medir cabalmente las consecuencias de lo que estamos produciendo. Se trata nuevamente de subrayar una ética de la convivencia social que se haga efectivamente cargo del amplio rango de consecuencias de nuestros comportamientos y que no pierda de vista el horizonte sistémico de nuestro actuar.

Nota final sobre la democracia y el bien común

Quiero terminar este capítulo concentrándome en un tema específico y delimitado que me parece, sin embargo, importante. Se trata de un argumento que se esgrime con frecuencia desde quienes asumen posiciones marcadamente conservadoras en relación a sistema social que estructura al conjunto de la sociedad y que delimita el ámbito de convivencia de una comunidad. Este argumento plantea una suerte de tensión entre la democracia y lo que llama «el bien común». En su versión más sintética sostiene que es necesario concebir a la democracia como un medio al servicio del así llamado «bien común». A partir de ello, concluye que no podemos hacer de la democracia un fin y olvidarnos que está al servicio del ese «bien común». Hasta allí el argumento pudiera parecernos razonable, aunque algunos sintamos algo inquietante en él.

Para determinar aquello de inquietante que contiene este argumento, es importante empujarlo un poco de manera de llevarlo algo más lejos. Es entonces que nos damos cuenta que de aceptarlo, ello nos conduce a una conclusión que no es tan inocente y que resulta importante sopesar. La conclusión es la siguiente: en la medida que consideremos que la democracia ha dejado de servir al «bien común» es necesario buscar otros medios que sean más efectivos para garantizarlo. El argumento, comprobamos, oculta en su base una postura profundamente antidemocrática.

Pero cuidado. Ello pudiera no ser un problema. Bien pudiera suceder que es importante relativizar la importancia que normalmente muchos le conferimos a la democracia. Hay que tener cuidado de elevar a rango de sagrado o de incuestionable determinados presupuestos que bien pudieran ser, mejor examinados, altamente problemáticos. Es importante no negarle a este argumento un espacio posible de legitimidad. Dicho de otra forma, a menos que podamos argumentar convincentemente que este argumento es impugnable, no podemos rechazarlo de antemano.

Abordemos el problema que este argumento nos plantea por distintos lados. Desde una primera perspectiva, podemos señalar que la articulación del argumento en términos de la polaridad de medios y fines, es también concordante con una polaridad distinta, entre forma y contenido. La democracia, se argumenta, es la forma que se postula conveniente y necesaria para lograr el contenido que es el «bien común». Como tal la forma requiere subordinarse al contenido y si llegamos a la conclusión que el contenido no es alcanzado, será necesario revisar y eventualmente cambiar la forma. Al colocar el argumento en estos términos, lo hacemos entrar en tensión con uno de los supuestos del enfoque sistémico que nos insiste precisamente que por sobre el contenido, lo que en último término es importante es precisamente la forma. Pero ello no lograremos apreciarlo hasta que logremos completar algunos recorridos argumentales adicionales.

El problema central es el siguiente: ¿qué es el «bien común»? ¿Cómo se le determina? Para quienes provienen de una tradición metafísica, el bien común es una conclusión producto de un proceso de reflexión racional a la que confluyen determinados individuos intelectual capacitados para hacerlo, conclusión que se sustenta en la precondiciones de la propia racionalidad que, de estimarse cumplidas, permite ser erigida como verdad. En consecuencia, si lo que hemos determinado como el «bien común» verdadero contradice lo que observo que en los hechos que definen la convivencia no se está logrando o, incluso peor, se le está violando, mi verdad me autoriza para imponer tal verdad por encima de todos cuantos la estén comprometiendo. Ello me demuestra el carácter profundamente autoritario del argumento esgrimido.

Para quienes rompen con la tradición metafísica el «bien común» es algo muy diferente. Es aquello que la comunidad, en su capacidad de expresión libre, define como su propio bien. Es el bien definido en comunidad en condiciones de libre expresión de sus miembros. Este es un concepto de bien común completamente diferente del anterior, concepto que para ser plasmado de contenido requiere, como condición necesaria, de las formas democráticas. Desde esta perspectiva no es posible separar democracia de bien común, por ser la propia democracia aquello que permite alcanzarlo, generarlo, articularlo y garantizar que aquello que se proclama como «bien común» no sea un determinado contenido esgrimido por algunos e impuesto sobre otros, sino el resultado de un juego de interacciones que asegurar la expresión del conjunto de la comunidad. El «bien común» deja de ser una verdad preconcebida y pasa a ser algo que el propio juego democrático inventa una y otra vez en el transcurso de la historia. Ahora logramos comprender por qué la forma no es separable del contenido y

236

adquiere incluso prioridad frente a él. Las consecuencias que ello produce en la ética política de nuestra convivencia social nos parecen claramente perceptibles.

V
EL APRENDIZAJE

El tema del aprendizaje ha estado presente desde el inicio de este libro. Lo veíamos aparecer en el capítulo I del primer volúmen, cuando presentábamos nuestro Modelo OSAR. Más adelante, volvía a aparecer al abordar el tema de la relación de los juicios con la capacidad de transformación de los seres humanos. Hemos hecho referencia al aprendizaje cuando hablábamos de la capacidad de adaptación de un sistema vivo a los cambios del entorno, de manera de asegurar su sobrevivencia. Hemos aludido al aprendizaje en múltiples otras oportunidades.

Es hora, por lo tanto, que nos concentremos de manera específica en él y que procuremos ofrecer una interpretación coherente sobre el fenómeno que designamos con el nombre de aprendizaje. La pregunta central que buscaremos responder es, por lo tanto: ¿qué es el aprendizaje?, ¿cuál es su importancia en la vida de los seres humanos? y, muy particularmente, ¿cuál es su importancia en el momento actual de nuestra historia? Al responder esas preguntas, procuraremos especificar las condiciones que nos permiten desarrollar competencias de aprendizajes de manera de estar en condiciones de modificar nuestra capacidad de acción y, por sobretodo, de mejorar los resultados que obtenemos en la vida. Como puede apreciarse, no se trata entonces de un tema trivial.

1. El aprendizaje en la actual coyuntura histórica

Comencemos con la tercera y última de las preguntas levantadas arriba: la importancia actual del aprendizaje. Si miramos la historia de la humanidad es muy posible que concluyamos que a medida que esta historia se ha desarrollado, la importancia del aprendizaje para los seres humanos se ha acrecentado. Resulta difícil evaluar la importancia del aprendizaje en un pasado remoto, cuando las amenazas que enfrentábamos como especie eran quizás mucho más inmediatas y donde se requería aprender desde muy temprano distintas estrategias de sobrevivencia. Con todo, hoy en día podemos detectar nuevas presiones sobre el aprendizaje que antes eran desconocidas.

Es difícil comparar un período histórico de un pasado lejano, con las situaciones que encaramos en el presente. Sin embargo, puede argumentarse que las amenazas que hoy enfrentamos comprometen la sobrevivencia del conjunto de nuestra especie y no sólo de un individuo o de una determinada tribu y comprometen también la sobrevivencia de múltiples otras especies en nuestro planeta. A menos que hagamos algo muy distinto, a menos que aprendamos formas de vida diferentes, es muy posible que seamos incapaces de impedir esos resultados catastróficos.

Examinemos, en primer lugar, la relación entre nuestra filogenia (nuestro desarrollo histórico como especie) y nuestra ontogenia (nuestro desarrollo como individuos). Una mirada inicial nos muestra que en la medida que transcurre la historia de la humanidad, el período de la vida de un individuo destinado de manera prioritaria a las actividades de aprendizaje, se ha ido expandiendo, cubriendo cada vez una proporción mayor del ciclo de la existencia humana. Luego de un largo período en el que las tareas educativas se realizaban de manera informal, al interior de la convivencia familiar y tribal, en la medida que se hacían otras cosas, fue necesario instituir un período de aprendizaje caracterizado por procesos formales de educación, procesos que requerían de una institucionalidad especial para cumplir con determinados objetivos de aprendizaje.

Hoy estamos tan acostumbrados a la existencia de una institucionalidad dedicada a la educación que muchas veces perdemos de vista el hecho que estamos hablando algo extremadamente reciente. Se trata en rigor de algo que todavía representa una gran novedad y que no existía, al menos como hoy lo conocemos, en la mayor parte de la historia de la humanidad. Uno de los mayores impulsos para la gestación de esta institucionalidad educativa fue el salto en nuestra capacidad de almacenamiento de conocimiento que nos proporcionó el lenguaje. Pero incluso durante mucho tiempo, luego de la invención del lenguaje, esta institucionalidad sólo lograba afectar la vida de un sector muy reducido de la población, dejando a la gran mayoría de los seres humanos al margen de ella. La universalización de la educación es un fenómeno de las últimas décadas y frente a cual es importante advertir que todavía existen amplios sectores de la población humana que todavía no han sido afectados.

Con todo, luego de la emergencia de una institucionalidad social dedicada a la educación de los miembros de una comunidad, a pesar de que no todos accedían a ella, se producía una suerte de separación entre un período más temprano de la existencia individual, dedicado primordialmente al aprendizaje, y un período posterior, adulto, de mayor duración, dedicado básicamente al trabajo o a asumir otras responsabilidades sociales. Este segundo período era concebido como uno de aplicación de las enseñanzas previamente adquiridas y en el que el aprendizaje volvía a realizarse de manera nuevamente informal. En adultez los seres humanos no dejaban de aprender, pero lo hacían al margen de institucionalidad formal dedicada a producir aprendizaje. Sólo excepcionalmente, de manera episódica, se recurría a procesos formales de formación.

Pero esta dejó de ser la sociedad en la que hoy vivimos. Por el contrario, en la sociedad de hoy la gente se cambia de empleo en un promedio de menos de cuatro años, cambia su carrera tres o cuatro veces durante su vida, debe reconciliarse constantemente con el hecho de que las competencias aprendidas durante los primeros años de su educación pierden su vigencia y ello llama a la adquisición de nuevos conocimientos y al desarrollo de nuevas habilidades. En la sociedad actual el aprendizaje se ha convertido en un imperativo de toda la vida. No hay etapa de nuestra vida en la que no se requiera aprender.

Nuestra época actual, con todo, nos presenta desafíos que anteriormente no estuvieron presentes. Deseo referirme fundamentalmente a dos de ellos: la aceleración del cambio y la crisis del sustrato de nuestro sentido común.

a. La aceleración del cambio en el mundo actual

No nos explayaremos en la exposición de las raíces del fenómeno. Se trata de algo de sobra conocido y aceptado. Lo que nos interesa es dimensionar su importancia para reevaluar la importancia actual del aprendizaje. Sabemos que uno de los rasgos del mundo contemporáneo es lo que ha sido caracterizado como la aceleración del cambio. La velocidad de la innovación en el mundo de hoy ha alcanzado proporciones nunca antes vistas. Día a día surgen nuevos productos y soluciones, nuevas tecnologías y procedimientos para hacer las cosas, nuevas ideas y teorías, nuevas posibilidades, nuevos valores y creencias, nuevas sensibilidades, etcétera.

Hubo un momento en el que se repetía el dicho que «hoy en día lo único constate es el cambio». Hubo incluso algunas casas de cambio que colocaban esa frase en sus vitrinas, como recurso publicitario. Pero estamos más allá de esos días. Hoy sabemos que incluso el cambio está también cambiando. Que la forma que asumen las transformaciones se modifica con fuerza equivalente a los contenidos que ellas conllevan. Los patrones de cambio se alteran en la medida que se modifican las tecnologías que inciden en el cambio y que se expanden las dinámicas de influencias mutuas entre los distintos componentes de los sistemas sociales. Pero no sólo cambia el patrón de la transformación, cambia también la velocidad del cambio. Éste exhibe una aceleración cada vez más vertiginosa. La noción de estabilidad cada día pierde más sentido. Y ello se extiende a prácticamente todas las esferas de la existencia humana.

Todo esto somete al desafío de tener que actualizar nuestras competencias y conocimientos constantemente. Lo que es efectivo hoy sabemos que no lo será mañana. De una u otra forma, todos enfrentamos la amenaza de la obsolescencia. Frente a ello tenemos, por lo general, dos opciones: o nos hacemos obsoletos nosotros mismos o nos harán obsoletos otros. De suceder esto último, nuestra capacidad de acción efectiva se enfrenta a su inevitable caducidad. La única alternativa para mantenernos vigentes es ser nosotros mismos quienes provoquemos nuestra propia obsolescencia. Ello significa aprendizaje y, por lo tanto, abandonar lo que hoy sabemos para incorporar nuevas formas de hacer, de pensar, de sentir. Se trata de un aprendizaje que debe comenzar hoy; que tiene que ser parte obligada del nuestro trabajo cotidiano. Mañana posiblemente será muy tarde. Estamos obligados a anticiparnos a los cambios por venir.

Esta misma aceleración del cambio ha modificado por completo la noción de carrera. En un pasado muy cercano los individuos definían sus carreras —el camino de desenvolvimiento que seguirían en el futuro— durante la adolescencia. Una vez escogido, ese camino se solía mantener inalterable prácticamente hasta el momento de la muerte. La carrera era como el matrimonio: para toda la vida. Sólo excepcionalmente percibíamos que algunos hacían cambios en ella. Eso se ha terminado. Hoy en día la carrera se ha convertido en un dominio permanente de inquietudes para un número creciente de seres humanos. La carrera ha dejado de ser un camino que se mantiene inalterable para toda vida. Por el contrario, la vida obliga a un número cada vez mayor de individuos a realizar mutaciones importantes en sus carreras. Quién comenzó desempeñándose en una determinada área, oficio o profesión, suele, a muy poco andar, estar en algo muy diferente para luego comprobar que tiene que volver a cambiar. Ellos nos obliga a estar aprendiendo constantemente.

b. La crisis del sustrato de nuestro sentido común

A lo anterior, se suma algo todavía más desafiante. La manera como hacemos sentido de lo que acontece a nuestro alrededor y la forma como generamos sentido de nuestra existencia, están ambas en crisis. Ello se expresa de muy diversas maneras. Se traduce en rupturas y deterioros reiterados en nuestras relaciones personales más significativas, en crisis vocacionales, en crisis religiosas, en recurrentes angustias, sufrimientos, desorientaciones. La vida nos golpea por los lados más inesperados y pareciera a menudo empujarnos a precipicios que quisiéramos evitar. Los soportes que en el pasado nos permitían sujetarnos, a los que nos agarrábamos cuando nos sentíamos caer, parecieran verse arrastrados al abismo junto con nosotros. Tenemos dificultades para apoyarnos en algo que demuestre ser firme. Todo pareciera desplomarse, despeñarse.

El sustrato más profundo de nuestro sentido común no logra cumplir con el propósito de proveernos el sentido de vida que necesitamos. La humanidad ha entrado en una profunda crisis de sentido de la que nos es imperativo salir. Hasta ahora hemos vivido los diversos síntomas de esa crisis, sin haber sido capaces de situar sus raíces, sus causas más profunda. Poco a poco estamos comenzando a descubrir que se trata de una crisis del tipo de observador que hemos sido por alrededor de 25 siglos.

La misma noción de observador surge de la búsqueda de aquel lugar donde pueda residir esta crisis que tanto nos abruma. Sin la noción del observador pareciéramos estar perdidos. Con dicha noción, tenemos la esperanza de saber dónde hay que dirigirse y qué es aquello que requiere ser cambiado. Pero sabemos que se trata de un cambio profundo, de una transformación de los supuestos que han dado lugar a esa forma de ser que nos ha constituido durante muy largo tiempo. Intuimos aquello que tenemos que cambiar y muchas veces la radicalidad de este cambio nos asusta. Todavía no logramos percibir del todo el nuevo territorio que será necesario inaugurar. Estamos situados en su frontera y desde allí nos asomamos para vislumbrar una tierra virgen que deberemos conquistar. Pero sólo vemos lo que tenemos encima, sin identificar con claridad lo que pudiera hallarse detrás.

Todo ello comprensiblemente nos asusta. Sin embargo, cada día nos convencemos más de que nuestro trayecto no tiene retorno, que lo que hemos dejado atrás ha devenido insalvable. Comenzamos a comprender que sólo nos cabe levantar la mirada y caminar hacia adelante. Éste es un camino de aprendizaje, quizás el más desafiante y difícil de todos los aprendizajes, pues se trata de un aprendizaje que no sólo busca hacernos mejores, sino por sobretodo hacernos muy distintos de cómo hemos sido hasta ahora. No se trata de perfeccionar nuestra habitual forma de ser. No se trata de hacer pequeños ajustes. El «recurso de los epiciclos», que busca realizar alteraciones en la superficie para salvar el núcleo más profundo de nuestra alma, pareciera haberse agotado. Se trata de sustituirla; de dejar atrás quienes fuimos para iniciar no sólo una vida nueva, sino para inaugurar una forma de ser diferente. Creemos que éste es el principal llamado de nuestra época. El llamado a múltiples aprendizajes pero, por sobre todos ellos, un llamado a lo que inicialmente hemos llamado aprendizaje transformacional, un llamado a una radical metanoia.

Nuestra primera consideración aludía a la caducidad de nuestras competencias. La segunda es mucho más profunda pues alude a la caducidad de nuestra forma de ser. Siguiendo a Spinoza, entendemos que es propio de todo ser vivo la perseverancia de su ser. Ello implica preservar y expandir la vida. En el caso de los seres humanos, sin embargo, hemos sostenido que el desafío es todavía mayor. Enfrentamos el desafío de hacer de la vida una oportunidad de transformación del ser que somos, de inventar el ser al que aspiramos y de convertirnos en él. Más que preservar el ser, nuestro desafío implica transformarlo.

Pero hoy en día se han generado condiciones para algo que no es equivalente a la forma como ese desafío era concebido en el pasado. Durante un largo período de la historia de la humanidad, la expansión del ser se realizaba al interior de un camino prediseñado y sustentado por la hegemonía del programa metafísico. Sólo muy recientemente hemos comenzado a darnos cuenta que al parecer hemos errado el camino y descubrimos que nos hallamos en un callejón sin salida. Esta fue la gran advertencia que nos legara Nietzsche. Desde entonces, todo pareciera confirmar que no se equivocaba. Nuestra crisis se ha hecho cada vez más profunda.

El tipo de transformación que hace falta, el tipo de aprendizaje que se nos impone, tiene por lo tanto un carácter muy distinto del que encarábamos en el pasado. Ya no se trata tan sólo de añadir nuevas competencias a nuestros repertorios, no se trata incluso, como lo hemos dicho, de perfeccionar el ser que éramos, se trata de cambiar su base de manera de poder avanza hacia un tipo de ser muy diferente de aquel que estábamos previamente acostumbrados. Se trata por consiguiente de transformar la dirección de la propia transformación, de rehacer el camino recorrido y de dirigirnos hacia un norte que antes nunca habíamos explorado. ¿Seremos capaces? No lo sabemos. Sin embargo, sospechamos que la sobrevivencia tanto de la especie humana como del planeta depende de ello. Por lo tanto, sin esperar más, nos hemos puesto a andar.

2. El status ontológico del aprendizaje

Desde la perspectiva de la ontología del lenguaje, el aprendizaje representa el desafío quizás más importante al que se enfrenta todo ser humano durante su existencia. Es lo que hace la diferencia entre el contentarse con vegetar y una vida humana vivida en plenitud. Una vida en la que no sólo reconocemos nuestro espontáneo devenir, sino en la que nos comprometemos como agentes activos de nuestras posibilidades de transformación. Desde la disposición del vegetar miramos pasivamente los cambios que la vida nos impone. La opción opuesta es la de asumir en nuestras manos el desafío de nuestra propia superación.

Es esta percepción la que lleva a Nietzsche a sostener que los seres humanos somos un puente entre los animales y los dioses. Lo que lo lleva a hablar del *übermensch*, del ser humano comprometido con su propia superación, tan mal traducido al castellano como el superhombre. Se trata de un ser humano que busca alcanzar modalidades de ser que se hallan más allá de sí mismo en el presente, que reconoce en la vida un camino no sólo de cambio, sino de trascendencia. Se trata de un ser humano que mira la vida como un inmenso espacio de transformación y de aprendizaje. Los seres humanos no somos un producto terminado, ni un proyecto concluido. Somos por sobre todo una apertura y un horizonte. Apertura a la transformación y al aprendizaje. Horizonte en que vemos levantarse un ser humano nuevo. Somos, por sobre todo, nos dice Nietzsche, una promesa lanzada al futuro. Somos un desafío a llegar a ser lo que hoy no somos.

Este planteamiento, que se aplica en general a todo ser humano, adquiere en nuestros días una importancia y una urgencia que no podemos desconocer. La opción de ser el mismo durante toda la vida, de concentrarnos en darle estabilidad a nuestro ser y a nuestros más tempranos compromisos, es algo que el sistema en el que hoy vivimos no lo está permitiendo. Quién sólo quiere preservar el ser que ha sido, lo hace al precio de comprometer la vida. La preservación hoy implica transformación y ello se llama también aprendizaje. La estabilidad de nuestra identidad ha dejado de ser materia de opciones individuales. Sistémicamente tal opción deviene crecientemente impracticable. Es el sistema, en su actual nivel de desarrollo, el que nos obliga a superarnos, a transformarnos, como condición de nuestra sobrevivencia individual. La inmutabilidad del ser ha devenido, en la práctica, un completo anacronismo. Ello le quita el sustento, le mueve el piso, al programa metafísico que lo postula, al nivel de la teoría.

Bajo estas condiciones, en vez de luchar contra esas fuerzas que nos convocan a la transformación y el aprendizaje, en vez de resistirnos a las presiones que el actual sistema social nos impone, es preferible escuchar el llamado y disponernos a la apertura a la que toda transformación nos obliga. Resistir equivale optar por nuestra destrucción. Transformarnos es hacernos partícipes de nuestra propia creación y, dicho en lenguaje teológico, avanzar hacia nuestra salvación. Esta coincidencia con el lenguaje bíblico no es arbitraria.

El Nuevo Testamento se inicia como un llamado a la metanoia, término griego que significa una transformación cualitativa que quienes hasta ahora hemos sido y que, como hemos reiterado antes, ha sido traducido erradamente como «arrepentimiento». El desafío no es encarar la culpa, sino prepararnos para un gran salto. Pero el nuestro no es un llamado para que la gente se convierta en «algo determinado» que le confiera un contenido particular a su nueva forma de ser. Nuestro llamado es a convertirnos en aprendices, es un llamado a la transformación más allá de los contenidos específicos que ella asuma. Dicho en otras palabras, es un llamado al devenir y no un llamado al ser. O dicho incluso en palabras diferentes, es un llamado a devenir un ser que deviene, comprometido con su transformación y por consiguiente con el aprendizaje.

3. Transformación y conservación

Lo anterior asusta a muchos. Produce inestabilidad, incertidumbre frente a lo desconocido, pues no hay transformación que no implique entrar efectivamente en territorios nuevos, no antes explorados. Muchos sienten que los estamos presionando a cambiar lo que no quieren, lo que valoran. De este miedo tenemos que hacernos cargo, pues resulta perfectamente legítimo y comprensible. Como una forma de responder a ello, haremos diversos alcances.

En primer lugar, si observamos con cuidado lo que estamos señalando, no estamos proponiendo objetivos concretos de cambio. No estamos especificando el contenido de la transformación. La dirección que ésta debe tomar, requiere ser definida por cada uno, por cada individuo. Se trata de un desafío que no se orienta a imponer, sino a liberar. No existe la persona que sepa cuál es el camino que deben seguir los demás. El llamado no es a cumplir con un determinado ideal de transformación, sino, tan sólo, de mostrar la importancia y conveniencia de la transformación como ideal. Nada expresa en mejor forma lo que estamos señalando que aquella frase del libro de Lao Tsé, el Tao Té King, cuando nos señala que quién cree conocer el camino, en rigor nada sabe del camino. No existe un camino predeterminado de transformación, cada uno debe determinar el suyo.

Segundo alcance. Nada nos obliga a abandonar aquello en lo que creemos, lo que todavía nos hace sentido, lo que posee valor en nuestras vidas. Por el contrario, la transformación requiere acometerse soltando lo que ha perdido sentido. Es precisamente la crisis de sentido que hoy vive la humanidad la que requiere guiar nuestro camino de transformación. Si algo es importante, si algo representa un soporte efectivo a nuestra existencia, preservémoslo. Como suele decirse en inglés, cuidémonos de no arrojar el bebé cuando botemos el agua de la bañera. Cada uno no sólo es libre para determinar el camino de su transformación, sino también para determinar lo que está y lo que no está dispuesto a cambiar. El camino de nuestra transformación se realiza como ejercicio y expresión de nuestra libertad.

Tercer alcance. Tampoco se trata de cambiarlo todo pues, aunque lo quisiéramos, ello no es posible. Toda transformación supone siempre conservación. Humberto Maturana nos insiste en esto reiteradamente. Nadie puede cambiarlo todo de manera que el tránsito a una fase diferente no mantenga rasgos de nuestro estado anterior. Esta es una suerte de ley general de la transformación. La vemos expresada, por lo demás, en múltiples experiencias. Si pensamos en alguien a quién le atribuimos transformaciones muy profundas, siempre es posible reconocer en él o en ella algunos rasgos importantes de su modalidad de ser pasada. Y muchas veces sucede que se producen debates entre los que destacan lo que observan de nuevo y otros insisten en los múltiples rasgos conservados. Estas discusiones suelen ser inútiles. Ambos tienen razón: hay rasgos transformados y hay otros conservados. Lo uno no contradice lo otro. El hecho mismo de que sintamos la necesidad de hablar de los rasgos conservados más bien confirma la transformación.

Dentro de este mismo punto, es preciso, sin embargo, hacer un alcance adicional. Nos referimos al fenómeno de la no-linealidad del cambio, tema que abordáramos cuando desarrolláramos el tema del enfoque sistémico. Dicho brevemente: no todo cambio produce resultados equivalentes. Decíamos que uno de los rasgos del enfoque sistémico era poner en cuestión el criterio de la linealidad que caracteriza al enfoque científico tradicional. Tal criterio postulaba que la magnitud de la causa determinaba la magnitud del efecto. Dicho en otras palabras, que existía una proporcionalidad ente input y output. El enfoque sistémico demuestra que, en múltiples oportunidades, tal criterio no se sostiene. En otras palabras, que pequeñas alteraciones pueden producir inmensos resultados, así como inmensas alteraciones pueden producir resultados muy pequeños o insignificantes. Pero cuidado: no se trata de invertir el criterio tradicional y suponer que los efectos pequeños son los que producen los grandes cambios y viceversa. El criterio de no linealidad es siempre específico y remite a las condiciones concretas en las que se produce.

Éste es un terreno en el que tenemos mucha experiencia. Sabemos, por ejemplo, que cuando un individuo aprende a decir que no, aprende a pedir, aprende a escuchar, aprende a fundar sus juicios y a soltar otros, aprende a perdonar o a agradecer, todas competencias relativamente pequeñas, ellas pueden inducir transformaciones muy grandes en sus condiciones de existencia, en la calidad de sus relaciones personales, en el nivel de efectividad que obtiene en el trabajo y, en general, en el nivel de satisfacción que siente consigo mismo y con su vida.

Este reconocimiento es algo habitual cuando trabajamos con lo que llamamos competencias ontológicas, por el carácter mismo que poseen tales competencias. La práctica del coaching ontológico está llena de experiencia de este tipo. De allí que para algunos ella genere resultados cuasi milagrosos. Pero no hay en ello nada de milagroso. Se trata simplemente de un trabajo dirigido al dominio de las competencias ontológicas que, por definición, suelen desafiar el criterio de la linealidad y producir resultados sorpresivos. Éste es su gran poder. Y se trata, por lo demás, de un poder que podemos enseñar y que la gente puede aprenderlo. Y nuevamente, se trata de un pequeño aprendizaje que suele generar saltos cualitativos en vida de las personas,

4. La meta-competencia de aprender a aprender

Los seres humanos, en un nivel inicial, no necesitan ser instruidos acerca de cómo aprender. Desde los primeros instantes de nuestra vida, aprendemos sin que nadie nos diga cómo. Y seguimos aprendiendo por el resto de nuestros días. Esta competencia para aprender en forma continua a menudo produce una ceguera que nos hace tomar el aprendizaje por garantizado. A menos que estemos tratando con ciertas inhabilidades del aprendizaje, estamos normalmente más preocupados por «qué» aprendemos que por «cómo» lo hacemos.

Esto, sin embargo, conlleva al menos tres problemas. Primero, no centra la atención en el hecho de que hay muchas áreas en nuestras vidas en las que desarrollamos resistencias al aprendizaje, y continuamos realizando acciones inefectivas. Cometemos constantemente los mismos errores, siguiendo los mismos patrones, enfrentando las mismas dificultades. Segundo, dejamos de apreciar el hecho que aunque aprendemos, podríamos haberlo hecho mejor. Tercero, no nos prepara suficientemente para convertirnos en agentes efectivos de nuestro propio aprendizaje.

Todos hemos aprendido muchas cosas en el transcurso de nuestra vida, y ello nos ha generado diversas competencias. Algunos han desarrollado competencias para escalar montañas. Otros, para tocar el violín, otros, para liderar un equipo de trabajo. Esos aprendizajes, y las competencias que de ellos derivan, han ensanchado el espectro de posibilidades que se abren ante nosotros y han multiplicado, en consecuencia, nuestra capacidad de acción. Todo ello, naturalmente, va incidiendo en la forma particular de ser de cada uno. Los seres humanos somos capaces de grandes aprendizajes.

Hay, sin embargo, una gran competencia que no todos hemos adquirido: la de realizar en forma competente la acción de aprender. El aprendizaje no es sólo una manera de incrementar nuestras competencias, nuestra capacidad de acción. Es, en sí mismo, también una acción que requiere de competencias propias. Hasta ahora, el énfasis estaba puesto en las acciones que se aprendían, pero escasamente en aquellas que aseguran aprendizajes efectivos. Se nos enseñan muchas cosas, pero no se nos enseña a «aprender». Y resulta que «aprender a aprender» es la madre de todas las competencias. De ella nacen todas las demás.

Postulamos aquí que el aprendizaje de cómo aprender es una de las competencias fundamentales en el mundo de hoy: es nuestro recurso más poderoso en relación al cambio. Esta propuesta no sólo es válida para los individuos, lo es también para las organizaciones. Como se ha repetido mucho, el futuro pertenecerá a aquellos quienes expandan progresivamente su capacidad de aprender: el individuo y los sistemas sociales, como las organizaciones.

Tal como lo planteáramos previamente, durante siglos hemos considerado que nuestras principales experiencias de aprendizaje ocurrían durante los períodos de la niñez y de la adolescencia. Estos eran entendidos como los años de la vida en que se aprendía. Con el desarrollo del sistema educacional y, particularmente, con la importancia otorgada a la educación profesional a nivel universitario, muchos hombres y mujeres extendieron su período educacional hasta sus primeros años de la vida adulta. Sin embargo, aún se entendía que después de la graduación, la etapa educacional de la vida había terminado y debíamos hacer la transición desde la esfera de la educación a la del trabajo.

Todos sabíamos, por supuesto, que algo de aprendizaje iba a ocurrir todavía a medida que envejeciéramos, pero se suponía que éste sería muy distinto al que tuvimos en nuestros primeros años, en tanto tenía que ver principalmente con un «aprender de las experiencias», como subproducto del curso de la vida. No era un aprendizaje efectuado en forma sistemática. Ocasionalmente, sucedía que podíamos concentrarnos en aprender una destreza específica. Pero había siempre una clara separación entre esos primeros años de vida, en los que nos educábamos, y los años posteriores, que dedicábamos fundamentalmente a trabajar, a criar una familia, a desempeñar un rol en la vida pública, etcétera. En este contexto, el aprendizaje era considerado como una preparación para la vida futura. Se suponía que la vida real venía después de la educación.

Si miramos hacia atrás, nos damos cuenta de que el aprendizaje que la mayoría de nosotros alcanzó en la escuela estaba orientado hacia las destrezas y los contenidos. Nos enseñaron materias diversas: historia, matemáticas, física, gramática, literatura, entre otras. Normalmente, el énfasis se ponía en el contenido que se enseñaba en ese momento y esa materia tenía muy poco que ver con la experiencia de aprendizaje que estábamos viviendo.

Puesto que se suponía que el aprendizaje, como actividad sistemática, tenía término, y como se le consideraba principalmente como un medio para alcanzar aptitudes específicas en la vida, la aptitud para el aprendizaje, rara vez se enseñó. Aprendimos «sobre» muchas cosas, todas muy distintas del aprendizaje mismo. Le escuela no nos enseñó a aprender. Y aunque aprendimos muchas cosas, no siempre aprendimos cómo se aprendía.

Esto, por sí mismo, no era un problema serio en una sociedad organizada sobre la base de una clara separación entre la educación y el trabajo. Sin embargo, uno de los problemas que enfrentamos actualmente, tiene que ver con el hecho que esta separación ya no existe. En el mundo de hoy, simplemente no podemos separar por completo el aprendizaje del trabajo. No hay ninguna etapa en nuestras vidas en que podamos decir que el aprendizaje ha dejado de ser necesario.

En el mundo de hoy sólo aquellos que han aprendido a aprender tienen mejores posibilidades de llevar la delantera y de triunfar. Aprender a aprender es una aptitud que trasciende las destrezas, competencias y contenidos específicos. Es una habilidad genérica que podemos usar independientemente del contenido particular o específico que requiere ser aprendido.

Cuando hablamos de «aprender a aprender», entonces, estamos refiriéndonos a una meta-competencia: la competencia del meta-aprendizaje, que no apunta a la adquisición de información o de destrezas específicas, sino al desarrollo de aquellas habilidades y nociones que permiten aprender cómo se aprende, cuáles factores limitan o posibilitan los aprendizajes, cómo identificarlos y hacerse cargo de ellos, de manera de superar aquellas limitaciones que está a nuestro alcance superar, y desarrollar al máximo aquellas condiciones, talentos, aptitudes que poseemos, muchas veces sin tener conciencia de ello.

Por esto hablamos de meta-competencia. En un primer acercamiento, reconocemos que el aprendizaje es una acción: la acción de aprender. Pero decimos que es una meta-competencia por cuanto se trata de una acción orientada a incrementar nuestra capacidad de acción. Se trata, por lo tanto, de una acción que incide y se dirige a modificar la capacidad de acción que exhibimos en un momento determinado.

En el mundo de hoy no podemos subordinar el aprendizaje a las oportunidades de enseñanza. Tenemos que saber aprender por nosotros mismos: tenemos que saber llegar donde es posible que otros nunca hayan llegado; tenemos que aprender aún cuando no tengamos a mano un maestro que nos enseñe. Para ello, tenemos que aprender a innovar, a buscar por nuestra cuenta modalidades de ser más efectivas y vigentes.

Uno de los grandes méritos de esta competencia genérica que llamamos «aprender a aprender» es precisamente que permite hacer autónomo el aprendizaje, respecto de la enseñanza; que permite concebir el aprendizaje como modalidad de innovación, de generación de nuevas y más efectivas modalidades de desempeño. La enseñanza seguirá cumpliendo un papel importante en un gran número de experiencias de aprendizaje en nuestras vidas. Pero hoy en día no nos es posible, sin que ello nos obligue a pagar un alto precio, restringir nuestro aprendizaje a las oportunidades de enseñanza que se nos presenten. Tenemos que aprender a aprender por nosotros mismos.

¿Cuán buenos somos para aprender? ¿Podemos decir que sabemos cómo diseñar nuestro propio aprendizaje? ¿Qué hacemos en áreas de nuestra vida en las que nos damos cuenta de que somos incompetentes y no sabemos qué acciones emprender? ¿Qué hacemos cuando visualizamos un nuevo dominio de acción que ignorábamos y nos damos cuenta de su importancia para nuestra vida? ¿Qué hacemos cuando nos vemos a nosotros mismos imposibilitados recurrentemente para actuar efectivamente en un mismo dominio (por ejemplo, con nuestras finanzas, con nuestros hijos, con nuestras relaciones, con áreas de nuestro trabajo, con lo que nos gustaría hacer en nuestro tiempo libre, etcétera)? ¿Qué hacemos? ¿Nos preparamos para aprender? ¿Nos limitamos a retirarnos sin hacer nada? ¿Empezamos a culparnos por no saber? ¿Nos caracterizamos como «estúpidos», como «incapaces»? Pero por sobre todo, ¿dónde y cómo podemos desarrollar esta meta-competencia? ¿Qué pasaría si el sistema escolar, además de enseñarnos todo cuanto tradicionalmente nos enseña, nos enseñara también a aprender a aprender? ¿Qué impacto tendría eso en nuestras vidas? ¿Cómo impactaría ello en nuestra formación superior? ¿Cómo afectaría nuestra capacidad de renovación una vez que hemos salido de la universidad? ¿Qué impacto tendría en nuestra capacidad posterior para resolver problemas y superar debilidades?

El interés por aprender a aprender es asunto antiguo. Uno de los pioneros en este tema fue el antropólogo Gregory Bateson. Su novedad no reside en que estemos hablando sobre algo nuevo o sobre algo de lo que la gente no haya hablado anteriormente. Hubo muchos en el pasado que hablaron de la importancia de llegar a saber cómo aprender. Lo que hoy hace la diferencia es el hecho que se ha convertido en un imperativo histórico. Ahora, sin aprender a aprender, nuestro éxito personal y organizacional corre serios peligros. Aprender a aprender ha llegado a ser una ventaja competitiva importante para las organizaciones empresariales. En pocas palabras, no podemos funcionar sin ello.

Sin embargo, existe otra diferencia importante en la forma en que hoy presentamos el tema aprender a aprender, en relación a la forma en que hablábamos de él en el pasado. Hoy estamos en una mejor posición para dedicarnos a este asunto. Al admitir que el proceso de aprendizaje es un proceso lingüístico, esto es, que ocurre en el lenguaje, podemos entonces reconstruir el fenómeno del aprendizaje (como también el proceso que conduce a él y los diferentes obstáculos que encontramos en el camino) en una forma que antes no estaba disponible. La ontología del lenguaje proporciona una oportunidad única para vivir en conformidad con el desafío del imperativo histórico de hoy. Hace del aprender a aprender una competencia asequible.

5. Modalidades de aprendizaje

Si examinamos las distintas formas de aprendizaje que practicamos durante nuestra existencia, nos es posible distinguir diversas modalidades. Hemos insistido en el hecho que cuando hacemos este tipo de distinciones suele existir una cierta dosis de arbitrariedad en los cortes que resultan. Bien podrían haberse hecho otros cortes que habrían arrojado una mirada distinta y quizás posibilidades de acción diferentes. Lo que en último término nos interesa es el poder relativo que se genera con determinado juego de distinciones en comparación con otro. Para lo que nos interesa proponemos una distinción en tres modalidades de aprendizaje:

a. Aprendizaje por imitación

Ya Aristóteles nos advertía que la mayor proporción de aprendizaje que realizan los seres humanos, se realiza por imitación. Disponemos de una capacidad biológica para la imitación que posiblemente no poseen otras especies. Hoy en día se ha descubierto que disponemos en el cerebro de un tipo de células, llamada «neuronas espejo», que nos hacen imitar lo que vemos, de manera casi automática. Nuestros aprendizajes más importantes se realizan de esta manera. Desde el momento de nacer comenzamos a mirar nuestro mundo alrededor, la manera como otros se comportan y muy pronto comenzamos a imitarlos. Es así como, por ejemplo, adquirimos el lenguaje.

Hacemos las cosas de la manera como ellas se hacen en nuestro alrededor. En la mayoría de los casos no nos damos siquiera cuenta que lo estamos haciendo. Muy pronto, cuando observamos lo que hacemos y constatamos que en nuestro entorno ello se hace de manera similar, suponemos que esa es la manera normal de hacerlo, sin darnos cuenta que tal «normalidad» no es sino la forma específica en que eso se realiza en un determinado sistema social. Sólo cuando entramos en un sistema social diferente descubrimos que muchas de nuestras supuestas «normalidades» no eran tales.

Ese aprendizaje por imitación, que tiene una importancia determinante en nuestra niñez, se mantiene por el resto de nuestra existencia. Por lo general se trata de un tipo de aprendizaje de carácter espontáneo y muy fuertemente determinado por las prácticas que provienen del pasado y que el sistema social ha preservado. En la medida que tendemos a imitar a los demás, estamos siempre aprendiendo de ellos, así como ellos también aprenden de nosotros.

Una vez que descubrimos la importancia de este aprendizaje y tomamos conciencia del impacto de nuestros comportamientos en los demás, hablamos de «modelaje» y procuramos hacernos responsables del aprendizaje que generamos en otros. El comportamiento de cada individuo representa un «modelo» de imitación para quienes conviven con él o con ella. Si nuestra autoridad en el sistema social en el que nos desenvolvemos es mayor, por lo general mayor será también el impacto que tendremos en el aprendizaje de los demás.

b. Aprendizaje por enseñanza

Hay otros aprendizajes que para alcanzarse requiere apoyarse en algo más que la imitación: requieren de un proceso específico que asegure la adquisición de determinadas competencias y conocimientos, los que no suelen ser aprendidos con sólo descansar en nuestro poder de imitación. Hablamos entonces de aprendizaje por enseñanza. Sus modalidades predominantes poseen algunas características que es importante precisar. Las observamos, por ejemplo, en el sistema educacional.

Una primera característica es el hecho que el sistema social predefine los contenidos de aprendizajes que deben ser impartidos. Este es un rasgo importante pues eleva, en modalidades diversas, al sistema social la definición de lo que debe ser enseñado y se establecen diversos mecanismos para que los individuos, los miembros del sistema social, se sometan a estos procesos particulares de aprendizaje. Los sistemas sociales, decíamos, pueden ser diversos. Puede tratarse de la sociedad como conjunto, en cuyo caso los gobiernos suelen asumir una importante responsabilidad en garantizar que estos procesos se cumplan, o bien puede tratarse de subsistemas, al interior del sistema social más amplio, como acontece por ejemplo al interior de determinados oficios o profesiones.

Una segunda característica, del aprendizaje por enseñanza es su manifiesta asimetría. Por lo general toda experiencia de aprendizaje reconoce una cierta asimetría entre quien se presume que sabe y quien se presume que no sabe. Pero en el aprendizaje por enseñanza esta asimetría adquiere un aspecto formal e introduce elementos de jerarquía, autoridad y subordinación que parecieran serle constitutivos. Ello no descarta que tales elementos sean muchas veces atenuados, en función de estrategias pedagógicas más afectivas. Pero, por lo general, nunca desaparecen del todo y siempre cabe reconocer un status diferencial entre quién es el maestro, el profesor, y quien es el alumno.

Decíamos que el aprendizaje por enseñanza suele predefinir los contenidos de aprendizaje. La capacidad de elección del alumno es por lo tanto limitada. Hay determinados contenidos que el sistema social define como obligatorios y que se suelen impartir en el sistema escolar: tanto en el nivel básico como en el medio. En la medida que los alumnos avanzan por el sistema, muchas veces se les permite algunos grados de libertad y pueden escoger algunos de sus ramos. Otros, sin embargo, se mantienen como obligatorios. Al terminarse la educación media, los alumnos deben escoger «carreras» o «pistas de formación» al interior de un abanico de opciones que le proporciona el mismo sistema social a partir de lo que éste define como el tipo de especialidades requeridas para el conjunto del sistema. Nuevamente se abren algunas opciones obligatorias y otras electivas. Todo esto nos muestra que el aprendizaje por enseñanza, a este nivel, se caracteriza por una dosis relativa –y posiblemente necesaria– de rigidez.

Es también interesante examinar la relación profesor-alumno que caracteriza esta modalidad de aprendizaje y los procesos de enseñanza-aprendizaje que tienen lugar entre ellos. Como decíamos previamente, un rasgo importante de esta relación es su asimetría, aunque los grados de asimetría sean variables. Otro elemento importante a considerar en esta relación es el hecho que este tipo de aprendizaje se sustenta en el fenómeno de la instrucción. El maestro instruye al alumno en lo que se ha predefinido que éste debe aprender. La instrucción es muy diferente de la imitación. Se trata de un proceso conversacional orientado a generar en el alumno el aprendizaje esperado y en cual el maestro es el agente responsable de asegurar dicho resultado. Nuevamente la instrucción podrá ser más o menos vertical, más propositiva o más indagativa, puede conferirle al alumno grados variables de responsabilidad con su propio proceso de aprendizaje, pero, por definición hace al maestro el principal responsable del resultado de aprendizaje.

c. La opción del aprendizaje autónomo

Queremos destacar una tercera opción que es aquella que consideramos que se hace cada vez más importante en el mundo de hoy. Ella no excluye a las dos anteriores y en muchos casos las integra como parte de sí misma. Es más, consideramos que ésta es una opción para la cual el propio sistema educacional debiera prepararnos. De hecho esta debiera ser una de sus tareas prioritarias. Se trata de aquella opción en la que aparece con mayor fuerza el reconocimiento de la importancia de la meta-competencia del aprender a aprender. Nos referimos a la opción del aprendizaje autónomo o auto-aprendizaje.

Lo que define a esta opción es el hecho que ni suele ocurrir de manera espontánea, tal como ocurren muchos de nuestros aprendizajes por imitación durante nuestros primeros años, ni que descansa en un proceso cuya responsabilidad recae en un tercero, como suele acontecer con el aprendizaje por enseñanza en el que el individuo aprendiente deja en manos de otra persona o del sistema la definición de los contenidos que le serán enseñados y la conducción del proceso que le genera el aprendizaje deseado. En este caso, el sujeto aprendiente se convierte en el agente principal de su propio sujeto de aprendizaje y, como tal, es el mismo quién define lo que requiere aprender y es también el mismo quien diseña sus propias estrategias de aprendizaje.

Como tal, escoge los contenidos de su aprendizaje, selecciona las fuentes del mismo, determina los tiempos del proceso de aprendizaje, se hace cargo de disolver los obstáculos que puedan interponerse en él y se hace él mismo responsable de los resultados de dicho proceso. Para ello dispone de diferentes alternativas que lo obligan muchas veces a combinar tipos de aprendizajes muy distintos. Puede recurrir al aprendizaje por imitación y, por ejemplo, seleccionar a una persona que le sirve de modelo, que hace las veces de «benchmarking», de manera de poder hacer lo que tal persona hace y generar los resultados que ella obtiene y que a él, el sujeto de aprendizaje, le son esquivos. Preguntas claves a este respecto son: ¿qué hace esa persona que yo no hago?, ¿qué hago yo que esa persona no hace? Y ¿cómo llegar al tipo de desempeño que ese otro exhibe?

También puede recurrir al aprendizaje por enseñanza y entrar en un proceso en el que otro le sirva de maestro y lo instruya en lo que debe hacer y cómo debe hacerlo. Podrá también diseñar un programa de formación a través un proceso de lectura a través del cual sea introducido en dominios de competencias y conocimientos que en ese momento no posee. Los medios para hacerlo son múltiples y variables. De entre todos ellos nos interesa destacar en forma particular dos procedimientos.

El primero es lo que llamamos «el ciclo de la reflexión» y sobre el cual nos hemos explayado en algunos trabajos que utilizamos en nuestros programas. Se trata de una modalidad de hacer uso del Modelo OSAR como forma de detectar las insuficiencias que se expresan en nuestros resultados de manera de generar aprendizaje y corregir tales insuficiencias.

El ciclo de la reflexión consiste en cuatro fases:

- evaluación de los resultados obtenidos,
- diseño de nuevas acciones capaces de modificar los resultados,
- viabilización (aprendizaje y negociación) de las mismas y
- ejecución de las nuevas acciones.

Éstas últimas requerirán, a su vez, ser evaluadas, tal como lo hicimos al inicio, con lo cual el ciclo se vuelva a repetir una y otra vez. El ciclo de la reflexión es una herramienta ontológica fundamental para sobrevivir exitosamente en el mundo de hoy.

Cada fase del ciclo requiere un conjunto de competencias específicas, que no es del caso detallar en esta oportunidad. El ciclo de la reflexión en su conjunto convierte a quienes están volcados a la acción en «practicantes reflexivos», desarrollando precisamente en ellos capacidad de aprendizaje autónomo. Ello es particularmente importante en quienes han entrado de lleno en el mundo del trabajo y deben luchar contra su propia obsolescencia.

El segundo procedimiento es el coaching. Éste tampoco es un tema en el que podamos ofrecer una descripción acabada. Lo que nos interesa destacar en esta oportunidad es que el coaching nos proporciona una experiencia de aprendizaje cuando no logramos determinar cómo producir un determinado resultado. Lo que hace el coach es detectar aquello que nos impide observar el camino que nos conduce a un resultado deseado y ayudarnos a disolver los obstáculos que nos impiden tomar las acciones que nos permiten lograrlo. El coach nos ayuda a observar lo que no vemos y a tomar las acciones que no podemos ejecutar, de manera de asegurar el resultado que deseamos. Lo interesante de esta alternativa es precisamente el hecho que es el coachee, el aprendiz, quien define los objetivos del aprendizaje. El coach sólo está allí para facilitar que él o ella logren lo que desean. Se trata, por lo tanto, de una importante alternativa al interior de la opción del aprendizaje autónomo. El coach no es sino un facilitador del compromiso de otro con su propio devenir.

Si el coaching es una herramienta que nos permite alcanzar resultados que deseamos pero que nos son esquivos, cabe imaginar la importancia que las competencias de coaching logran alcanzar en múltiples dominios de la actividad humana. No estamos hablando necesariamente de realizar interacciones propiamente de coaching, sino de algo menor: tan solo de utilizar algunas de las competencias que esta práctica requiere. ¿Qué pasaría si un maestro utilizara las competencias de un coach en el diseño que su práctica docente? ¿Qué pasaría si un gerente, el jefe de un equipo de trabajo, utilizara estas mismas competencias en su gestión? ¿Qué pasaría si utilizáramos estas competencias para mejorar la crianza de nuestros hijos o para mejorar la calidad de nuestras relaciones personales? Ello es precisamente lo que muchas personas buscan cuando toman nuestros programas.

6. Hacia una fenomenología del aprendizaje

Hace ya más de 20 años, mientras me desempeñaba en el campo de la investigación en educación, me hacía una pregunta que me ha acompañado desde entonces. Ella asumía distintas modalidades pero todas ellas se apuntaban en la misma dirección. Cuando alguien dice «aprendí», ¿qué ha pasado? ¿Qué es aquello de requiere haber sucedido para que digamos «tal persona aprendió»? ¿Cuál es la «experiencia» necesaria que nos permite hablar de aprendizaje? ¿Qué designa esta distinción? En otras palabras, ¿de qué estamos hablando cuando hablamos de aprendizaje?

A partir de lo anterior, invitamos al lector a unirse a nosotros para pensar en forma conjunta acerca de la experiencia de aprender. Vamos a incursionar en el aprendizaje de un modo fenomenológico. La fenomenología es un método de investigación que se basa en separar un fenómeno de sus explicaciones, otorgando gran prioridad al fenómeno, y a la vez, suspendiendo el juicio ofrecido por las teorías que hablan acerca de él. Su operación metodológica principal es lo que el filósofo alemán Edmund Husserl llamó, usando una palabra griega, epojé.

El método fenomenológico consiste en examinar el fenómeno, poniendo «entre paréntesis» las interpretaciones existentes sobre él. Cuando hacemos una investigación fenomenológica, no nos ponemos a leer lo que los demás puedan haber dicho sobre el fenómeno que vamos a explorar. Nos concentramos y confiamos en aquellas experiencias particulares –experiencias que hemos tenido nosotros o por las que pasan otros– en las que el fenómeno se hace presente. Experiencias a partir de las cuales la palabra aprendizaje pareciera surgir de manera casi espontánea de nuestra boca.

7. ¿Qué significa entonces aprender?

Cuando decimos que alguien aprendió algo, ¿qué estamos diciendo? Para responder a esta pregunta iremos avanzando progresivamente. En un «primer acercamiento», tomaremos las experiencias más concretas, quizás las más cotidianas y simples, y procuraremos a partir de ellas generar una primera interpretación. A partir de ella, nos preguntaremos si ella logra dar cuenta del conjunto de las experiencias de aprendizaje que somos capaces de imaginar.

Si nuestra interpretación inicial es adecuada, debiéramos ser capaces de hacer sentido de todos aquellos casos que se producen en nuestro alrededor en los que el fenómeno del aprendizaje aparece estar presente. Es más, deberíamos ser capaces de ir incluso más lejos y constatar que, a partir de tal interpretación, estamos en condiciones no sólo de generar aprendizaje sino también de mejorar los resultados de aprendizaje que tienen lugar en aquellas prácticas especificas de aprendizaje que se producen en nuestro entorno.

Pero es muy posible que descubramos que nuestra primera incursión produce una interpretación que no es lo suficientemente comprensiva y que deja fuera algunas experiencias concretas de aprendizaje. En otras palabras, que dando cuenta de algunas experiencias de aprendizaje, tenemos dificultades para dar cuenta de otras. De suceder eso —y como veremos, en este caso va a suceder— ello nos obliga a realizar lo que llamamos un «segundo acercamiento». Esto implica repetir el mismo procedimiento dirigido esta vez, de manera específica, a aquellas experiencias que en el «primer acercamiento» quedaron excluidas. Ello muy posiblemente nos obligará a ampliar la primera interpretación, de manera de darle cabida a las conclusiones que resulten del «segundo acercamiento».

a. Primer acercamiento

Cuando decimos que alguien aprendió, ¿qué debe haber sucedido? ¿Qué está implicado en ello? Pero vamos muy rápido. La fenomenología se realiza a fuego lento. Es un ejerció reflexivo que requiere de mucha paciencia. Disminuyamos por lo tanto el paso. Cualquier precipitación nos puede conducir a no observar algo importante.

Supongamos que alguien dice «Tomás aprendió». ¿Qué es lo primero que se nos presenta cuando esa persona dice eso. Lo

266

primero que se nos presenta es el hecho que hay alguien observando algo, algo que lo lleva a decir que «Tomás aprendió». Hay en consecuencia un observador que al observar algo (ya luego nos preguntaremos que requiere ser ese «algo») dice «Tomás aprendió». Lo primero que emerge es un observador. Como dicen Maturana y Varela, todo lo dicho es siempre dicho por alguien y ese alguien es un observador particular. Toda palabra siempre remite a un observador particular, a alguien que observa el acontecer de una particular manera. Por lo tanto, el aprendizaje emerge como tal, como aprendizaje, para un observador particular.

Así como hay un observador, el juicio de aprendizaje también requiere de alguien o de algo observado. Ese mismo, alguien puede ser el propio observador que se observa a sí mismo y dice «¡Aprendí!». Pero trabajemos con un ente externo y preguntémonos ¿de qué tipo de ente se trata? Obviamente hablamos de aprendizaje observando seres humanos. Pero, ¿se restringe el fenómeno a los seres humanos? Sabemos también que los animales aprenden, que podemos entrenarlos precisamente para que aprendan. Pero no sólo los animales, los sistemas sociales también aprenden. Un determinado equipo aprende. Lo vemos con mucha facilidad en los deportes. Una determinada comunidad también aprende. Incluso se trata de algo que podemos decir de ciertas máquinas que, disponiendo de mecanismos de retroalimentación, logran corregir su comportamiento y nos conducen a decir que aprendieron. El observador, por lo tanto, puede estar observando muy distintas entidades.

¿Pero que es aquello que ese observador hace cuando dice «Tomás aprendió»? ¿Qué tipo de acción está ejecutando? Nuestra respuesta: es un juicio, está emitiendo un juicio. «Tomás aprendió» es, en consecuencia, un juicio emitido por un particular observador. Esto es importante pues, siendo un juicio, ello nos confronta con un conjunto de consideraciones y preguntas adicionales. Por ser un juicio, sabemos, por ejemplo, que es discrepable. Otros observadores podrían no estar de acuerdo con que «Tomás aprendió».

El saber que el aprendizaje es un juicio y que los juicios son un fenómeno declarativo, nos lleva también a preguntarnos por la autoridad que le conferimos a la persona que emite ese juicio. ¿Es el maestro de Tomás quién dice que aprendió? ¿O es sólo un solo un amigo? ¿O es acaso el propio Tomás que lo está diciendo? ¿O se trata de la hermanita chica de Tomás? Es evidente que le otorgaremos más a menos peso a ese juicio dependiendo de la autoridad que le confiramos a la persona que lo emite. En el contexto de la escuela, le otorgamos al maestro la autoridad para emitir ese juicio. Pero muchas veces le conferimos autoridad a varias personas para emitir juicios de aprendizaje y bien puede suceder que ellas discrepen entre sí.

Siendo un juicio, podemos preguntarnos también por el fundamento que tal juicio tiene. Sabemos que ello nos conduce a hacernos fundamentalmente cuatro preguntas:

> ¿Cuál es la inquietud a partir de la cual se hace ese juicio?

> ¿En qué dominio se sitúa el juicio?

> ¿Cuáles son los estándares a partir de los cuales se le hace?

> Y, por último, ¿cuáles son las afirmaciones –acciones, eventos o acontecimientos– que sustentan el juicio?

Digamos que la inquietud es la de conformar un equipo que represente a la escuela en alguna competencia escolar. El dominio es el tenis: «Tomás aprendió a jugar tenis». El juicio que «Tomás aprendió» no podemos extenderlo a otros dominios. En este caso, está acotado al dominio del tenis. ¿Cuáles son los estándares? Que puede jugar partidos de tenis, respetando las reglas del tenis, y ganar algunos de ellos. ¿Y cuáles son las afirmaciones? Que lo hemos visto enfrentarse a Juan, a Carlos, a Blanca, a Mario, a Carmen y a Pepe y que a cuatro de ellos les ganó el partido.

Todo eso está muy bien. Pero todavía no logramos dilucidar por qué ese observador, que es su entrenador, dice que Tomás «aprendió» a jugar tenis. Bien podría decir que Tomás juega tenis. ¿Por qué dice «aprendió»? ¿Qué es aquello que requiere estar presente para que el juicio sea un juicio de aprendizaje y no simplemente un juicio de desempeño? Hemos llegado a las preguntas claves para dilucidar el fenómeno del aprendizaje. ¿Qué debe haber sucedido en aquellas situaciones concretas que observamos para estar en condiciones de caracterizarlas con el juicio de aprendizaje?

Lo primero que observamos es que el juicio de aprendizaje requiere situarse en la temporalidad. Para decir que alguien aprendió requerimos estar comparando el presente con un determinado momento del pasado. Al pasado lo llamaremos el momento A, al presente lo llamamos el momento B. Para que digamos que alguien aprendió algo requiere exhibirse en el momento B, algo que no se exhibía en el momento A. El aprendizaje es un fenómeno que tiene lugar en el tiempo y en el que se compara, se evalúan dos momentos distintos: A y B.

¿Qué es aquello que requiere haber sucedido para poder decir que en el presente (en el momento B) una determinada persona demuestra haber aprendido. Tiene que ser capaz de exhibir una determinada capacidad de acción efectiva que no lograba exhibir en el pasado (momento A). Sin que ello suceda, no podemos hablar de aprendizaje. El aprendizaje, por lo tanto, es un juicio, emitido por un observador, sobre la adquisición en el tiempo de capacidad de acción efectiva. Al hablar de capacidad de acción efectiva estamos hablando de poder.

Esa persona puede hacer en el presente lo que no podía hacer en el pasado. La insistencia que Nietzsche nos hace sobre la voluntad de poder, no es sino la expresión de una voluntad de aprendizaje de los seres humanos, de una voluntad de autotransformación asociada muchas veces también al incremento de sus capacidad para transformar el mundo.

¿Qué es la efectividad? ¿Cómo la detectamos? Cuando hablamos de efectividad, nuevamente, ¿qué estamos haciendo? Estas son preguntas cruciales. Sin dilucidarlas no podremos entender lo que es el aprendizaje. La efectividad es también un juicio y como tal le corresponden todas las propiedades de los juicios. Se trata, sin embargo, de un juicio en el que su relatividad —rasgo de todo juicio— es particularmente notoria. Lo que para un observador puede parecerle efectivo, para otro, que mira la situación desde otra perspectiva, lo mismo pudiera ser altamente inefectivo. El juicio de efectividad evalúa la forma como una determinada acción o un determinado procedimiento se hace o no se hace cargo de nuestras inquietudes al generar determinados resultados.

La efectividad, en otras palabras, sólo se determina en función de los resultados que generan determinadas acciones. Si ciertas acciones producen determinados resultados, resultados que se hacen cargo de nuestras inquietudes, diremos que tales acciones fueron efectivas. Si no se hacen cargo de nuestras inquietudes (algunos hablarán de objetivos, otros de necesidades, etcétera), diremos que esa acción no fue efectiva. Se trata, por lo tanto, de un rasgo que le atribuimos a nuestro actuar pero que se define al relacionar las inquietudes propias del observador que somos, con los resultados que generan nuestras acciones. La efectividad es siempre relativa al observador.

En último término se trata del nivel de satisfacción que logra generar una determinada acción. Y toda satisfacción es siempre la resultante de una ecuación que sitúa un resultado en relación a las inquietudes de un particular observador. Ello nos confronta de otras maneras con el carácter siempre relativo del criterio de la efectividad. Esta relatividad sólo aparentemente se disuelve cuando un conjunto de observadores diferentes expresan un consenso en torno a las mismas inquietudes y sus estándares de evaluación de los resultados. Esta relatividad se suele expresar al interior de un mismo individuo. Hay resultados que producen satisfacción en un particular dominio pero que pueden generar insatisfacciones en otros. Lo que consideramos efectivo en un determinado momento puede mostrársenos como inefectivo en un momento posterior.

Ello nos lleva a examinar el criterio de efectividad cuando nos situamos en el eje de la temporalidad. Los estándares para definir la efectividad de un determinado comportamiento o desempeño suelen tener una alta fluctuación en el tiempo. Aquello que lograba satisfacernos en un determinado momento, luego deja de satisfacernos en la medida que surgen nuevos productos y servicios de desempeños superiores. Hace 20 años atrás, en 1988, tuve un computador Compaq de 10 megas, pesaba 10 kilos y consideraba que éste era sobresalientemente efectivo. Hoy tengo uno de 80 gigas, que pesa dos kilos, hace infinitas otras cosas que el otro no hacía, las hace en una fracción del tiempo que tomaba aquel, y no hablaría de la particular efectividad del computador que dispongo. Con el tiempo, los estándares de efectividad de los computadores se han transformado por completo al punto que resulta casi imposible encontrar en alguna parte alguno de esos computadores de antaño. Los cambios en los estándares de efectividad los hicieron desaparecer.

¿Es la efectividad suficiente para hablar de aprendizaje? ¿No hay acaso algo más en los estándares requeridos para poder convertir el juicio de efectividad en juicio de aprendizaje? Dicho en otras palabras, ¿basta que una persona sea, por ejemplo, efectiva una vez y de cualquier forma para decir que aprendió? Evidentemente no. La capacidad de acción que requiere ser observada para poder hablar de aprendizaje, requiere ser no sólo efectiva, sino también recurrente y autónoma. Tomemos cada uno de estos términos por separado. No basta que una persona algo una sola vez para poder sostener que aprendió. Requiere demostrar que tiene la capacidad de hacerlo una y otra vez. De lo contrario, pudiendo decir que lo hizo una vez, no podemos todavía decir que aprendió. La acción requiere no sólo ser efectiva, sino también recurrente. Tiene que poder repetirla en el tiempo. Tiene que haber «incorporado» esa capacidad de acción y requiere ser capaz de conservarla.

Examinemos ahora el requisito de la autonomía. ¿Diríamos que alguien aprendió a hacer algo si cada vez que lo hace requiere de la ayuda de otro? ¿Diríamos que aprendió si no logra exhibir que puede hacerlo por sí misma? Evidentemente que no. Ello implica que esa capacidad de acción efectiva requiere ser autónoma lo que equivale a decir que puede exhibirse sin que otros le presten ayuda, que se trata de una capacidad de acción hecha propia.

¿Nos falta algo para que el juicio de aprendizaje pueda ser emitido? Creemos que no; creemos que hemos identificado el conjunto de los factores que son normalmente necesarios para sostener que una determinada persona aprendió. Podemos por lo tanto concluir que el aprendizaje es un juicio efectuado por un determinado observador que, al observar el actuar de una determinada entidad (entidad que puede ser él mismo), da cuenta de la adquisición en el tiempo de una capacidad para actuar de manera efectiva, recurrente y autónoma. Si ello se da, tenemos el fenómeno que designamos con la distinción de aprendizaje.

b. Segundo acercamiento: la ampliación del criterio de la efectividad

Disponemos entonces de una primera interpretación sobre el fenómeno del aprendizaje. La pregunta que ahora nos hacemos es: ¿es ella suficiente? Con esta interpretación, ¿logramos dar cuenta del conjunto de los diversos fenómenos de aprendizaje? ¿O queda acaso alguno para el cual esta interpretación demuestra ser inadecuada? Nos parece que ésta es una interpretación adecuada cuando se trata de la adquisición de habilidades. Nos sirve, por ejemplo, para hablar de la acción de conducir un vehículo, de resolver problemas de matemáticas, de hacer uso de determinas tecnologías de información, de aprender idiomas, etcétera. Pero la pregunta sigue siendo, ¿cubre aquello todos los dominios en los que identificamos fenómenos de aprendizaje? Muchas veces nuestras interpretaciones resultan restrictivas precisamente porque no son capaces de dar suficiente cobertura a todos los dominios en los que se manifiesta un particular fenómeno.

¿Hay acaso aprendizajes que no necesariamente se expresan en la capacidad de acción? Esta es una pregunta de la mayor importancia frente a la cual podríamos dar diversas respuestas. Tomemos un primer camino. Si alguien sabe que ayer llovió en la ciudad vecina, ¿qué tiene que ver eso con su capacidad de acción? Si alguien sabe cuántos periódicos se vendieron el 3 de octubre de 1926, ¿no sucede lo mismo? O cuando alguien aprende matemáticas, ¿dónde está la acción?

Para contestar mejor estas preguntas, es conveniente dar vuelta el problema y preguntarnos, en cada uno de esos casos: ¿cómo podemos sostener que alguien aprendió algo? ¿En qué fundamos el juicio de aprendizaje? Y vale responder: en el hecho que si les preguntamos, esas personas nos darán la respuesta que consideramos adecuada. Y, desde nuestra perspectiva —en la que entendemos que el hablar es actuar—, responder adecuadamente es actuar de manera efectiva. Es tener la competencia de desenvolverse en forma correcta en el juego de lenguaje que abrimos con la pregunta que hacemos. En la escuela, el maestro suele requerir de estas respuestas para determinar si hubo o no hubo aprendizaje.

Pero, ¿es esta primera interpretación plenamente satisfactoria? Por desgracia, sólo a medias. Posiblemente le damos satisfacción a un observador externo que requiere poder fundar el juicio de aprendizaje que tuvo o no tuvo otra persona. Como lo recoge el consabido pragmatismo anglosajón, «the proof of the pie is in the eating». Pero esta interpretación no siempre logra darle sentido a múltiples experiencias de aprendizaje para el propio individuo que está aprendiendo. De allí que quedemos con la sensación que algo falta en ella.

¿Cuál es el problema? Busquemos otras experiencias de aprendizaje. Cuando invertimos tiempo y esfuerzo en formarnos, por ejemplo, en las artes. Cuando aprendemos determinados poemas, cuando nos sumergimos en la literatura, cuando buscamos desarrollar en una determinada sensibilidad musical y nos introducimos en la música clásica, ¿por qué lo hacemos? ¿Qué estamos buscando? ¿Es acaso el poder responder preguntas en esos dominios particulares? Cuando Jesús le enseña a sus apóstoles a rezar el Padre Nuestro, ¿es acaso efectividad lo que buscaba? Frente a esto tenemos al menos dos respuestas posibles. La primera consiste en reconocer que Jesús sólo podía decir que sus apóstoles aprendieron cuando comprobaba que ellos eran capaces de rezar de la manera como él lo hacía. Mientras no lograba verificar que ellos podían hacerlo, no podía fundadamente emitir el juicio que aprendieron.

El criterio de la efectividad, por tanto, es necesario emitir el juicio de aprendizaje. Sin embargo, ello es diferente a decir que la efectividad da cuenta de la inquietud que siempre guía el interés de aprendizaje de parte del aprendiz. Ello nos obliga, en un primer momento, a separar el papel de la efectividad como requisito de la fundamentación del juicio de aprendizaje, de la efectividad como la inquietud que guía en el aprendiz su compromiso por aprender. Por lo tanto, si bien el aprendiz muchas veces aprende para lograr ser efectivo en un particular dominio, ello no siempre logra dar cuenta lo que el aprendiz persigue en múltiples experiencias de aprendizaje.

¿Qué otras inquietudes, más allá de la efectividad, nos conducen a aprender? Examinemos una experiencia que me relatara Celina Borja, una de mis alumnas. Celina es trabajadora social y se desempeña en Buenos Aires trabajando, entre otras actividades, con niños de muy escasos recursos. Muchos de ellos han sido rescatados del ocio y la peligrosidad de la calle. Viendo que uno de ellos, un niño pequeñito, muy hábil y despierto, invertía mucho tiempo en seguir los partidos de fútbol y en aprender cuanto podía sobre determinados equipos, lo llama y le pregunta, «¿Y para que te sirve todo eso? ¿No crees que pierdes el tiempo dedicándole tantas horas al fútbol?» El niño, desconcertado, la mira a los ojos y moviendo sus manos con los dedos apretados le dice, «La pasión, Celina; ¡la pasión! ¿No crees que es importante la pasión?» Y nosotros nos preguntamos con él, ¿no es esto algo importante?

Esta anécdota nos muestra que hay resultados del aprendizaje que no logran medirse desde un pragmatismo estrecho que sólo mira y evalúa la efectividad de nuestras acciones. El sentido del aprendizaje no sólo puede establecerse por la efectividad que nos provee en nuestro actuar, sino también por el sentido que aporta a nuestras vidas. En otras palabras, el sentido del aprendizaje muchas veces se relaciona con el sentido de la vida. Pero, ¿es esto último del todo ajeno a la efectividad? Quizás no. Pero ello, al menos, nos obliga a ampliar la noción de efectividad y la situarla más allá de nuestra capacidad de desempeño en dominios específicos; llevarla más allá de determinados dominios concretos de acción y situarla en el dominio más amplio de la existencia. Al hacerlo, pasamos de un pragmatismo estrecho y un pragmatismo asociado con una visión más amplia de la vida.

Muchas veces lo que buscan determinados aprendizajes es tan sólo alterar nuestra forma de ver las cosas, nuestra capacidad de conferir sentido y de articular nuevas narrativas sobre el vivir. Éstos son los resultados esperados. A menudo se trata de buscar como resultado tan sólo modificar el observador que hasta ahora hemos sido y proporcionarle una mirada diferente. ¿Surgirán de ello nuevas acciones? Posiblemente; pero ello no siempre es necesario ni es aquello que en un primer momento buscamos. Lo que buscamos, como resultado, es primordialmente incrementar nuestro sentido de vida. Perseguimos resultados que aspiran a lo que Foucault llamara «el cuidado del Yo» y que nosotros preferimos designar como «el cultivo del alma». «La pasión, Celina». La satisfacción en el vivir. Quizás, tan sólo, una mayor alegría, una esperanza mayor.

Los biólogos lo han sabido siempre. El aprendizaje es una capacidad de la que disponen muchos seres vivos para asegurar la sobrevivencia y proyectar la vida. No hay otro criterio superior para evaluar el aprendizaje que le propia vida. A un primer nivel, vivir es saber y saber es vivir. Ello pareciera ser suficiente para gran parte del reino animal.

Sin embargo, ello no es siempre así para los seres humanos. No nos basta con saber sobrevivir. No nos basta con poder reproducir todos los días nuestra capacidad biológica de la vida. Tenemos la opción de poder vivir de maneras muy distintas y no todas ellas nos conducen a una vida con sentido. Así como podemos llevar vidas miserables, podemos también llevar vidas expansivas, cargadas de sentido y de satisfacción. Y podemos incidir en definir el tipo de vida que tenemos. A diferencia del resto de los animales, los seres humanos somos seres éticos y ello implica en último término que somos responsables, lo asumamos o no, de nuestras propias vidas. De alguna forma intuimos que al términos de nuestras vidas todos nos someteremos al «juicio final» que determina si fuimos o no capaces de vivir bien. La vida para los seres humanos es un obsequio que nos obliga a responder por ella. Poca cosas son más importantes para responder a este obligación, a este imperativo ético, que nuestra capacidad de aprendizaje.

En un segundo acercamiento, por lo tanto, descubrimos que el criterio supremo para la evaluación del aprendizaje es el sentido de vida, es la satisfacción con lo que hacemos y lo que somos. Es en último término la felicidad. ¿Vago? ¿Etéreo? Sin duda, pues cada uno debe determinar dónde buscarla. Pero cuando la hallamos nadie puede arrebatarnos la seguridad de que ese es precisamente el lugar que añorábamos. Todo lo demás se mide en último término por éste criterio.

La efectividad, el aprendizaje y el poder son sólo recursos, instrumentos, para asegurarnos la felicidad. Nada nos complace más que cuando iniciamos algunos de nuestros programas y le preguntamos a nuestros alumnos por qué se han inscritos en él que nos respondan diciendo, «Queremos ser felices», «Vengo tras la búsqueda de una felicidad que me ha sido esquiva», «Quiero aprender a vivir con menos sufrimiento». Al escuchar esas palabras, tenemos la impresión que estamos alineados tras los mismos objetivos. Eso es precisamente lo que nosotros procuraremos que ellos aprendan. Que cada uno encuentre su propio camino hacia un mayor sentido de vida. Como nos señala Spinoza, cuando se apoderan de nosotros las pasiones tristes, nuestro ser está en cautiverio, está aprisionado, y es responsabilidad de cada uno ayudarlo a salir de allí. Nuestro ser requiere entonces ser liberado y para ello es preciso hacerlo fluir.

8. El aprendizaje como manifestación de la competencia ontológica de la escucha

Una tesis principal del discurso de la ontología del lenguaje es el reconocimiento del carácter activo y transformador del lenguaje. Ésta la hemos desarrollado ampliamente en múltiples otras obras. Ello implica sacar el lenguaje de aquella interpretación tradicional restrictiva que le confiere un rol pasivo y descriptivo y que lo describe en términos de su capacidad de almacenamiento y transmisión de conocimientos e información. Para esta interpretación tradicional el lenguaje «da cuenta» de lo que percibimos, pensamos y sentimos y, por lo tanto, se apega a lo ya existente. Hemos bautizado esta interpretación como una interpretación «contable». Toda comprensión del lenguaje como una herramienta de expresión y comunicación es tributaria de esta interpretación tradicional.

A ella hemos opuesto una interpretación que hemos caracterizado como «generativa» y que reconoce el poder mágico y transformador de la palabra. El lenguaje, sostenemos, no sólo describe pasivamente lo que ya existe. Hablar es actuar y ese actuar conlleva la posibilidad que ese actuar haga que pasen determinadas cosas, cosas que no hubiesen sucedido si no hubiésemos hablado. Sin negar la capacidad del lenguaje para almacenar y transmitir información, desde esta nueva interpretación el énfasis se coloca en la capacidad que posee el lenguaje para generar nuevas realidades, para dar existencia a situaciones que antes de ese hablar, no existían. Con el lenguaje, sostenemos, transformamos el mundo y con él también nos transformamos a nosotros mismos.

Previamente hemos señalado que la capacidad de transformación de nosotros mismos corresponde, por lo general, con lo que llamamos aprendizaje. Se trata de expresiones muchas veces equivalentes. Todo aprendizaje representa una transformación de uno mismo. Sin embargo, no toda de transformación de uno mismo es necesariamente aprendizaje. Podemos alterar, por ejemplo, algunos aspectos de nuestra fisonomía, de nuestra apariencia física, de nuestra imagen externa frente a los demás, y no llamaríamos a esos cambios aprendizajes. El aprendizaje implica una transformación de nuestra capacidad de acción o de observación. Implica alterar la manera como me comporto o como hago sentido de lo que sucede. Estos son los dominios que requieren estar involucrados para que podamos hablar de aprendizaje. Ello nos conduce a un segundo postulado del discurso de la ontología del lenguaje que sostiene que tales cambios, al nivel del observador y de la acción, modifican el ser que es cada uno. El aprendizaje, por lo tanto, conlleva una transformación del alma, de la particular forma de ser de cada uno.

Nos interesa vincular el fenómeno del aprendizaje con nuestra interpretación del lenguaje que destaca su carácter activo y su poder transformador y generativo. Ello por lo general nos hace poner una especial atención en el dominio del habla y en los diferentes fenómenos del habla que lo constituyen. Sin embargo, el sentido último del habla reside en la escucha. Hablamos para ser escuchados. La escucha, lo reiteramos una y otra vez, valida el habla y le sirve como el criterio más importante para determinar su calidad, su propia efectividad. Ello implica que, no sólo no podemos separar de manera radical habla y escucha, sino que requerimos subordinar el habla a la escucha.

Como lo hemos desarrollado ampliamente en otro lugar, la competencia de la escucha se sustenta en una doble apertura. Para que la escucha tenga lugar, requerimos abrirnos de dos maneras distintas, La primera implica una apertura a la comprensión de un otro diferente, de un individuo que interpreta el acontecer de manera distinta y que actúa sobre ese acontecer de acuerdo al tipo de observador que él o ella es, dadas sus interpretaciones de él. Mientras estemos en encerrados en nosotros mismos, en nuestras interpretaciones y en nuestras formas de actuar y comportarnos, difícilmente podremos escuchar al otro.

Hemos señalado que para producir esta primera apertura es preciso instaurar en cada uno de nosotros una disposición, una determinada actitud hacia el otro, una particular emocionalidad. Nos referimos al respeto por nuestras diferencias. Ser diferentes no es razón para invalidarnos, para descalificarnos, para villanizarnos ni para demonizarnos, que es precisamente lo que habitualmente hacemos. El respeto, para nosotros, es la aceptación del otro como diferente, legítimo y autónomo. Aceptamos que somos diferentes. No luchamos por abolir toda diferencia. Aceptamos que nuestras diferencias son legítimas y, por lo tanto, ellas por sí mismas no comprometen el valor que nos asignamos como personas. Y aceptamos también que cada uno busca actuar de acuerdo a como piensa, de acuerdo a sus propias interpretaciones. Somos seres autónomos.

Éste ha sido uno de los desafíos más difíciles que hasta ahora ha enfrentado nuestra especie. Por lo general no tenemos demasiada dificultad para entender al otro mientras éste sea similar a nosotros y mientras no presente diferencias muy importantes en relación con nuestra manera de observar y de actuar. Pero históricamente nos ha costado mucho escucharlo cuando lo que predomina no es nuestra «comunalidad», sino nuestra diferencia.

La segunda apertura es todavía más radical. Ella no se limita a comprender a otro diferente. Cuando aquel otro nos habla, su habla no sólo releva un individuo que, más allá de las diferencias que mantiene con nosotros, nos desafía a comprenderlo. Su habla también es acción y como tal conlleva un poder transformador sobre nosotros. Ella es siempre una invitación a que podamos ver las cosas como él o ella las ve, que nos acerquemos por lo tanto no sólo al observador que es ese otro, sino también que nos abramos a la posibilidad de actuar cómo él o ella lo hacen, como él o ella nos los sugieren, como él o ella quisieran que lo hiciéramos. A partir del reconocimiento del poder transformador que le asignamos al lenguaje, se trata de abrirnos a la posibilidad de ser transformados por la palabra del otro. Cuando tal apertura se produce, la transformación que habilitamos también permite llamarse aprendizaje.

Ello nos permite concluir, por lo tanto, que la capacidad de escucha, tal como la estamos interpretando, es la competencia ontológica fundamental en la que el aprendizaje requiere sustentarse. Aprender significa estrictamente un ejercicio de escucha, así como la escucha permite ser vista como una competencia genérica que, como uno de sus resultados, precisamente genera aprendizaje.

Toda conversación, decimos a menudo, encierra el poder de la conversión. Toda conversación puede transformarnos, llegando incluso a modificar el tipo de ser que hasta entonces habíamos sido. Toda conversación puede constituirse en una gran experiencia de aprendizaje. Pero hagamos ahora un enroque entre esos mismos términos, entre el fenómeno de la conversación y el fenómeno del aprendizaje. Al hacerlo, constatamos que toda experiencia de aprendizaje remite, en último término, a procesos conversacionales que la sustentan y le dan dirección. Todo proceso de aprendizaje es, en rigor, un proceso conversacional. Al entenderlo así, podemos ahora procurar hacer una reconstrucción de los procesos de aprendizaje en términos de los distintos componentes conversacionales, de las diferentes competencias conversacionales, en las que dicho proceso se apoya o requiere apoyarse para llegar a ser efectivo. Éste es un desafío que, por el momento, dejamos abierto.

9. ¿Cómo devenir un aprendiz efectivo?

A un nivel genérico no es posible definir estrategias concretas de aprendizaje que sean igualmente válidas para todos los seres humanos. Somos diferentes y cada individuo posee determinadas habilidades y dificultades para desarrollar su capacidad de aprendizaje. Disponemos de estilos de aprendizajes diferentes y es importante que cada uno pueda identificar cuál de ellos le sirve mejor. Estos estilos de aprendizaje han sido caracterizados de muy distintas maneras. Algunos proponen, por ejemplo, una clasificación que destaca la importancia de lo visual, de los auditivo o de lo kinestésico. Hay múltiples otras clasificaciones y no creemos que sea pertinente explorarlas en detalle en esta oportunidad. Así como existen múltiples caminos para pensar, también son muy variados los caminos del aprendizaje y el que pudiera servirle a una persona no le sirve necesariamente a otra.

Nuestro interés, al menos en este texto, es concentrarnos tan sólo en lo que nos es posible situar a un nivel ontológico, en un nivel que es pertinente para todo y cualquier ser humano; es destacar lo que creemos válido para el conjunto de los seres humanos. Es a este nivel que procuraremos destacar algunos elementos que es importante tomar en consideración para facilitar los desafíos de aprendizaje que enfrentamos.

El fenómeno de la ceguera cognitiva

Si se nos pidiera hacer una lista con todas las cosas que sabemos, todas aquellas que hemos aprendido, eso sin duda nos va a tomar mucho tiempo. Sin embargo, podemos imaginar que llegará un punto en el que vamos a dar la lista por completa. En otras palabras, se trata de un universo finito. Él da cuenta que lo que sabemos que sabemos. Si se nos pide, ahora, que hagamos una lista de todo lo que no sabemos, nuevamente es muy posible que volvamos a invertir en ello muchos días pero, nuevamente, podemos imaginar que llegará un momento en el que nuestra lista estará completa. De nuevo, estamos también en otro universo finito. Se trata, esta vez de aquel que da cuenta de lo que sabemos que no sabemos.

Sin embargo, nuestro saber sobre lo que sabemos y lo que no sabemos no logra dar cuenta del inmenso universo de lo que podríamos saber. Además de estos dos dominios que quedan expresados en las dos listas que hemos confeccionado arriba, existen dos universos que han quedado excluidos y que no son parte de lo que sabemos. Decimos que ellos están en un especio de penumbra y dan cuenta de un fenómeno que llamamos «ceguera cognitiva». La primera ceguera cognitiva, que para nuestros propósitos es menos importante, guarda relación con el dominio de cosas que no sabemos que sabemos. Muchos aprendizajes los hemos realizado de manera no consciente, espontánea, en el convivir con otros y como resultado de la práctica de hacer lo que hacemos. No nos damos cuenta que, en el camino, aprendimos muchas cosas que han devenido transparente en nuestro operar. A menudo, es sólo cuando nos comparamos con otros, que descubrimos que poseemos competencias que ellos no tienen y de las que no estábamos conscientes. En otras palabras, descubrimos que no sabíamos que sabíamos. Ésta es una primera situación de ceguera cognitiva.

Aquella que más nos interesa es otra. Se trata de una que suele tener un inmenso impacto en nuestra capacidad de aprendizaje. Ella se refiere al universo infinito de cosas que no sabemos que no sabemos. Lo importante a destacar es precisamente el hecho que este universo es infinito. No podemos imaginarnos el hecho que alguien tenga la capacidad de hacer esa lista y llegar a terminarla. Siempre es posible añadir nuevas cosas más a ella. Esta constituye una segunda ceguera cognitiva.

Esto tiene algunas consecuencias de importancia. Aquello que se sitúa en el espacio de lo que no sabemos que no sabemos, precisamente por situarse allí, no produce en nosotros el efecto de abrirnos a su aprendizaje. Ya lo manifestaba Heráclito. «Si no esperamos lo inesperable, jamás lo descubriremos pues ni siquiera lo buscaremos». En un primer momento, pareciera que estamos condenados a esta clausura de nuestras posibilidades de aprendizaje. Bien podría argumentarse, si no sabemos que no sabemos algo, ¿cómo podemos estar dispuesto a aprenderlo? Pero creemos que existe una salida, al menos parcial a este problema. Si bien no podemos remediar los efectos de no saber lo que no sabemos, podemos reconocer la existencia del fenómeno general de la ceguera cognitiva y, a partir de ello, mantener una actitud de apertura que muestra que, al menos, sabemos que no sabemos todo lo que no sabemos. Podemos, en el decir de Heráclito, comenzar a esperar lo inesperable.

Ello implica instaurar en nosotros una nueva actitud, una nueva disposición, una nueva emocionalidad. Se trata de instituir en el observador que somos una particular curiosidad por lo desconocido, una mayor disposición a ser sorprendidos, una mirada que mira aquello que mira aceptando que existen espacios que le son inaccesibles, espacios que para esa mirada son misteriosos y que no es posible descartar que determinadas experiencias nos revelen facetas del mundo y de nosotros mismos que anteriormente no percibíamos. Ello implica también tomar lo que sabemos con humildad, evitando la soberbia y la arrogancia que se genera cuando sólo nos afirmamos en lo que creemos saber y no abrimos espacio para el asombro frente a lo que no sabemos.

Una segunda línea de argumentación en torno a las consecuencias de lo señalado genera una conclusión que consideramos importante. Hemos sostenido que lo que sabemos es finito. Hemos comprobado también que lo que no sabemos es infinito. Si aceptamos estas dos premisas, ello implica que todo ser humano, no importa las condiciones que enfrente, es siempre infinitamente ignorante. Frente a la infinitud de lo que no sabemos, nuestras competencias y conocimientos, por muy importantes que ellos sean, son siempre infinitamente pequeñas. Vivir desde esta premisa implica vivir con una apertura al aprendizaje muy diferente de aquella que caracteriza a quién antepone lo que sabe frente a lo que no sabe. Todo esto refuerza nuestra conclusión anterior y le da mayor solidez a la disposición de humildad frente a los desafíos del aprendizaje.

10. Una mirada a Sócrates

Sócrates, filósofo griego que vivió en Atenas en tiempos de Pericles, es considerado por muchos el padre de la filosofía occidental. Cuando Querofonte, amigo de Sócrates, fue al templo de Apolo en Delfos, la Pitia –aquella sacerdotisa que entregaba los oráculos de Apolo– le dijo que Sócrates era el más sabio de todos los hombres. Ello, sin embargo, no podía ser más paradojal. Si algo caracterizaba a Sócrates era el hecho que hacía profesión de ignorante cada vez que entablaba con alguien una conversación.

En efecto, siempre que Sócrates debatía algún asunto con alguien, se preocupaba de manera especial de dejar en claro que sobre el tema en cuestión él no pretendía saber nada. ¿Cómo se explica que alguien como Sócrates, que profesaba permanentemente su ignorancia, fuera considerado por la Pitia como el más sabio de todos los hombres? Si, como sostenía la Pitia, Sócrates era sabio, ¿cómo podía afirmar, sin contradecirla, que era ignorante? A la inversa, en la medida en que Sócrates insistía en su ignorancia, ¿cómo podía la Pitia sostener que era el más sabio?

La forma en que el propio Sócrates abordó esta paradoja, consistió en señalar que es sabio quien supone que no sabe. En otras palabras, que es expresión de mayor sabiduría el suponer que no sabemos, que suponer que sí sabemos. Luego de compararse con alguien que tenía fama de sabio y que presumía de saber lo que significa ser noble y bueno, Sócrates hace la siguiente reflexión:

> «*Soy más sabio que este ser humano, puesto que, probablemente, ninguno de nosotros conoce algo noble y bueno, pero él supone que sabe algo cuando no sabe, mientras yo, en tanto no sé, ni siquiera supongo que sé. Es probable que sea un poco más sabio que él en esto mismo: que lo que no sé, no supongo que lo sé.*»
>
> *Apología de Sócrates*

Con respecto al aprendizaje, es más sabio suponer la ignorancia que el conocimiento.

Para Sócrates nada es más problemático que la presunción de saber, que derivamos del sentido común. Vivir desde allí es vivir en una suerte de sonambulismo, al interior de una bruma que no reconocemos como tal. Para aprender a bien vivir, inquietud fundamental que guía a Sócrates, él promueve el camino inverso. Orienta su vida desde la premisa de la ignorancia, desde el reconocimiento que no podemos descansar en el sentido común, y que la ignorancia es nuestro punto de apoyo más seguro. Según Sócrates, de lo único que nos es posible presumir es de saber que no sabemos. La seguridad que nos proporciona el sentido común es para Sócrates una ilusión, una presunción que es preciso disolver. Aquel que acepta entrar por el camino de la disolución de las supuestas certezas que le proporciona el sentido común, entra simultáneamente por camino del bien vivir.

En las conversaciones que Sócrates mantiene con sus conciudadanos, las preguntas y no las respuestas son lo importante. El blanco predilecto en sus diálogos es aquello que suponemos saber. Su maestría consiste precisamente en demostrarles a sus interlocutores cómo, detrás de esa presunción, reside en rigor nuestra ignorancia. Pero se trata de una ignorancia que no se reconoce a sí misma. Quien no manifieste una disposición a poner en cuestión sus respuestas, nos dirá Sócrates, orientará su vida por la senda equivocada. El ideal de vida, reitera, es la vida indagada. Esta es la única vida que merece ser vivida. El compromiso con la indagación representa lo más importante que un ser humano puede alcanzar, y es la puerta abierta hacia el aprendizaje.

El punto anterior se ve asociado con un fenómeno, hoy en día ampliamente reconocido en la teoría de la ciencia, llamado la paradoja del conocimiento. Nos hemos referido a ella previamente. Durante mucho tiempo se pensaba que mientras más avanzaba el conocimiento, más se reducía el espacio de lo que no sabíamos. De alguna forma, todo conocimiento algo restaba del espacio de nuestra ignorancia. Los hechos, sin embargo han comenzado a demostrar el fenómeno opuesto. Mientras más se desarrollan nuestros conocimientos, más crece la extensión de lo que intuimos que no sabemos. Lo que en un primer momento pareció extrañar a muchos, hoy se acepta en la medida que se reconoce que lo que no sabemos es infinito y, por consiguiente, cualquier avance en ese territorio no logra reducirlo.

Pero existe una tercera dimensión que también requiere ser advertida. A partir de la introducción de la noción del observador, hemos planteado que en rigor no sabemos cómo son las cosas. La antigua presunción de verdad ha sido puesta en cuestión. Hoy comenzamos a reconocer que sólo disponemos de interpretaciones que nos sugieren, no cómo son las cosas, sino tan solo cómo podrían eventualmente ser. Ello implica que nuestros conocimientos por muy sólidos que aparenten ser, son siempre conjeturales. Nunca podemos estar plenamente seguros de que las cosas sean efectivamente de acuerdo a cómo las interpretamos. Sólo disponemos de conjeturas, de hipótesis, sobre las cosas. No sólo podemos abrirnos al espacio infinito de lo que no sabemos. Aquello que creemos saber tampoco es seguro. Sólo resultará válido hasta el momento en que surja una nueva y más poderosa interpretación. Y ello puede acontecer en cualquier momento. Esta nueva conclusión refuerza incluso más la necesaria apertura que requerimos tener frente a los desafíos del aprendizaje.

Una vez que el observador que somos comience a operar desde esta apertura que hemos invocado desde tan distintos lados, la disposición al aprendizaje evidentemente se incrementa. Ella representa, por lo tanto, una importante precondición de la competencia que nos lleva a aprender a aprender.

a. La declaración de ignorancia

Los procesos de aprendizaje suelen arrancar de una determinada acción que realizamos en el lenguaje. Es más, muchas veces para que tales procesos se desencadenen es preciso hacerlos arrancar de tal acción, pues, de lo contrario, el camino del aprendizaje no se abre. Nos referimos a la declaración de ignorancia, al hecho declarar «¡Esto no lo sé!». Son muchas las personas que evitan hacer esta declaración. Sienten que hacerla los disminuyen, exhibe no sólo sus debilidades, sino también sus vulnerabilidades. Piensan a veces que el honor pareciera estar comprometido si declaramos que hay algo que no sabemos.

Estas dificultades para emitir la declaración de ignorancia suele estar ligada a determinadas circunstancias o contextos. Hay quienes se ven inhibidos a hacerla en el contexto del trabajo, pues suponen que lo importante en él es mostrar todo cuanto sabemos, pues es en razón de aquello que se nos ha contratado. Un padre muchas veces se inhibe a declarase ignorante frente a sus hijos, pues cree que al ellos descubrir su ignorancia, quizás lo respetarán menos. Lo mismo sucede muchas veces en la relación de un profesor con sus alumnos. En fin, los son muy diversos. Con ello no sólo comprometemos nuestras posibilidades de aprendizaje y, por lo tanto, prologamos nuestra ignorancia, de la misma manera, nuestro comportamiento tiene además un efecto en los sistemas sociales en los que participamos y tiende a generar también en otros la dificultad de reconocer lo que no saben. El sistema social termina restringiendo su capacidad de aprendizaje.

La dificultad que exhiba una determinada persona para realizar la declaración de ignorancia tiene un efecto de modelaje y ello es imitado por los demás con lo que sus efectos restrictivos se multiplican. A la inversa, cuando se instituye la declaración de ignorancia en un determinado sistema social, la capacidad de aprendizaje de tal sistema se refuerza.

Pero hagámonos cargo de las dificultades que inhiben esta declaración al nivel de un observador particular. Si examinamos los temores que inducen a un individuo a no reconocer (sea pública o privadamente) que no sabe, descubrimos ellos suelen ser infundados. Son pocos los seres humanos que no saben o que, al menos, no intuyan la inmensidad de lo que no saben. Ser humano, como nos lo ha dicho Blaise Pascal, es saberse miserable, es saberse profundamente limitado, vulnerable, atrapado en la finitud propia de nuestra existencia. Cuando observamos que otro ser humano, muchas veces con más conocimientos y competencias que nosotros, declara sin dificultad que hay cosas que no sabe, por lo general ello incrementa nuestro respeto y admiración hacia él o ella. Ello le confiere ventaja. Y si esa persona, que puede ser mi jefe, mi maestro o mi padre, declara en paz su ignorancia, ello me induce a hacer lo mismo y producir quizás en otros el efecto que tales declaraciones tuvieron en mis propias posibilidades de aprendizaje.

El temor de reconocer nuestra ignorancia nos conduce a prolongarla. Se trata de una manera de esconder lo que no sabemos en vez de dejarlo de manifiesto y avanzar hacia la superación de esa ignorancia ahora develada. La declaración de ignorancia, tal como lo señalamos al inicio de esta sección, es no sólo el inicio, sino también la precondición del camino del aprendizaje. En la modalidad de aprendizaje autónomo ella deviene una herramienta insustituible.

11. Algunos obstáculos del observador que bloquean el aprendizaje

Existen múltiples razones por las cuales la gente pierde oportunidades de aprender o tiene dificultades para hacerlo. Muchas de ellas remiten al tipo de observador que los individuos son. Como tal estas dificultades podemos situarlas en los cuatro dominios primarios del observador: la biología, la corporalidad, la emocionalidad y el lenguaje. En esta sección nos concentraremos en dos de estos factores: lo juicios, que pertenecen al dominio de lo lingüístico, y las emociones. Ellos se encuentran por lo demás estrechamente relacionados en la medida que las emociones pueden ser reconstruidas lingüísticamente en términos de juicios y que los juicios desencadenan determinadas emociones.

Antes de ello, sin embargo, queremos hacer un alcance sobre la relación del cuerpo con el aprendizaje. El cuerpo, tal como lo hemos señalado, permite ser abordado a partir de dos miradas diferentes: la mirada de la biología y la de la corporalidad. Si aceptamos que las acciones humanas están determinadas, en sus condiciones de posibilidad, por nuestra estructura biológica, tenemos necesariamente que aceptar que ella es también un primer factor de determinación en nuestra capacidad de aprendizaje. El estudio de las relaciones entre la estructura biológica y el comportamiento humano, es importante reconocerlo, se encuentra en sus albores. Sin embargo, los últimos avances registrados en ellas han sido sorprendentes. Ya hemos hecho referencia a las contribuciones realizadas durante las últimas décadas en torno a la biología del aprendizaje.

Todo aprendizaje sucede en el cuerpo y el cuerpo se encuentra directamente involucrado en él. Todo aprendizaje, para que sea tal, para que se asiente como aprendizaje, requiere de un proceso de incorporación, requiere hacerse cuerpo. En este sentido, hablamos de la corporalización del aprendizaje. Con ello apuntamos al dominio conductual, campo propio de la corporalidad. Estamos diciendo que el cuerpo del aprendiz debe ser capaz de desempeñar acciones que no era capaz de realizar antes. Cualquier cosa que hagamos, la hacemos con nuestro cuerpo. Cuando esto se reconoce, nos alejamos del supuesto que el aprendizaje es un proceso que sólo tiene lugar en el cerebro o en la mente de las personas. En general, todo el cuerpo está involucrado en él en la medida que la conducta del individuo se ve afectada.

Y así como el aprendizaje afecta la corporalidad, de la misma manera la corporalidad afecta también las posibilidades de aprendizaje. Hay cuerpos dispuestos corporalmente al aprendizaje de la misma manera como hay cuerpos a partir de los cuales el aprendizaje se hace muy difícil. Todo cuerpo es un cuerpo más o menos dispuesto a determinadas experiencias y tales disposiciones se expresan en posturas, en movimientos, en la gestualidad del individuo. Se expresa incluso en su patrón de respiración y su nivel de relajamiento muscular. Por lo general no tenemos dificultades para reconocer cuando encontramos cuerpos que no están adecuadamente dispuestos al aprendizaje. Muchas veces antes de iniciar el proceso mismo de aprendizaje, resulta necesario lograr que esos cuerpos se coloquen en la disposición adecuada para facilitar el aprendizaje que buscamos iniciar. Todo maestro sabe que observando las posturas y gestualidades de sus alumnos, él o ella pueden inferir cuán presentes, abiertos y comprometidos esos cuerpos están durante el proceso de enseñanza-aprendizaje.

a. Algunos juicios del observador que bloquean el aprendizaje

Existe un amplio rango de obstáculos al aprendizaje que proviene del lenguaje y muy particularmente de los juicios que tenemos sobre nosotros mismos o sobre aquello que es materia de aprendizaje. Hemos abordado el tema de los juicios con anterioridad. En esta oportunidad sólo nos concentraremos en su rol como barrera a la posibilidad de aprender. Para tal efecto, examinaremos algunos de los juicios –de entre los muchos que podrían señalarse– que bloquean el aprendizaje.

Toda experiencia de aprendizaje representa una jornada hacia territorios que no nos son familiares, hacia lugares desconocidos, no transitados previamente por nosotros. Cada incursión en el aprendizaje nos enfrenta a situaciones nuevas. Una de las paradojas de la experiencia de aprender guarda relación con el hecho que ella implica desplazarse hacia un nuevo espacio existencial que expande el horizonte de lo posible. Sin embargo, muy a menudo sucede –no es siempre el caso– que la experiencia de habitar el espacio anterior al aprendizaje suele ofrecerse como la de un espacio lleno, sin vacíos que permitan albergar posibilidades nuevas. Vivimos en la plena conformidad de nuestro propio espacio vital. Cuando ello acontece, solemos confundir lo nuevo con lo conocido; no somos capaces de reconocer lo que no nos es familiar. No vivimos con la suficiente apertura para reconocer lo nuevo y asombrarnos con ello.

Un primer obstáculo surge precisamente de esta situación. Hay personas que suelen no ver lo nuevo como nuevo. Más bien, lo ven como más de lo antiguo, como algo que ya conocen. El juicio que las caracteriza es «Esto yo ya lo sé». Existen múltiples formas para expresar esto, pero todas se reducen al hecho que somos incapaces de ver lo nuevo como nuevo. Por ejemplo, otra modalidad equivalente es aquella que recurre al juicio «Esto es lo mismo que ...». A través de este juicio muchas veces reducimos lo nuevo a lo antiguo y perdemos la posibilidad de observarlo en su originalidad.

Hay innumerables ejemplos de cómo se han perdido oportunidades de negocios porque la gente vio lo nuevo como más de lo viejo. Lo mismo sucede en el dominio del conocimiento. ¿Cuán a menudo nos hemos visto reaccionar diciendo, «Sé de lo que se trata», sólo para darnos cuenta más tarde que no teníamos la más vaga noción de lo que estaba sucediendo?

El principal obstáculo para aprender cuando vivimos en el juicio «Esto yo ya lo sé», es nuestra resistencia a abandonar nuestros supuestos. Dondequiera que estemos o cualquiera sea nuestro nivel de comprensión, tendemos a hacernos coherentes a nosotros mismos y al mundo. Cualquier nuevo suceso, cualquier dominio de acción inexplorado es, de alguna manera, una amenaza para esa coherencia. A menos que estemos dispuestos a desprendernos de nuestras formas usuales de dar sentido a las cosas, puede resultar difícil abrirse a lo nuevo y reconocerlo como tal.

Esta es una de las principales ventajas que los niños tienen sobre los adultos. Los niños no sólo tienen menos supuestos que defender, están, además, en una mayor disposición a desprenderse de los que tienen. Normalmente, están menos preocupados de preservar lo que saben. Ser niño es vivir en el asombro del descubrimiento de dominios de acción cuya existencia ni siquiera era capaz de anticipar. Aquí es donde reside su inocencia. Es fácil engañar a un niño. Los adultos, en cambio, por lo general, han perdido esa inocencia. Tienden a ser más defensivos respecto de sus supuestos y creencias.

Otro juicio que hace de barrera al aprendizaje surge, esta vez, aceptando que estamos frente a algo nuevo, pero planteando; «Yo nunca podría aprender esto». Detrás de esta frase puede haber diferentes historias. Algunos dirán, «No soy lo suficientemente hábil para conocer esto», «Esto es muy complicado para mí», «Pero si a mi me cuesta aprender»; «Yo soy malo para...» Podríamos llegar a tener una lista interminable de razones para decir, «Yo no puedo aprender esto». El nuevo dominio de acción que se le muestra a esas personas no les parece asequible. En cierto sentido, lo nuevo inhibe a la persona en tanto parece estar más allá de su alcance. Llamamos falta de auto-confianza (o autoestima) a la emocionalidad que resulta de este juicio.

Lo interesante de este tipo de juicios es que están fundados en una caracterización negativa de cómo somos, a partir de la cual cerramos posibilidades de acción. Todos ellos descansan en el supuesto que «dado como soy, nunca podré actuar de la manera que se me ofrece en el aprendizaje». Ello supone que el ser antecede a la acción. Desconoce, por lo tanto, la relación complementaria: que la acción genera ser y que, a través del aprendizaje, lo que se me ofrece es, precisamente, la posibilidad de cambiar mi forma de ser. Hace del «no saber algo» la razón para perpetuar el no saber, cuando ello puede ser justamente la razón para tomar la decisión de aprender.

Otro grupo de juicios que interfiere en el aprendizaje se refiere a las opiniones que vierte quien está en proceso de aprender, sobre cómo se le debería enseñar o cómo debería estar aprendiendo durante el proceso. Una forma que este tipo de juicio adquiere es la siguiente «Estoy dispuesto aprender, pero siempre que se me enseñe de tal o cual forma», como si quien está aprendiendo supiera cuál es la mejor forma de enseñar aquello que no sabe. Otra forma es el juicio que sostiene, por ejemplo, «Dado que no todo me queda claro de inmediato, es seguro que no lo voy a poder aprender». La situación, aunque esta vez inversa, es equivalente a la anterior: quien está aprendiendo lo que no sabe, supone que sabe cómo debiera aprenderlo.

Cada vez que enfrentamos un quiebre negativo en la vida, vale decir, una situación que nos confronta con la insatisfacción respecto de lo que nos sucede, se nos suele abrir una gran oportunidad de aprendizaje. Sin embargo, no siempre aprovechamos esta oportunidad de manera que de ella salgamos aprendiendo algo. Nuevamente, el que podamos aprovechar o desperdiciar esa oportunidad, está fuertemente relacionado con el tipo de juicios que hacemos al enfrentar el quiebre.

La persona que, al enfrentar un quiebre negativo, tiende a responsabilizar a los demás y no asume ninguna responsabilidad propia, escasamente abrirá oportunidades de aprendizaje. Quien, por el contrario, enfrenta los quiebres negativos preguntándose «¿Qué pude haber hecho que no hice (o no supe hacer) que, al margen de las responsabilidades ajenas, me hubiese evitado esta situación?» estará sin dudas en mejores condiciones de detectar deficiencias en su comportamiento y de abrir un espacio para aprender.

De la misma manera, la persona que enfrenta quiebres negativos a través de historias y juicios personales que sólo apuntan a «explicar» o «justificar» el quiebre, sin moverse hacia la acción, tampoco reconocerá en ellos oportunidades de aprendizaje. Típico en estos casos es la fórmula «Esto me sucedió porque soy ...» o «Esto pasó porque Juan es un ...». Si damos el juicio como una forma de caracterizar como «somos» (nuestro «ser» o el «ser» de Juan), cerramos la posibilidad de emprender las acciones que permitan en el futuro evitar ese mismo quiebre. Entre ellas, obviamente, destaca el aprendizaje.

b. Algunas emociones del observador que bloquean el aprendizaje

Las emociones constituyen un aspecto fundamental de todo proceso de aprendizaje. Para ello deben ser consideradas y diseñadas como parte del proceso. La disposición al aprendizaje no es una función de la veracidad de lo que enseñamos, sino de la apertura emocional que se produce en quien aprende. La persuasión es sólo una forma de seducción, y la experiencia de captar algo como verdadero es básicamente una experiencia emocional. Los procesos intelectuales operan sobre cimientos emocionales.

Siguiendo a Maturana, entendemos las emociones como particulares predisposiciones para la acción (ya se trate de emociones propiamente tales o de estados de ánimo, de acuerdo a la distinción que hemos formulado en páginas anteriores). Los seres humanos nos encontramos siempre en determinados estados emocionales. Es difícil detectar en la vida una situación que podamos definir como carente de emocionalidad. Tal como lo hemos señalado anteriormente, la propia apatía (de griego a-pathos, falta de emoción) es, de por sí, un tipo de emocionalidad. La emoción, por lo tanto, define nuestra modalidad de ser en el presente, en relación a nuestra disposición para la acción.

Cuando vivimos la experiencia que ciertas posibilidades de acción se abren y otras se cierran, podemos identificarla a partir de determinadas disposiciones emocionales y decimos, por ejemplo, que estamos entusiasmados, tristes o furiosos. En cada una de esas emociones hay ciertas acciones que son posibles y otras que no lo son. En cada una de esas emociones nuestra apertura hacia los demás y, en general, hacia la propia vida, es diferente. Nuestra disposición al aprendizaje, siendo éste una particular modalidad de acción, no sólo remite a las restricciones que resulten de nuestra estructura biológica o al tipo de juicios que podamos hacer sobre lo que nos acontece. Ella remite también a las condiciones emocionales en las que nos encontremos.

La relación entre la emocionalidad y el aprendizaje es quizás uno de los temas más importantes de abordar. Ello, por cuanto ha sido históricamente una de las temáticas más ignoradas por nuestra tradición racionalista y logocéntrica, que ha privilegiado siempre los aspectos de contenido en los procesos de aprendizaje. El énfasis puesto, por ejemplo, en el diseño curricular así lo atestigua. Por siglos hemos pensado que lo fundamental en el aprendizaje es la claridad de las ideas y la impecabilidad de su articulación lógica. Ello, se supone, es suficiente para generar un adecuado aprendizaje. Éste ha sido uno de los supuestos centrales del programa metafísico que inauguraran en la Grecia antigua Platón y Aristóteles.

Antes de los metafísicos, sin embargo, en la Grecia presocrática, el aprendizaje se entendía de manera muy diferente. La racionalidad no era el fundamento de la enseñanza que durante mucho tiempo estuvo en manos de los poetas, ni era tampoco el pilar central del tipo de enseñanza impartida por los sofistas, aquellos primeros profesores profesionales que conocemos en la historia. Tanto en los unos como en los otros, se reconocía la importancia de los aspectos emocionales del proceso de aprendizaje.

Es precisamente en ese contexto, por ejemplo, que los sofistas se dedican al desarrollo de la retórica, el arte del convencimiento y de la seducción a través de la palabra. En la retórica, el logos, el contenido racional de lo que quiere comunicar, es un aspecto importante que debe ser considerado, pero sólo uno entre otros. Tan importante como él son otros dos aspectos: lo que los griegos llaman el ethos y el pathos. El ethos apunta a la autoridad, presencia y fuerza emocional de quien enseña y habla. El pathos remite a la experiencia emocional de quien aprende y escucha. Para producir una experiencia de aprendizaje efectiva y plena, estos tres elementos, logos, ethos y pathos, tienen que ser desarrollados y apoyarse mutuamente. Aristóteles, que en su Retórica reconoce esos tres elementos, termina sacrificando los dos últimos en favor de la preeminencia del logos.

Sin embargo, si miramos nuestras propias experiencias, sabemos que aquellos maestros que más impactaron nuestras vidas no siempre fueron los más claros ni los que posiblemente sabían más. No siempre eran los que se destacaban por la impecabilidad de su lógica. Muchas veces fueron aquellos que supieron crear con sus enseñanzas un espacio emocional particular, desde el cual vimos aparecer nuevas posibilidades para nosotros en la vida y, por lo tanto, nos enseñaron la posibilidad, no de una materia específica o un conjunto de procedimientos, sino de un futuro diferente. Fueron maestros que contribuyeron a modificar nuestro sentido de vida.

La importancia central que tiene para el aprendizaje el espacio emocional desde el cual éste se lleva a cabo, de ninguna forma implica desconocer la importancia del contenido. Pero éste de nada sirve si el espacio emocional desde el cual se imparte, desde el cual se le enseña, no es el adecuado. ¿De qué sirve la luminosidad del contenido si la emocionalidad que prevalece en el proceso de aprendizaje nos lleva a cerrarnos a la posibilidad de aprender?

Examinaremos algunas emociones particulares que están directamente conectadas con el proceso de aprendizaje.

La arrogancia

Para que ocurra el aprendizaje, debemos abrirnos a la posibilidad que haya algo por aprender. El aprendizaje requiere apertura a lo nuevo y una disposición a cuestionar lo que conocemos. Estas son predisposiciones emocionales para aprender. Sin ellas el aprendizaje no puede ocurrir.

Los seres humanos estamos continuamente en un proceso de dar sentido a nuestras vidas y al mundo que nos rodea. Usualmente no nos referimos a lo que no conocemos como a algo que no conocemos. Hacemos precisamente lo contrario. Construimos una coherencia basada en lo que creemos que es así. El proceso de aprendizaje, a menudo, toma la forma de una lucha contra nuestras propias coherencias pasadas.

Desgraciadamente, encontramos muchas cosas que conspiran contra nuestras coherencias. Cuando no somos capaces de lograr lo que esperamos, cuando los resultados que obtenemos son insatisfactorios, cuando enfrentamos problemas o quiebres en el fluir transparente de la vida, podemos cuestionar nuestras coherencias y certezas. Los resultados negativos que nos llevan a declarar problemas pueden ser grandes facilitadoras de aprendizaje. Mientras más duro sea el problema, mejor podrá ser nuestra disposición a abrirnos a algo nuevo y cuestionar nuestras creencias. No es sorprendente darse cuenta de que la gente que es severamente derrotada suele demuestrar una mayor apertura al aprendizaje futuro. La experiencia de países tales como Japón y Alemania tras la Segunda Guerra Mundial habla por sí sola. El éxito genera seguridad y la seguridad produce ceguera.

Esta ceguera suele asociarse con la emoción que distinguimos con la palabra «arrogancia». La arrogancia es una emociónl que permite de ser lingüísticamente reconstruida de la siguiente manera: «Conozco todo lo que está ahí para ser conocido y nada ni nadie a mi alrededor representa para mí una posibilidad de aprender algo nuevo». Cuando estamos en el estado emocional de arrogancia simplemente no estamos disponibles para el aprendizaje. Para que el aprendizaje tenga lugar, primero debemos actuar para producir un cambio emocional, debemos estremecer el estado de ánimo de arrogancia existente. Al estremecer nuestra arrogancia, generamos un estado de ánimo de disposición al aprendizaje. Esta disposición nos permite ver lo nuevo como nuevo, no como algo que ya conocemos.

Confusión, perplejidad y asombro

Pero aún cuando somos capaces de ver lo nuevo como nuevo, reaccionamos a ello en diversas formas emocionales. Estas son las emocionalidades de la confusión, la perplejidad y el asombro. Examinemos cada una de ellas, Cuando decimos, «Estoy confundido», nos encontramos en un estado emocional que puede reconstruirse como sigue: «Juzgo que esto es nuevo. No lo entiendo y eso no me gusta». Cuando estamos confundidos, entramos en una emoción que se arraiga en nuestras coherencias pasadas. Las coherencias pasadas son puestas en peligro por cualquier cosa que sea nueva. Este apego a las coherencias pasadas lleva a la confusión.

Cuando decimos, «Estoy perplejo», también estamos reconociendo que estamos enfrentando algo nuevo. Sin embargo, en este caso nos debatimos entre el riesgo de perder parte de nuestras coherencias adquiridas (heredadas del pasado), y el reconocimiento de las nuevas posibilidades («lo nuevo») que ello pueda traer consigo. No sabemos qué es mejor. Decimos, «Juzgo que esto es nuevo. No lo estoy entendiendo del todo y no estoy seguro si me gusta o no. Estoy a la espera de ver que resultará de esto».

Cuando estamos en asombro, la experiencia emocional es muy diferente. Nuevamente, somos capaces de ver lo nuevo como nuevo, pero en lugar de confundirnos o quedar perplejos, podemos visualizar lo nuevo como la expansión de lo que será posible en el futuro. Cuando estamos asombrados, el futuro se hace cargo de nuestro estado emocional. Es como decir, «Juzgo que esto es nuevo. Y aunque todavía no lo entiendo cabalmente, ¡esto me gusta!»

Al enfrentar algo nuevo, distintas personas se encuentran en estados emocionales muy diferentes. Confrontados con la misma experiencia de aprendizaje, algunas personas pueden estar confusas, otras perplejas, y hay aquellos que pueden estar asombrados. Las diferencias en sus estados emocionales influirán directamente en su capacidad de aprendizaje.

La resignación y el aburrimiento

Algunas de las emocionalidades que obstruyen al aprendizaje operan como obstáculo antes de que el proceso de aprendizaje se inicie. La más importante que podemos señalar a este respecto es la emocionalidad de la resignación en sus diferentes manifestaciones, entre las que podríamos incluir el aburrimiento.

Tanto la resignación como el aburrimiento se caracterizan por cerrarse de antemano a la posibilidad que encierra el aprendizaje. La resignación, como bien sabemos, nos cierra a las posibilidades que otros observan. Lo que otros ven como posible, no es percibido así por el resignado o, al menos, no lo percibe así para él. Su respuesta a la acción (en este caso al aprendizaje) es «¿Para qué?» «¿Qué se obtiene con eso?» El aburrimiento, por su parte, permite ser reconstruido como una emoción desde la cual se considera que lo que sucede no conduce a nada, que no abre, ni incluso cierra, posibilidades: las cosas suceden como si no pasara nada. Todo pareciera dar lo mismo.

Si un maestro detecta que éstas son las predisposiciones de sus alumnos, más le vale hacerse cargo de modificarlas, antes incluso de pretender pasar materia. Dicho de otra forma, al momento de «pasar materia», de iniciarse el proceso de aprendizaje, de lo primero de lo que es necesario hacerse cargo, es de considerar el estado emocional de los alumnos y disolver la emocionalidad que obstruye los procesos.

El miedo

Existen otras emociones que también hacen de obstáculo al aprendizaje, pero que suelen producirse con mayor frecuencia al interior de su propio proceso. Dentro de ellas queremos destacar particularmente una: nos referimos a la emoción del miedo. Separamos el miedo de otras emociones asociadas con el desafío que suele producir la experiencia de aprendizaje, en el sentido de imponerle a quien aprende una sensación de riesgo, incluso de inseguridad por tener que explorar territorios desconocidos, de tener que exigirse más allá de lo habitual, de tener incluso la sensación que se salta al vacío.

Nos referimos aquí al miedo que surge ligado a experiencias de indignidad, de falta de respeto hacia el aprendiz por parte de quien detenta la autoridad en el proceso de aprendizaje. Aludimos en este caso a las reacciones emocionales que surgen del maltrato, del abuso que puede ejercer aquel sobre quien recae el rol de enseñar, en cuanto a la confianza que le ha sido conferida por quien desea aprender. Nos referimos al hostigamiento a que el maestro puede someter al alumno, a partir del poder que éste le otorga.

La relación de enseñanza-aprendizaje es una relación desigual de poder y no puede ser de otra forma. La relación de enseñanza-aprendizaje no es ni puede ser una relación democrática, una relación entre iguales. Maestro y aprendiz constituyen la relación de enseñanza-aprendizaje en razón de sus diferencias, de lo que separa al maestro del alumno. Si hay una diferencia entre ambos, la relación de enseñanza-aprendizaje no se justifica. El maestro se define porque sabe, porque puede actuar de una forma que, quien no sabe, no puede. Saber es poder y no saber es no poder.

Cuando el alumno siente que la experiencia de aprendizaje compromete su dignidad, el propio aprendizaje suele verse severamente comprometido. La disposición de apertura de parte del alumno se troca fácilmente en defensa, en cierre, en afán de guarecerse, en evitar aquello que se vive como humillación y, por ende, en eludir la propia experiencia de aprendizaje. Quien utiliza el miedo y la humillación como herramientas de aprendizaje simplemente no entiende el papel que en él juegan las emociones.

c. Consideraciones finales

A veces pensamos que no podemos hacer o aprender cualquier cosa. Pero cuando hacemos esa reflexión, muchas veces observamos que otros pueden hacer o aprender aquello que nos parece tan imposible. El que otros lo hagan, nos sugiere que es posible. Sin embargo, encontramos límites en nuestra capacidad de acción y aprendizaje. Y el problema no reside muchas veces en una falta de motivación. Al contrario, frecuentemente lo que más deseamos es lo que no podemos hacer. Surge entonces la pregunta ¿cuáles son los límites que nos impiden hacerlo? ¿Qué condicionantes acotan la extensión de nuestra acción y de nuestros aprendizajes?

Nuestras experiencias remiten a las cosas que nos pasan en la vida. Sobre ellas elaboramos determinadas interpretaciones. Pues bien, a menudo confundimos la experiencia con la interpretación que hacemos de ella. Al proceder así, nos limitamos a la explicación que generamos, y restringimos, primero, la posibilidad de considerar otras interpretaciones y, segundo, el rango de acciones que, desde otras interpretaciones, podemos emprender para hacernos cargo de lo que sucede. Una de las consecuencias de lo anterior es la reducción de nuestras posibilidades de aprendizaje, en la medida en que nos atamos innecesariamente a determinadas explicaciones.

Una de las grandes ventajas que resulta de situarnos en la perspectiva del observador, es la posibilidad de mirar nuestras explicaciones como tales y, por consiguiente como nuestras y no como realidades que nos son ajenas y difíciles de cambiar. Esta perspectiva constituye un factor central en la expansión de nuestras posibilidades de aprendizaje. La capacidad que como observadores desarrollemos para separar el fenómeno de la explicación y para estar dispuestos a desprendernos de nuestras interpretaciones o explicaciones cuando encontremos otras más poderosas, resultará ser un aspecto importante en la capacidad de que dispongamos para adaptarnos exitosamente a nuevas situaciones y para desarrollar nuestro actuar con mejores resultados.

12. La importancia de la humildad como postura básica

Intercambiar juicios, particularmente cuando estos son críticos, no es fácil. Nuestra primera reacción suele ser defensiva. Resistimos la crítica. Nos sentimos cuestionados como personas. En muchas oportunidades, no podemos evitar sentirnos ofendidos o avergonzados. Acudimos espontáneamente a factores externos, en los que diluimos nuestra responsabilidad, para explicar y luego justificar los resultados insatisfactorios. Desarrollamos múltiples mecanismos para evitar la crítica.

Sin embargo, sabemos que nuestra posibilidad de modificar los factores externos, como son el comportamiento de los demás o mucho de lo que acontece en nuestro entorno, es más difícil que la posibilidad de corregir nuestro propio comportamiento. Esta dificultad se incrementa cuando las reacciones defensivas son compartidas por todos los miembros de un grupo humano y cuando, en consecuencia, cada uno apunta su dedo hacia afuera a la vez que reacciona defensivamente cuando alguien apunta el dedo hacia él. Bajo estas circunstancias, nadie termina haciéndose cargo de nada.

Ello no sólo resiente el aprendizaje individual de los miembros del grupo, sino que restringe a la vez las posibilidades de aprendizaje de la colectividad como sistema, limitando su capacidad de reacción, mejoramiento e innovación. La principal fuente de innovación surge del interés de hacerse cargo de lo que no funciona, de las insuficiencias que exhibe nuestro desempeño. Si la posibilidad de conversar sobre estas insuficiencias está limitada, limitaremos también nuestra capacidad de innovar.

Nuestra capacidad de aprendizaje es tributaria de nuestra capacidad de aceptar juicios críticos sobre nuestros desempeños, de observar áreas de mejoramiento, áreas de superación. Quien resiste ser criticado, quien no tolera poner sus acciones en cuestión, compromete su capacidad de aprendizaje y, por lo tanto, su capacidad de transformación. En vez de fluir en la vida, hace de su forma de ser algo fijo, inmutable, cerrado al cambio.

Es muy importante, entonces, establecer una conexión con el fracaso. No con un cuento explicador o justificador que contamos después, sino con el momento mismo en que aquello se intentó y no dio resultado. El cuento que justifica o pone en camuflaje el fracaso, cierra mis puentes de acceso a los nuevos intentos y a la transformación. La arrogancia es un puente cerrado.

13. La afirmación del misterio como dimensión fundamental de la realidad

Todo esfuerzo por entender al otro en su actuar e, incluso, por entenderlo como el tipo de observador que es y que lo lleva a actuar como lo hace, remite ineludiblemente al observador que somos nosotros mismos y a explicaciones producidas por este observador, siempre limitado e incapaz de acceder al otro tal cual es. Ello significa que en nuestras relaciones con los demás, sabemos que nuestras interpretaciones son aproximaciones al misterio que el otro representa. Este misterio se mantendrá siempre como tal, independientemente del poder relativo de nuestras interpretaciones. Por muy poderosas que ellas sean, no pueden disolver el misterio que es cada ser humano.

Esto define, desde otra perspectiva, el tipo de relación que establecemos con ellos, y configura una modalidad de convivencia no sólo fundada en el respeto mutuo, sino también en una profunda y recíproca humildad, al establecer la forma como hacemos sentido de nosotros y de los demás. La noción del misterio de la persona humana está en el corazón de lo que planteamos, y ella es también uno de los pilares de la propuesta que hacemos para fundar una nueva ética de la convivencia.

Somos seres misteriosos. Estamos abiertos a transformaciones que sorprenderán a otros y también a nosotros mismos. Nuestras miradas a los demás y a nosotros, son siempre miradas precarias, incompletas. Nuestras interpretaciones van a ser siempre limitadas e insuficientes. Y, sin embargo, ellas nos confieren el poder de avanzar en el camino de adentrarnos en el alma humana, aunque ese camino nunca llegue a ser recorrido en su totalidad. Jamás llegaremos a dilucidarlo; nunca seremos capaces de apagar el fuego del misterio que caracteriza al ser humano.

Quien concibe su existencia como un camino de búsqueda, suele estar consciente del carácter conjetural y provisorio que guardan sus conclusiones; muestra una mayor disposición a revisar sus interpretaciones; cultiva una disposición a soltarlas si es necesario, y a reemplazarlas por otras. Es decir, hablamos de una disposición que se constituye en umbral del aprendizaje. Cada experiencia que esa persona vive, cada encuentro, representa una oportunidad de descubrir algo nuevo, de aprender algo distinto, de ser transformado en un ser diferente. Sus certezas son menores, y nunca absolutas. La experiencia del misterio se repite constantemente y suele estar abierta al asombro.

Desde esta perspectiva, resulta muy importante el aprendizaje de la apertura, el desarrollo de la capacidad de revisar y soltar aquellos juicios e interpretaciones que hemos formulado inicialmente, tanto con respecto a las personas y situaciones, como con respecto a las posibilidades de transformación. En la medida en que esa disposición de apertura se exprese en nuestra relación con los demás, seremos capaces de escucharlos y por tanto de conocerlos mejor, y la calidad de nuestras relaciones con ellos tenderá probablemente a mejorar, lo que posibilitará mayores cursos de acción conjunta.

14. «Nosotros, los que conocemos, nos somos desconocidos»

Llegados a este punto, es importante destacar que nosotros, respecto de nosotros mismos, nos situamos en el espacio de nuestra ceguera cognitiva. Pocas cosas son más difíciles de disolver que la ilusión que nos conocemos. Sin embargo, mucho de lo que sostenemos sobre nosotros permite ser disputado.

A pesar de lo que creemos y suponemos, en rigor, nos conocemos muy poco. Recordemos la expresión de Nietzsche: «nosotros, los que conocemos, nos somos desconocidos». Lo que pensamos sobre nosotros, pocas veces logra sostenerse una vez que desarrollamos un proceso indagativo riguroso. Lo único que puede invalidar la idea que nos somos desconocidos, es el iniciar con cierto rigor un proceso de indagación dirigido hacia nosotros, y verificar lo que entonces sucede. Allí determinaremos cuánto efectivamente nos conocíamos. El resto sólo conduce a una discusión inútil.

La idea que nos somos desconocidos, con todo, dista de ser nueva. Los griegos ya se habían percatado de lo que sostenemos. No en vano en el santuario de Delfos, uno de los lugares religiosos más importantes del mundo griego, se leía la inscripción «Conócete a ti mismo». Este mensaje ejercería gran influencia en el pensamiento y, en general, en la cultura griega. Sabemos que Heráclito declaraba con orgullo, «He indagado en mi propia naturaleza», abriendo con ello un amplio camino de exploración que luego será seguido por muchos otros. Hemos hecho mención ya de cómo Sócrates compromete su vida en este esfuerzo de poner en cuestión los presupuestos desde los cuales operamos, o creemos operar, y destaca la importancia de una vida sustentada en la actividad indagativa.

Con todo, debemos reiterar nuevamente algo que señalamos con frecuencia. El ser humano no es un ser acabado, sino un ser en un proceso de construcción permanente. El proceso indagativo dirigido hacia uno mismo no consiste en revelar cómo somos, aunque algo de ello sin duda encontraremos. Se trata de un proceso que, por llevarlo a cabo, nos constituye de por sí en seres diferentes y que es en sí mismo un aprendizaje. No podemos separar indagación, por un lado, y el ser que somos, por el otro. La acción indagativa nos afecta; ella transforma el propio ser que busca conocer. El ser en un proceso de indagación es diferente del ser que no se indaga.

Y va siendo diferente a medida que la propia indagación avanza. Una vida indagadora es una vida de aprendizaje constante.

15. Conocimiento y sabiduría: la relación con la vida

Hasta ahora hemos jugado con las distinciones del aprendizaje, el conocimiento y la acción. Hemos visto las diversas formas en que se entrelazan. Existe, sin embargo, otra distinción que está estrechamente relacionada con el conocimiento: la distinción de la sabiduría. ¿Qué es la sabiduría? ¿Cuándo decimos que alguien es una persona sabia? ¿Qué hace alguien para que nosotros digamos que él o ella es sabio o sabia? Cada vez que decimos que alguien es sabio, pareciéramos referirnos a la forma en que usa su conocimiento. La sabiduría es, en un primer acercamiento, un juicio acerca de la manera en que la gente se relaciona con su conocimiento.

El conocimiento en sí no es sabiduría. Todos conocemos personas que saben muchas cosas y aún así, no diríamos que son sabias. También hemos visto personas que pueden responder casi cualquier pregunta que se les haga, pero no necesariamente diríamos que son sabias. La sabiduría no tiene que ver sólo con responder preguntas. La cantidad de cosas que sabemos no nos hace más sabios. Por el contrario, hemos conocido personas que, en términos de la cantidad de conocimiento que poseen, pueden clasificar bajo el promedio y, sin embargo, las calificaríamos de sabias. Recuerdo algunas personas mayores e iletradas que conocí en mi infancia, a quienes sin duda yo calificaría de sabias, y de quienes aprendí más que de algún maestro en la escuela.

Lo importante en el caso de Sócrates, como hemos visto, era que sabía que no sabía. En eso se diferenciaba de los insensatos, como los llama Diotima en El Banquete: en que ellos creen que saben. La sabiduría de Sócrates consistía precisamente en el reconocimiento de su ignorancia y en su deseo de conocer. ¿Pero qué conocimiento buscaba? No lo que entendemos tradicionalmente por ese concepto. El buscaba el conocimiento de aquellas virtudes que permitían desarrollar el arte de bien vivir. El conocimiento se convierte, en el caso de Sócrates en un peldaño indispensable para la sabiduría. No ha de pensarse, entonces, que los conocimientos y destrezas, informaciones y técnicas, son lo único que puede aprenderse. La sabiduría es algo que está también al alcance de los seres humanos a través del aprendizaje.

En un segundo acercamiento, diríamos que la sabiduría es la habilidad para vincular lo que sabemos con dominios de acción más amplios y, en última instancia, con la vida misma. Al final, la sabiduría es la habilidad de usar lo que sabemos para el mejoramiento de la vida. Llamamos sabios a quienes sitúan sus vidas y su capacidad de acción en el centro de sus inquietudes y se relacionan con el conocimiento en términos de servir a sus vidas. Cuando hacemos esto, cuando somos capaces de subordinar el conocimiento al mejoramiento de nuestra vida, nos damos cuenta de que a menudo es sabio dejar de recolectar información y moverse hacia la acción. Es una señal de sabiduría el saber cuándo dejar de saber, de manera de perfeccionar el vivir.

Muchas veces escuchamos decir: «¡Qué sabia es esa persona!». Con ello no se quiere decir especialmente que ella tenga una gran cantidad de información o conocimientos específicos. A lo que parece apuntar la expresión es más bien a una actitud frente a la vida, a las relaciones con los demás y al mundo en general, que se caracteriza por una cierta serenidad, armonía, sensatez y penetración; por una particular manera de honrar el misterio de la vida desde la humildad.

Cuando obramos desde la sabiduría, somos capaces de discernir y de discriminar lo que deberíamos saber y lo que no necesitamos saber. Es un error suponer que deberíamos saber cada nuevo trozo de información, cada nueva habilidad práctica, conocer a toda la gente que nos rodea, cada lugar del mundo. Esto no nos va a dar poder ni nos hará vivir una vida mejor. Con ello pereciéramos cerrar un círculo: la vida nos proporciona a los seres humanos la capacidad de conocer y ese conocimiento retorna a la propia vida buscando hacerla mejor.

Éste es uno de los rasgos que más apreciamos en el discurso de la ontología del lenguaje: su amor y compromiso con la vida. Más allá del rigor conceptual que se auto-impone en su mirada, más importante todavía resulta su dimensión ética que la vincula tanto con el mejoramiento de nuestras modalidades de convivencia, como el enriquecimiento de nuestro sentido de vida y, por lo tanto, con el enriquecimiento de la vida misma. Ello implica un compromiso no sólo por expandir el conocimiento sobre la vida en general y, de manera particular, sobre nosotros mismos, sino, por sobretodo, por su propósito de introducir en nuestras vidas algún grado mayor de sabiduría. Hay en ella un llamado a dejar de ser insensatos y de despertar a los grandes desafíos que la vida nos plantea.

En las diversas tradiciones antiguas, se consideraba sabio a aquel que tenía una manera de vivir especial, diferente de las otras personas. La palabra sophia, en la tradición griega, no se refería tanto a la sabiduría teórica como al saber cómo hacer o saber-cómo-vivir. Siendo la filosofía un amor a la sabiduría, debía convertirse necesariamente en una manera de vivir.

La idea de considerar que el conocimiento y el aprendizaje son los caminos para alcanzar una mejor manera de vivir, una vida virtuosa, se encuentra en las tradiciones espirituales de todos los tiempos y culturas. El conocimiento suele ser utilitario en la medida en que no conduzca a un estadio más alto, en el que se trascienda tanto el ámbito meramente conceptual, como el terreno de lo instrumental, para engendrar –dicho en el lenguaje de los antiguos– la virtud dentro del alma.

ADDENDUM
«SOBRE LA ENSEÑANZA»

Escrito en colaboración con Alicia Pizarro

En una sección anterior, hemos distinguido tres modalidades generales de aprendizaje: el aprendizaje por imitación, el aprendizaje por enseñanza y el aprendizaje autónomo. El objetivo de este trabajo es examinar con mayor detalle el fenómeno de la enseñanza que define la segunda modalidad de aprendizaje arriba señalada.

Como lo planteáramos en su oportunidad, el aprendizaje por imitación se caracteriza por el hecho de que el aprendiz logra producir resultados efectivos a través de sumergirse directamente en las acciones que los producen. Al participar en lo que hacen los que saben y efectuando las acciones que ellos realizan, termina produciendo los resultados que ellos producen.

Con el aprendizaje por enseñanza sucede algo diferente. Las acciones a las que se somete el alumno han sido diseñadas con el objetivo de producir aprendizaje y no necesariamente los resultados propios del dominio de acción que se busca aprender. Decíamos que las acciones que ejecuta un profesor de cirugía cuando le enseña a sus alumnos (las acciones pedagógicas) no son necesariamente las mismas que emprende el cirujano cuando se desempeña como tal en la sala de operaciones (las acciones quirúrgicas).

La enseñanza es un práctica de segundo orden. Ella hace del aprendizaje un resultado diferente de los resultados que ese mismo aprendizaje será, más adelante, capaz de producir. Con ello ejecuta la separación (que en algunos casos termina en divorcio) entre el aprendizaje y el trabajo. Esta separación, en algunos casos, llega a ser tan acentuada que tenemos la situación de algunos maestros altamente competentes en producir aprendizaje y, sin embargo, ellos mismos se revelan incompetentes cuando se ven enfrentados a producir los resultados de la propia disciplina que enseñan. Con ello no estamos emitiendo un juicio negativo, sino constatando un hecho. Esto es un hecho resultante de la separación entre aprendizaje y trabajo que acomete la enseñanza. Con la práctica de la enseñanza se rompe la unión entre formación y acción que acompaña al aprendizaje por imitación. Ambas pasan a ocupar esferas diferentes.

Esta separación entre aprendizaje y acción efectiva, que se encuentra en la base del proceso de enseñanza, genera otras «separaciones» que, con el tiempo, contribuirán a profundizar algunas crisis de importancia en las instituciones de educación. Al menos dos de ellas merecen ser examinadas.

La primera separación guarda relación con la emergencia de diversas modalidades de interpretación del fenómeno del aprendizaje. En el aprendizaje por imitación resulta natural entender que aprender consiste en adquirir capacidad de acción efectiva. La relación entre aprendizaje y la acción es manifiesta y ella no presenta mayor misterio para todos los agentes involucrados. Con el desarrollo de la enseñanza y con la separación que ella impone entre aprendizaje y trabajo, formación y acción, este relación se encubre y deja de ser evidente.

En la medida que la capacidad de acción efectiva que produce el aprendizaje tiende a manifestarse en un momento posterior y fuera del ámbito educativo, y, dado que el propio sistema educativo tiene, por necesidad, que evaluar aprendizaje en el curso del propio proceso de enseñanza, aquello que muchas veces se evalúa es capacidad de retención de información, de asimilación de contenidos enseñados, y no la capacidad de acción efectiva en el desempeño del trabajo que en rigor define al fenómeno del aprendizaje.

Ello permite el desarrollo de interpretaciones sobre lo que constituye el aprendizaje en las que el vínculo de éste con la acción efectiva se oscurece o simplemente desaparece. Se interpreta el saber como la capacidad de repetir lo que el maestro he enseñado. No estamos señalando que el poder repetir lo enseñado sea necesariamente cuestionable. Ello es muchas veces expresión real de aprendizaje y condición para luego poder desempeñarse efectivamente. Lo que interesa destacar es el ocultamiento del vínculo entre el aprendizaje y la acción a la que éste está necesariamente vinculado. Uno de los subproductos de esta separación es el hecho que muchas personas pueden hablar y emitir opiniones sobre un determinado dominio de acción pero son incapaces para desenvolverse efectivamente en él y generar resultados concretos.

La segunda separación guarda relación con las interpretaciones que tienden a imponerse con respecto a la enseñanza. Hemos sostenido que la enseñanza es una práctica de segundo orden por cuanto instaura un proceso que es diferente al proceso que busca enseñar. La enseñanza es una práctica que conduce a otra práctica. Pues bien, siendo la enseñanza una práctica que requiere ser aprendida, ella, como cualquier otra práctica, puede tambien ser enseñada. En otras palabras, es necesario enseñar a quienes enseñan. El educador requiere también ser educado. Con ello emerge ahora una práctica de tercer orden: la práctica de enseñarle a quienes tendrán que enseñar a otros lo que éstos requieren aprender para desenvolverse efectivamente en la comunidad.

Esta situación va a producir, nuevamente, una separación entre el aprendizaje que el aprendiz de maestro tiene que alcanzar y la acción pedagógica que como maestro tendrá que realizar posteriormente. De esta separación surgirán interpretaciones distorcionadas con respecto al carácter de la función del maestro. Este podrá ahora considerar que enseña en la medida que haga aquello que se le enseñó o que haga lo que él considera que son las acciones propias de la enseñanza, con independencia de lo que suceda con sus alumnos. La enseñanza pasa a ser concebida de acuerdo a un conjunto particular de acciones y no de acuerdo a los resultados que produce.

Una vez que separamos la función de maestro de los resultados de su acción abrimos caminos para interpretaciones que socavan el sentido de responsabilidad que a éste le cabe con respecto a la práctica docente. Ser un maestro, por ejemplo, resulta ahora ser un atributo que proviene del certificado maestro que le fuera otorgado por una institución de enseñanza y no de los resultados de su práctica docente. Se entiende que un maestro enseña cuando realiza las acciones pedagógicas que aprendió y no cuando genera aprendizaje. Con estas interpretaciones estamos ahora acometiendo una profunda separación entre la enseñanza y el aprendizaje, separación en que la primera, la enseñanza, puede ahora prescindir de la segunda, el aprendizaje.

Sostenemos que estas sucesivas separaciones han conducido progresivamente a una severa crisis de nuestras instituciones de enseñanza, crisis en la que éstas han visto comprometida su propia vocación se servicio a los alumnos y a la sociedad. Es más, estas mismas separaciones se han convertido hoy en día en obstáculos insalvables para que nuestras instituciones de enseñanza puedan responder adecuadamente a las nuevas exigencias y desafíos que se están demandando de ellas. Lo que está en juego actualmente es el reto de replantear la función y responsabilidad del maestro y de ser capaces de rediseñar la manera como le enseñamos a los maestros a enseñar, para que éstos vuelvan a una modalidad de enseñanza explícita y directamente comprometida con el aprendizaje de sus alumnos. Tenemos que ser capaces de someter la práctica docente a una severa revisión crítica de manera de avanza hacia lo que hemos llamado un nuevo ethos pedagógico, un nuevo tipo de relación entre el maestro y el alumno.

1. Tres premisas fundamentales para la reconstrucción de la práctica docente

Nuestra propuesta de rediseño de la práctica docente descansa en tres premisas básicas. Ellas son el reconocimiento que el aprendizaje valida la enseñanza, que el aprendizaje se extresa en acción efectiva y que el proceso de enseñanza-aprendizaje es de naturaleza conversacional. Las abordaremos en ese mismo orden.

a. El aprendizaje valida la enseñanza

La primera premisa que consideramos fundamental para avanzar en el rediseño de la práctica docente busca restaurar la unidad perdida entre la enseñanza y el aprendizaje. Sostenemos que la enseñanza es una práctica destinada a producir aprendizaje y que, en cuanto tal, sólo podemos hablar de ella cuando genera aprendizaje como resultado. Una enseñanza que no produce aprendizaje no es enseñanza, por mucho que ejecute un sinnúmero de acciones pedagógicas. Correspondientemente, mientras mayor y más alta sea la calidad del aprendizaje que genera, mejor será la enseñanza. La enseñanza requiere ser evaluada por su resultado y el único resultado que es pertinente evaluar es el aprendizaje de los alumnos.

De lo anterior, podemos extraer varias conclusiones adicionales. Una vez que aceptamos que el aprendizaje valida la enseñanza, tenemos que aceptar también que cada vez que el maestro evalua el aprendizaje de sus alumnos, se está a la vez evaluando a sí mismo. Si los alumnos muestran no haber aprendido ello implica que el maestro, independientemente de todo lo que pueda haber hecho, no ha enseñado. Con ello no pretendemos desconocer la responsabilidad de los propios alumnos en el proceso de enseñanza-aprendizaje, pero la responsabilidad de los alumnos no exime al maestro de la propia. Y, en último término, en todo proceso de enseñanza-aprendizaje la responsabilidad final sobre el aprendizaje recae en quién es el conductor del proceso y éste es el maestro.

Sólo reestableciendo la responsabilidad global del maestro sobre el proceso de enseñanza, estaremos en condiciones de avanzar hacia un rediseño de la práctica docente capaz de generar los resultados de aprendizajes deseados. De nada sirve poder mostrar innovaciones en el diseño curricular o en las tecnologías pedagógicas en uso si no somos capaces de demostrar que ellas se traducen en un mejoramiento del aprendizaje. De nada sirve escuchar al maestro contarnos todo lo que hace en el salón de clases, si, al final de cuentas, ello no resulta en aprendizaje. No existe otra moneda para establecer el valor de la enseñanza que el aprendizaje de los alumnos.

Lo anterior nos lleva a reconocer que el real título de maestro no es aquel otorgado por las instituciones de educación que lo formaron y, por lo tanto, no es aquel que aparece en su diploma. Quien constituye al maestro es, a final de cuenta, el alumno. Este es quien le otorga al maestro el título de tal. No reconocer lo anterior nos lleva a una interpretación formalista y burocrática tanto del maestro como de la enseñanza. Cuando el alumno dice, «Aprendí y lo hice como resultado de las acciones de pedagógicas efectuadas por la Sra. Esquivel» está diciendo «La Sra. Esquivel ha sido mi maestra. Ella ha sido la fuente de mi aprendizaje».

Es importante advertir que dentro del proceso de enseñanza-aprendizaje emergen varios juicios diferentes de aprendizaje. Un primer juicio es aquel que el maestro debe realizar en relación a sus alumnos y que lo conducirá en último término a calificarlos de una u otra forma y a aprobarlos o reprobarlos en el curso. Un segundo juicio es aquel que hace el alumno al término del proceso de enseñanza y que, en cierta medida, es independiente de aquel efectuado por el maestro. El maestro podrá haber reprobado al alumno y éste puede considerar que su aprendizaje fue enorme. El maestro puede haberle otorgado la más alta calificación al alumno y éste puede considerar que su aprendizaje fue escaso. Entre el juicio del maestro y el juicio del alumno al término del curso, más importa el segundo que el primero en términos de evaluar la enseñanza. No basta que el maestro coloque calificaciones más altas para poder sostener que ha mejorado la calidad de su enseñanza.

Pero éstos no son los únicos juicios que intervienen en la evaluación de la enseñanza y en la consiguiente constitución de la figura social del maestro. El juicio que el alumno hace al término del curso impartido por el maestro es todavía un juicio parcial. Su apreciación del aprendizaje es todavía incompleta. El juicio de mayor importancia será aquel que el alumno hará una vez que se enfrente a los desafíos del dominio de acción en el que se situó la enseñanza del maestro y evalue su capacidad de acción efectiva en dicho dominio. Será entonces donde descubrirá quienes fueron realmente sus maestros y quienes lo fueron menos o simplemente no lo fueron.

Muchas experiencias de enseñanza que durante el período de aprendizaje pueden haber aparecido como muy importantes o poco importantes, pueden ser reevaluadas una vez que el antiguo alumno se siente exigido a demostrar su capacidad de desempeño. Y además de su propio juicio, del juicio efectuado por el practicante en la acción, también interesará conocer los juicios que hagan aquellos hacia quienes las acciones de dichos practicantes se dirijan. Nos referimos a los juicios de sus clientes (sean estos internos, como pueden serlo sus jefes, o externos, si se desempeñan en una organización). Los clientes representarán la voz de la comunidad en la evaluación del aprendizaje producido.

Un último alcance con respecto a los juicios de aprendizaje. Aunque los juicios que importan son aquellos que emitan los sujetos de aprendizaje (los alumnos) y no los maestros, estos últimos no sólo inciden en tales juicios a través de sus acciones directas de enseñanza, sino que puede también diseñar acciones pedagógicas que permitan un mayor o menor reconocimiento de parte de los alumnos de la calidad del aprendizaje que recibieron de parte del maestro. Ello implica que el maestro no sólo debe concentrarse en enseñar o, lo que es lo mismo, en producir aprendizaje, sino también en permitir que sus alumnos sepan y puedan evaluarlo adecuadamente. Muchas veces los maestros generan importantes experiencias de aprendizaje de las cuales no reciben adecuado reconocimiento de parte de sus alumnos. Para tal efecto, recomendamos que, como parte del proceso de enseñanza-aprendizaje, el maestro diseñe experiencias dirigidas fundamentalmente a un adecuado reconocimiento de parte de los alumnos de lo que han aprendido.

Hay múltiples maneras de realizar lo anterior. A continuación sólo mencionaremos algunas. Hemos dicho que el aprendizaje es un juicio en el que se compara la capacidad de acción efectiva de una entidad (e.g. persona) en dos momentos diferentes en el tiempo. A menudo sucede, sin embargo, que por no haberse registrado adecuadamente cuan poco efectivo el alumno era al inicio del proceso de enseñanza, éste termina subvalorando la experiencia de aprendizaje pues asume que parte de lo que termina por saber hacer al final del proceso ya lo sabía al inicio. Es responsabilidad del maestro asegurarse que esto no suceda y que, por lo tanto, se le confiera el crédito que corresponde a sus propias acciones pedagógicas. De la misma manera, muchas veces no se le ofrecen al alumno oportunidades claras al término del ciclo pedagógico para que éste evalúe lo que ahora puede acometer gracias a la enseñanza propocionada por el maestro. Es también responsabilidad del maestro de diseñar experiencias pedagógicas que le faciliten al alumno el reconocimiento de su propio aprendizaje.

Todas las consideraciones anteriores resultan de la premisa inicial de que el aprendizaje valida la enseñanza y, por lo tanto, proporciona el ámbito adecuado para una evaluación de ésta última. Al tomarse en serio esta premisa, se requiere adecuar a ella las modalidades de evaluación de las que haga uso el sistema. Dejamos al lector extraer las conclusiones que resultan de la aplicación de esta premisa al dominio de las modalidades de evaluación pedagógica.

Nos interesa, sin embargo, hacernos una pregunta que creemos imprescindible: ¿qué opciones pedagógicas resultan de la premisa propuesta? Según cómo nos situemos con respecto a ella, surgen dos modalidades pedagógicas diferentes.

La opción tradicional que prescinde del rol validatorio del aprendizaje propone una opción pedagógica en la que la enseñanza se encuentra fundamentalmente centrada en sí misma y que, por lo tanto, hace del maestro el centro o polo de atención. La llameremos la opción pedagógica centrada en la enseñanza. Su principal preocupación es por lo que el maestro hace, por el tipo de acciones que éste lleva a cabo, con una alta prescindencia con respecto al resultado que ellas tienen en los alumnos. Cuando los alumnos son evaluados en su aprendizaje, no existe reconocimiento alguno que ello evalúa simultaneamente al maestro.

No es posible para un sistema educativo prescindir por completo de los resultados de aprendizaje que éste es capaz de generar. Las instituciones de enseñanza son después de todo instituciones de aprendizaje. Su función es enseñar, y se valida sólo en cuanto ello produzca aprendizaje. De allí que la opción pedagógica centrada en la enseñanza y en el maestro esté necesariamente condenada a una evaluación crítica negativa y haya siempre tenido detractores que apuntan prescisamente a la necesidad una opción pedagógica diferente.

Una respuesta de superación de las limitaciones de la opción pedagógica centrada en el maestro ha sido buscar lo que se presentaba como la opción opuesta y proponer una opción pedagógica centrada en el alumno. Se ha hablado entonces de una pedagogía de carácter democrático, fundada en la simetría y reciprocidad de la relación profesor-alumno, en la que ambos maestros y alumnos aprenden de cada uno y en la que el alumno es propuesto como guía y conductor del proceso pedagógico y el rol del maestro es el de un simple facilitador de experiencias pedagógicas, subordinado al liderazgo que el alumno ejerce en el proceso.

Somos críticos de esta propuesta. Consideramos que ella simplemente desconoce el carácter inherente del proceso de enseñanza-aprendizaje. Este no es un proceso simétrico y recíproco. Por el contrario, el proceso de enseñanza está fundado en una asimetría de base que reconoce que tanto maestro como alumno entran en él en condiciones originales e insoslayables de desigualdad: el maestro sabe lo que el alumno no sabe y el procreso de enseñanza se basa y justifica en el objetivo de producir una transferencia de competencias del primero al segundo. Si esta desigualdad de base no existiera la enseñanza simplemente no sería necesaria. Hablar de un proceso de enseñanza simétrico, donde los juicios de cada uno, maestro y alumno, tienen el mismo peso, donde las relaciones son recíprocas, es desconocer las condiciones que constituyen el fundamento de ese mismo proceso.

Lo anterior no niega que el maestro no pueda aprender de sus alumnos. Lo hace y debiera estar abierto a expandir las oportunidades de aprendizaje que surgen de sus interacciones con ellos. Tampoco niega que el maestro debe prestar atención a muchos de los juicios que los alumnos emiten durante y sobre el proceso de enseñanza. Por último, tampoco es posible desconocer el rol activo que al alumno le cabe dentro del proceso y la responsabilidad que le corresponde con su propio aprendizaje. El alumno no entra en el proceso de enseñanza como un paciente entra en la sala de operaciones. El alumno no es un sujeto pasivo en el proceso de enseñanza y su disposición hacia él será decisiva en los resultados de aprendizaje que el proceso genere.

Pero nada de ello es suficiente para desconocer el rol preponderante y conductor que el maestro debe asumir en el proceso. Lo que es necesario es incrementar el sentido de responsabilidad del maestro en el proceso y no su dilución por la vía de entregar al alumno responsabilidades que por sus propias incompetencias no está en condiciones de ejercer.

La opción pedagógica que proponemos no es una opción pedagógica centrada en el alumno. La llamamos opción pedagógica centrada en el aprendizaje. Existe una gran diferencia entre la una y la otra. La segunda no desconoce el carácter inherentemente asimétrico del proceso de enseñanza y el rol conductor que al maestro le cabe en él. Sin embargo, sin poner en cuestión este rol conductor, obliga al maestro a subordinar sus acciones a los resultados de aprendizaje que ellas sean capaces de producir en los alumnos. Ello, de por sí, le confiere a los alumnos un rol muy diferente del que les asigna la opción pedagógica centrada en la enseñanza. Lo que a ellos les sucede y los juicios que emitan sobre el proceso tienen, en este nuevo escenario, un peso muy diferente y representa insumos de la mayor importancia para orientar las acciones del maestro.

La opción pedagógica centrada en el aprendizaje desplaza el centro de gravedad de la práctica docente. Lo desplaza del énfasis que la opción tradicional pone en el maestro y sus acciones pedagógicas, no al alumno como pretende la opción de una pedagogía simétrica, sino a su aprendizaje. Ella acomete además el reestablecimiento del vínculo perdido entre la enseñanza y el aprendizaje.

b. El aprendizaje se traduce en la expansión de la capacidad de acción efectiva

Así como nuestra primera premisa buscaba reestablecer la unidad entre enseñanza y aprendizaje, nuestra segunda premisa busca reestablecer la unidad entre el aprendizaje y la acción. Ambas tienen un efecto combinado, conmutativo, a través del cual se asegura, en último término, el compromiso de la enseñanza con la capacidad de desempeño de los alumnos.

No intentaremos explicar en este trabajo la relación entre aprendizaje y acción efectiva. Lo hemos hecho extensamente en otros documentos. Sólo nos cabe reiterar que tal vínculo sufre una separación crítica como resultado de la expansión de los procesos de aprendizaje por enseñanza, separación que termina generando una importante crisis en las instituciones de enseñanza en la medida que comienza a cuestionarse el valor para la comunidad y el desempeño posterior de los alumnos del tipo de aprendizaje que producen.

A esta crisis se añade una segunda. Esta guarda relación con las transformaciones que sufren el tipo de desempeño que la sociedad de hoy, enfrentada a un fenómeno de cambio permanente y acelerado sin precedentes, comienza a exigir de sus miembros. Lo hemos dicho anteriormente. Hoy no basta con aprender un conjunto de competencias concretas que permiten desenvolverse en dominios específicos y restringidos de acción. Tales competencia enfrenta como destino insoslayable su inevitable y rápida obsolecencia. La sociedad de hoy está demandando de un nuevo tipo de competencias, del desarrollo de modalidades de desempeño que nuestras instituciones de educación no acostumbran a proveer.

Se trata de lo que hemos llamado competencias genéricas que, más que proporcionar formas específicas para resolver problemas concretos, ofrezcan capacidad para resolver problemas inéditos y que incluso más allá de ofrecer alternativas de «resolución» de problemas, enseñen a «plantear» problemas nuevos. Se trata de un nuevo tipo de aprendizaje que nos prepare para enfrentar adecuadamente el cambio y la incertidumbre. Debemos transitar de una educación para un mundo estable y para un mundo que pensamos que podemos anticipar en sus desplazamientos futuros, hacia una educación para un mundo en cambio, donde reconocemos nuestras propias limitaciones de anticipación y donde lo que interesa no es sólo saber enfrentar el cambio o navegar con él, sino también saberlo producir y conducir.

Ello abre una nueva perspectiva crítica frente a las opciones pedagógicas tradicionales de las instituciones de educación. La opción predominante podemos llamarla una enseñanza basada en contenidos. En rigor, se trata de una enseñanza basada en soluciones. Hablamos de contenidos cuando aquello que se enseña está basado en interpretaciones y propuestas de solución a problemas pre-definidos que son dados por sentados y, cuya formulación y la evaluación de la misma no es incluída como parte de lo que se enseña.

La enseñanza basada en contenidos busca resolver problemas pre-existentes. Pero no problematiza el problema. No se pregunta, por ejemplo, por qué tal situación es considerada problemática, la posibilidad de plantear (formular) el problema de una manera diferente o la posibilidad de declarar problemas nuevos. Se trata de una opción muy efectiva cuando una comunidad tiene consenso sobre los problemas que la aquejan y ellos tienen estabilidad en el tiempo. Bajo esas condiciones, lo que importa es resolverlos. Pero ello no es lo que acontece en un mundo en cambio acelerado como el que tenemos hoy. En él, no sólo las soluciones devienen obsoletas, también se hacen obsoletos los problemas. Aquí es necesario es necesario estar permanentemente reformulando y desprendiéndose de los problemas del pasado, encarando problemas nuevos pero, por sobretodo, inventando los problemas del futuro.

La opción de la enseñanza basada en contenidos, se caracteriza por reproducir la separación entre la formación y la acción, entre el aprendizaje y el trabajo. Uno puede aprender primero las interpretaciones y soluciones que se enseñan, para luego, fuera del ámbito del aprendizaje, aplicar en el trabajo los conocimientos aprendidos. No es necesario integrar teoría y práctica.

Gran parte de lo que enseñamos y de lo que se nos enseña tiene precisamente estas características. Se trata de un conjuto de soluciones a problemas pre-establecidos. El formato es el siguiente: «Al enfretarse el problema X, procédase haciendo a, b y c». El real problema que nos impone el mundo de hoy, sin embargo, es que no podemos anticipar el tipo de problemas que enfrentaremos en el futuro, aunque si podemos anticipar que serán muy diferentes a los que enfrentamos en la actualidad.

Uno de los problemas que con mayor agudeza encaran hoy en día nuestras instituciones de educación superior reside en que preparan a profesionales para un mundo que ya dejó de ser cuando éstos deben desempeñarse como tales. Una vez que terminan su educación, descubren ser competentes para resolver los problemas de un mundo que ya dejó de existir. Pero ello no es todo. Ese tipo de profesional se considera desarmado e inútil cuando tiene que enfrentar un mundo que no le define el problema de antemano o cuando lo confronta con problemas para los cuales no ha estado previamente preparado.

La opción pedagógica que postulamos es una que se sustenta en una enseñanza basada en capacidad de desempeño. Ello implica reestablecer, desde la enseñanza, el vínculo entre el aprendizaje y el mundo de la acción y del trabajo. En el mundo de hoy la capacidad de acción efectiva requiere volver a tomar un rol decisivo y guía en los procesos de enseñanza. Lo que importa en la formación de profesionales, no es cuanto saben, ni qúe títulos han alcanzado, sino qué pueden hacer con lo que saben. Lo que interesa no es el caudal de conocimientos adquiridos sino la capacidad de conversión de tales conocimientos en acción efectiva en el mundo concreto de hoy y, de manera todavía más importante, en el mundo de mañana. La educación de profesionales debe dirigirse no sólo a enfrentar los problemas del presente, que pronto estarán superados, sino por sobretodo los de mañana, que todavía no conocemos.

Para responder a este reto, no podemos aislar por completo a nuestros alumnos del mundo con el propósito de formarlos, debemos también integrarlos al mundo y enseñarles, como parte de su aprendizaje, a navegar con competencia en él. Como lo hemos señalado con anterioridad, más que conocimientos y contenidos específicos debemos enseñarles a desenvolverse adecuadamente en un entorno cambiante e incierto. Ello no puede hacerse de mantenerlos aislados del mundo en el que tendrán que navegar, de la misma manera como no es posible aprender a nadar sin tirarse al agua. Ello implica importantes desafíos que nos obligan a rediseñar nuestra práctica docente.

Sin embargo y tal como lo planteáramos con anterioridad, no basta con transitar de una enseñanza basada en contenidos y conocimientos acumulados a una enseñanza que coloca el énfasis en la capacidad de desempeño. El tipo de desempeño que demanda el mundo de hoy es diferente del que se requería en el pasado. Para desenvolverse adecuadamente hoy en día se requiere aprender aquellas competencias genéricas a las que apuntábamos arriba. Se requiere desarrollar determinadas habilidades, actitudes y valores que equipen a nuestros futuros profesionales de competencias para navegar en turbulencia y poder encarar desafíos no anticipados.

Nos hemos referido ya a este tipo de competencias genéricas. Hemos hablado de la importancia de mejorar la forma como nos comunicamos con lo demás y como diseñamos diferentes tipos de conversaciones para encarar situaciones diversas. Entre estas conversaciones, por ejemplo, destacan aquellas que nos conducen a generar nuevas posibilidades y a reformular la manera como observamos el mundo, las conversaciones de carácter estratégico a través de las cuales diseñamos la manera como nos posicionamos en nuestro entorno. Incluímos también las competencias que nos permiten trabajar en equipo, formular problemas, tomar decisiones y movernos hacia la acción garantizando resultados efectivos. Una de las competencias genéricas más importantes, sin embargo, guarda relación con aprender a aprender y prepararnos para el desarrollo de capacidad de aprendizaje autónomo.

Una ensañanza basada en desempeño obliga a que los alumnos se desempeñen en forma diferente en su proceso de aprendizaje. Obliga a modalidades de enseñanza y de aprendizaje muy distintas. Independientemente de los contenidos tradicionales que requieren impartirse, surge ahora nuevos contenidos asociados con estas nuevas competencias. Pero, por sobretodo, estas nuevas competencias requieren de modalidades de enseñanza y aprendizaje diferentes a las tradicionales. Son ellas, más que los contenidos, las que permitirán la emergencia de profesionales de nuevo cuño. Estas competencias genéricas sólo podrán adquirirse en la medida que sean requeridas y desarrolladas por las nuevas prácticas pedagógicas.

Es en el propio proceso de enseñanza-aprendizaje que los alumnos deben aprender a comunicarse mejor, a diseñar conversaciones diferentes, a trabajar en equipo, a levantar problemas, tomar decisiones y generar acción efectiva. Ello significa enseñarles de manera muy diferente a lo que estamos acostumbrados y plantearles tareas, exigencias y modalidades de evaluación, que desarrollen estas competencias y los prepare para el mundo que los espera.

Ello obliga a una profunda modificación de nuestras prácticas docentes y establece una relación profesor-alumno diferente en la que ambos tienen responsabilidades muy distintas de las que asumían en el pasado. Ello exige de parte del alumno un mayor compromiso y responsabilidad con su propio aprendizaje. Pero la responsabilidad que eso ocurra y se mantenga es del maestro. Este abre el proceso de enseñanza-aprendizaje al alumno y lo invita a compartir responsabilidades que antes reservaba para si, pero no por ello deja su rol de conductor y responsable final.

Tal como planteábamos recientemente, las nuevas modalidades de enseñanza no sólo deben asegurar el aprendizaje de los alumno sino también el aprendizaje de como aprender con mayor autonomía, cuando el recurso del maestro deje de estar a la mano. El alumno debe llegar al final del proceso no sólo sabiendo más, sino también habiendo aprendido a desempeñarse adecuadamente frente a situaciones nuevas con independencia del maestro. El proceso de enseñanza requiere estar comprometido con la disminución progresiva de la necesidad del maestro. Ello le significa al maestro enseñarle al alumno a caminar sin él.

c. El reconocimiento del carácter conversacional del proceso de enseñanza-aprendizaje

La tercera premisa que ilumina nuestras opciones pedagógicas, guarda relación con el reconocimiento explícito y su uso en términos de diseño del carácter conversacional del proceso de enseñanza-aprendizaje. Si nos preguntamos cómo se lleva a cabo el proceso de enseñanza-aprendizaje, o como enseña el maestro para producir aprendizaje, debemos aceptar que ello sucede como parte de una conversación. Se trata de un tipo particular de conversación a través de la cual se busca el objetivo de transferir competencias del maestro al alumno. La forma como esto se lleva a cabo es mediante el mutuo hablar y escuchar del maestro y del alumno a través del cual se comparte información, se coordinan diversas acciones y se generan diferentes condiciones emocionales que los envuelven a ambos.

En la conversación de enseñanza-aprendizaje el maestro introduce distinciones, establece relaciones entre ellas, ofrece ejemplos, muestra como el conjunto de distinciones y relaciones presentadas permite observar determinados fenómenos e intervenir en ellos. A partir de ello el maestro presenta también casos concretos que permiten ser examinados desde las distinciones y relaciones y dentro de los cuales los alumnos pueden ahora actuar. Entrega instrucciones, emite juicios, pide correcciones en las acciones ejecutadas y vuelve a emitir juicios sobre el desempeño de sus alumnos. Cuando sus alumnos exhiben dificultades para seguir sus instrucciones y para actuar de manera efectiva, el maestro abre nuevas conversaciones para detectar los obstáculos, que normalmente se traducen en juicios y emociones, que puedan estar interfiriendo con el aprendizaje.

Los alumnos no se limitan a escuchar y seguir las instrucciones del maestro. Estos comparten la forma como hacen sentido de lo que el maestro dice, preguntan lo que no entienden y les impide alcanzar interpretaciones que les sean coherentes, ofrecen sus propias interpretaciones y cursos posibles de acción frente los problemas o casos que les presenta el maestro, comparten sus propios juicios y reaccionan emocionalmente a cada uno de los pasos del proceso con lo cual comprometen la manera como enfrentarán los pasos siguientes.

Todo esto configura un proceso conversacional. La conversación en juego, sin embargo, no es sólo aquella que todos los presentes oyen y que una grabadora pudiera grabar. En este proceso conversacional también participan e intervienen de manera significativa las conversaciones privadas de cada uno de los agentes del proceso: el maestro y los alumnos. Existen, por lo tanto, conversaciones públicas y conversaciones privadas y dentro de ellas las hay también de muy diferente tipo. La conversación mediante la cual el maestro introduce distinciones y relaciones es de un determinado tipo, diferente de aquella en la que da instrucciones para realizar algún ejercicio, o de aquella en la que aclara dudas o responde a preguntas, o de aquellas que llevan a cabo los alumnos dentro del propio ejercicio, o de aquellas a través de la cual el maestro evalua el desempeño exhibido por sus alumnos, por sólo mencionar algunas de las conversaciones relevantes que suelen darse en el proceso de enseñanza-aprendizaje.

Siendo éste un proceso conversacional podemos sostener que la efectividad de la práctica docente, la capacidad que tenga de producir aprendizaje, depende de cuan adecuadas sean las diversas conversaciones que constituyen el proceso. Saber enseñar significa saber tener conversaciones que producen aprendizaje en otros. El desempeño del maestro dependerá de sus competencias conversacionales para producir resultados de aprendizaje.

No importa que modalidad pedagógica se adopte, el proceso de enseñanza-aprendizaje será siempre de naturaleza conversacional. Esta no es una materia de opciones. Sin embargo, una vez que la naturaleza conversacional de la práctica docente es reconocida, podemos distinguir entre opciones que incorporarán en mayor o menor grado este reconocimiento o que, simplemente, enfatizarán más o menos las dimensiones conversacionales del proceso.

Ello nos conduce nuevamente a distinguir entre diferentes opciones pedagógicas. En un extremo, podemos hablar de una opción de enseñanza basada en la capacidad del maestro de transmitir lo que sabe por la via de «dictarlo» y que los alumnos «tomen nota» de lo dicho. La llamamos la opción de enseñanza instruccional. El maestro en lo fundamental se limita a relatar, explicar y dar intrucciones sobre lo que los alumnos deben hacer. Luego evalúa cuanto los alumnos han absorbido de lo que él ha dicho. Aprender es equivalente a memorizar y repetir lo dicho por el maestro. En la opción de enseñanza instruccional se minimizan las diferencias entre lo dicho por el maestro y lo aprendido por el alumno. Casi no hay distorciones y si las hay, se trata de reducirlas a un mínimo. El alumno busca replicar al maestro.

Repetir pareciera ser una forma de aprendizaje por imitación y de alguna forma lo es. Pero hay una diferencia importante entre el repetir dentro de la enseñanza y el imitar en la modalidad de aprendizaje por imitación. En este último, se imita una práctica de primer orden, se imitan acciones que generan directamente resultados prácticos. El repetir que se produce dentro de la enseñanza se orienta a una práctica de segundo orden en la que normalmente enseñanza se ha separado de aprendizaje y aprendizaje se ha separado de la acción efectiva. Por lo tanto, repetir lo que el maestro dice no necesariamente se traduce en acción efectiva relevante.

La opción que defendemos es diferente. La llamamos opción de enseñanza conversacional o dialogante. Ella se funda no sólo en el reconocimiento explícito del carácter conversacional del proceso de enseñanza, sino también en el reconocimiento que la pretención que el alumno pueda replicar lo que el maestro sabe y dice es una falacia. La manera como el alumno escucha y le confiere sentido a lo dicho por el maestro, nunca será del todo equivalente a la forma como el maestro le confiere sentido a lo que dice. Existe entre el hablar del maestro y el escuchar del alumno una brecha imposible de eliminar. El aprendizaje del alumno siempre se realizará desde una historia y un núcleo de inquietudes diferentes a las que caracterizan al maestro.

La opción de enseñanza conversacional está consciente de lo anterior y busca volcarlo a favor de la propia experiencia de aprendizaje. Busca que las diferencias inevitables entre el maestro y el alumno se manifiesten, emerjan a la superficie y no queden ocultas dentro del proceso de enseñanza-aprendizaje. Al hacerlas explícitas, busca trabajar sobre ellas. Esta opción reconoce que no basta con desconocer que estas diferencias existen para hacerlas desaparecer. Ellas estarán allí y no pueden sino hacerse presente en la experiencia de aprendizaje. Lo que interesa por lo tanto es revelarlas.

Pero al permitirle al alumno hablar y relacionarse con la experiencia de enseñanza desde su historia, sus inquietudes y sus proyectos de vida, se permite que su experiencia de aprendizaje se enriquezca. Lo aprendido se relacionará con su vida, sus intereses y sus opciones personales de una forma más profunda y duradera. Lo enseñado por el maestro tiene la posibilidad de calar más hondo en aquello que al alumno realmente le importa. Por otro lado, al permitírsele al alumno una participación más activa y dinámica en el proceso de enseñanza se asegura además un nivel de motivación, responsabilidad y compromiso con su aprendizaje que la opción instruccional no siempre puede alcanzar. Ello transforma el rol del alumno dentro del proceso de enseñanza-aprendizaje.

Esta modalidad de enseñanza tiene muchas otras ventajas para el alumno. Una de las más importantes es que favorece su autonomía y limita el tipo de dependencia y subordinación frente al maestro. Ello, de por sí, contribuye al desarrollo de competencias genéricas que el mundo demandará de él. Con la aplicación de la opción de enseñanza conversacional el salón de clase se parece más el tipo de situaciones que uno puede encontrar en el mundo del trabajo. Ello, no sólo porque la opción conversacional exige muchas veces traer al salón de clases casos similares a los que se encuentran fuera de las aulas para así motivar el diálogo y la discusión, sino porque en el mundo que tendrá que enfrentar el alumno estará plagado de opiniones diversas y dispares, como las que posiblemente emergerán al abrirse el espacio de la conversación, el diálogo y el debate al interior de la enseñanza.

El maestro también se beneficia de esta modalidad de enseñanza. Al conferirle al alumno un mayor espacio para manifieste y despliegue su relación con los temas y problemas asociados con aquello que se enseña, el maestro logra disolver una zona que de lo contrario le será ciega: la forma como el alumno está haciendo sentido y uso de lo que él enseña. Ello le permite evaluar su propia enseñanza durante su transcurso y corregir la forma como enseña para asegurar el tipo de aprendizaje que busca generar. Se asegura que la brecha con el alumno no crezca hasta hacer imposible el aprendizaje. Ahora poseerá múltiples otras oportunidades para reducirla. Para poder hacerlo tiene que identificar la existencia de la brecha y la mejor forma de hacerlo es permitiéndole al alumno que participe más activamente en el proceso de enseñanza y, al hacerlo, revele desde donde está escuchando y cuando se extravía del camino del aprendizaje.

Efectuar el tránsito de la opción pedagógica instruccional a la conversacional no es algo trivial. Ello exige del maestro nuevas competencias, disposiciones distintas y lo enfrentará con un conjunto de nuevos desafíos a los que posiblemente no estará acostumbrado. Al comienzo cabe esperar que se sienta inseguro.

Aparentemente es más fácil enseñarle a alumnos pasivos y sumisos que se restringen a tomar notas y memorizarlas, que enfrentar a alumnos activos, sin temor a manifestar sus dudas y preguntas, dispuestos muchas veces a cuestionar lo que el maestro sostiene. Es aparentemente más fácil preperar una clase donde el maestro sabe todo lo que va a decir y donde uno logra predecir lo que va a suceder en la medida que el maestro es el actor no sólo principal, sino casi exclusivo de la experiencia de enseñanza, que abrir una dinámica que el maestro no controla del todo y que abrirá caminos difíciles de predecir con anterioridad.

Todas estas dificultades, sin embargo, en la medida que el proceso sea conducido adecuadamente, favorecerán el aprendizaje. Y aunque se trate de una modalidad de enseñanza algo más compleja, no olvidemos que ella se valida no por la comodidad del maestro, sino por el aprendizaje de los alumnos.

2. Hacia una concepción holística de la enseñanza

Una de restricciones más importantes de nuestra tradición de enseñanza occidental ha sido la preponderancia que ésta le ha concedido a los aspectos racionales o intelectuales. Ello se ha traducido en prestar atención casi exclusiva a las estrategias explicativas dentro de la práctica docente, que privilegian el criterio de verdad como recurso pedagógico, y a la importancia concedida a los aspectos lógicos en el diseño curricular. Es innegable que estos son aspectos importantes y de gran incidencia en el aprendizaje y de ninguna manera estamos postulando que deban ser sacrificados. El problema que surge de esta preponderancia lógico-racional es que a menudo nos ha distraído de la importancia que poseen otros aspectos.

Hemos reiterado insistentemente en este documento uno de estos aspectos relegados muchas veces a un segundo plano: el involucramiento práctico del proceso de enseñanza en el manejo de asuntos concretos de la vida real y el trabajo. El énfasis en las dimensiones lógico-racionales ha reforzado la separación entre el aprendizaje y la acción.

Otros aspectos relegados a un segundo plano son los emocionales. Sobre este tema nos hemos extendido largamente en otro documento, destacando el papel que juegan dentro del aprendizaje tanto el contexto emocional desde el cual se imparte la enseñanza, como el contenido emocional específico de ésta. Hemos sostenido que las emociones que definen el proceso de enseñanza-aprendizaje son determinantes de los resultados de aprendizaje que puedan ser logrados. No insistiremos nuevamente sobre ello.

Queremos, sin embargo, hacer algunos alcances adicionales que guardan relación con otros aspectos que inciden en la efectividad de la enseñanza. El primero que queremos destacar se refiere al reconocimiento que no todos los individuos tienen los mismos estilos de aprendizaje. Algunos privilegian el peso de determinados órganos sensoriales por sobre otros y reaccionan mejor, por ejemplo, a estímulos visuales o auditivos. Diferentes personas suelen desarrollar también distintas prácticas o hábitos de estudio y de acuerdo a ellos diferentes estrategias de aprendizaje. Hay también individuos más o menos capaces para abrirse a diferentes niveles de abstracción a los que pueda recurrir la práctica docente. Se ha demostrado también que hay diferencias que resultan del predominio que cumplan en el aprendizaje en nuestros dos hemisferios cerebrales, el derecho y el izquierdo. Otras diferencias han sido relacionada con el género de los alumnos. Podrían mencionarse múltiples otras.

Muchas veces estas diferencias se registran no sólo entre individuos sino entre grupos sociales distintos. Por lo tanto, resulta importante considerar estas diferencias según nuestra particular audiencia de alumnos y definir correspondientemente nuestras estrategias de enseñanza. Pero incluso en audiencia de alumnos relativamente homogéneas, seguiremos encontrando importantes diferencias individuales. Ello recomienda que el maestro no restrinja su estilo de enseñanza a un número reducido de estilos de aprendizaje y que, por el contrario, mantenga un rango suficientemente amplio de recursos pedagógicos que permita un fácil acceso de alumnos con estilos de aprendizaje diferentes.

Lo anterior se ve reforzado por diversas investigaciones que demuestran las ventajas de adoptar estrategias de enseñanza de carácter holístico o globalizante, que cubren un amplio espectro de recursos pedagógicos. Se ha demostrado, por ejemplo, que alumnos que no son capaces de contestar ciertas preguntas sobre algunos propiedades del salón de clase, si pueden hacerlo bajo hipnosis. Ello demuestra que registramos mucho más que aquello que somos capaces de reconocer concientemente y, por lo tanto, cabe suponer que exista un potencial de aprendizaje que al concentrarnos en las dimensiones lógico-racionales de la enseñanza no estemos aprevechando plenamente.

Siguiendo esta línea de exploración, se ha demostrado que al ampliarse el registro de estímulos de enseñanza, incorporando elementos ergonómicos que se preocupan, por ejemplo, por la comodidad del cuerpo en la silla, algunas prácticas respiratorias, la introducción de mayores estímulos visuales que incluyen el color, estímulos auditivos que incorporan música y se preocupan por el ritmo de las presentaciones orales, el diseño espacial del salón de clases y la manera como sitúan dentro de él el maestro y los alumnos, etcétera. se produce un efecto combinado de estímulos mediante el cual se logra incrementar sustancialmente el aprendizaje. Ello, a la vez, expande las posibilidades para personas con estilos de aprendizajes diferentes. Todos éstos son aspecto que creemos importantes a ser considerados por los maestros al buscar rediseñar su práctica docente.

México, 1996